윤리경영의 구조적 이해

김승범 지음

서울경제경영

| 저자소개 |

김 승 범

김승범은 한림대학교에서 철학을 전공하고, 동 대학원 및 中国人民大学에서 공부했다. 롯데닷컴, 해태음료, 넷마블, CJ E&M 등에서 여행, 유통, 제조, 게임, 보험, 방송, 광고 등 다양한 산업의 마케팅과 전략 관련 업무를 수행했다. Aalto Univ.에서 MBA를, 그리고 서울과학종합대학원에서 Ph.D.를 취득하였다. 현재 컨설팅 회사인 ASK & Answer를 운영하며 온실가스 및 미세먼지 감소 등 녹색 경영과 윤리경영 등을 중심으로 지속가능한 발전을 위한 기업과 공공기관 대상 컨설팅 및 정책 연구를 수행하고 있다.

본 도서는 서울과학종합대학원대학교 박사학위논문을 바탕으로 재편집된 것입니다.

머리말

우선 서울과학종합대학원의 박사학위 졸업논문 총서에 저의 논문이 포함된 것에 대해 영광으로 생각하며 감사드립니다. 이 박사학위논문은 여러 개의 연구논문이 합쳐져 있는 것이 특징입니다. 또한 각 논문들은 경제학, 경영학, 철학, 윤리학, 교육학, 심리학, 법학 등 다양한 학문의 연구 성과를 포함하고 있습니다. 따라서 일반인에게는 학문적 연구논문으로서의 전문성과 융합 연구에서 오는 복잡성 때문에 어려울 수 있습니다.

일반인에게 경영학적 전문지식을 쉽게 제공하자는 총서 발간의 취지에 맞게 전체적으로 쉽게 수정 및 편집하자는 조언이 있었으나, 저는 단어 몇 개, 문장 몇 구절 수정하는 것이 아니라 전체적인 구조 및 내용을 전면 수정해야 일반인 독자들의 접근이 용이하다고 생각했습니다. 이를 위해서는 매우 오랜 시간과 노력이 필요하며, 그 결과가 완성도 높은 한 권이 출판본이 되지 않을 수도 있다는 생각을 하게 되었습니다. 따라서 이번 총서에는 논문의 원래 형태를 그대로 유지하여 다소 난해하더라도 원래 연구의 취지와 결과를 살려 그대로 전달하고자 합니다.

대신 다음 기회에 본 논문의 내용을 대폭 개편하여 일반인 독자가 쉽게 읽을 수 있도록 하겠습니다. 이를 통해 많은 사회의 구성원들이 윤리경영의 본질과 이슈에 대해 이해하고 함께 보다 낳은 사회를 위해 고민하는데 조금이나마 기여할 수 있도록 하겠습니다. 따라서 이번 총서에 포함된 본 논문의 난해함은 모두 필자인 저의 게으름과 무능함을 탓해주시기 바랍니다.

저는 이 연구가 진행되는 동안 수십년동안 저를 가르쳐주신 모든 선생님들께 마음속으로 여러 차례 감사드렸습니다. 학부와 대학원에서 철학을 전공했으나,

중간에 철학공부에 대한 의지를 접고 취업을 했을 때는 박사가 될 것이라는 생각도 못했고, 20대에 배운 철학이 40대에 경영학 박사학위와 연관될 것이라는 생각은 더더욱 못했습니다. 철학을 공부했기 때문에 경영학 연구를 경영학처럼 하기 힘들었지만, 결국 철학 덕분에 독특한 경영학 연구를 할 수 있었습니다. 그 오랜 시간 다양한 공부를 하고 많은 경험을 했던 것들이 졸고를 쓰는 과정에서 모두 큰 힘이 되어줄 때마다 경이로움을 느꼈습니다. 이 책은 그 수많은 가르침과 경험이 없었으면 결코 나오지 못했을 것이라 생각합니다. 그런 의미에서 저에게 가르침을 주신 수많은 선생님들께 다시 한번 감사드립니다.

특히 두 분의 교수님께 감사드립니다. 본 연구는 진행 과정 상 윤리학과 경영학의 만남이라는 주제 때문에 여러차례 난관에 봉착했습니다. 그 때마다 격려해주시고 많은 어려움을 해결할 수 있게 도와주신 지도교수 신호상 교수님께 감사드립니다. 연구 중 어려움에 빠져있던 저를 이끌어주시고, 이 논문의 연구방법론인 시스템사고와 시스템다이내믹스를 가르쳐주셨기에 연구가 가능했습니다. 지도교수를 맡아주신 그 순간부터 매 순간을 감사드립니다.

그리고 제게 윤리학을 가르쳐주신 故고범서 교수님께 감사드립니다. 교수님께 윤리학을 배우지 않았다면 이 연구는 상상도 할 수 없었을 것입니다. 연구의 최초 아이디어부터 최종 결론까지 모두 교수님의 가르침이 배어있습니다. 교수님의 은퇴 전 마지막 수업을 마치신 후, 당신께서 돌아가시면 누가 이걸 보겠냐며 마지막 남은 교수님의 박사학위논문 출판본을 제게 주셨던 그 순간이 이제는 운명처럼 생각됩니다. 항상 저를 믿어주시고 지지해주신 교수님의 사랑과 가르침에 한없이 미흡하오나 이제 이 졸고로 감사를 드립니다.

끝으로 부모님께 감사드립니다. 항상 어떠한 결정을 해도 저를 믿고 지지해주셨기에 지금의 제가 있을 수 있었습니다. 그리고 돌이켜 보면 언젠가는 제가 박사가 될거라는 어머님의 오랜 바램은 저를 늦게 나마 다시 학교로 돌이키게 만들었고 결국 박사가 될 수 있었던 가장 큰 원동력이었던 같습니다. 지금도 제 모든 글을 제일 먼저 읽어주시고 MBA선배이자 CEO의 경험으로 미욱한 신출내기 경영학자를 독려해주시는 아버님께도 감사드립니다.

항상 실망을 드리지만, 항상 믿고 지지해주시는 모든 분께 감사드립니다.

2017년 4월 18일

내 평생을 바라봐주는 관악산의 먼 한 자락에서...

김승범

■ 초 록

효율의 극대화를 추구하는 것이 경영학의 전통적인 목표이다. 문제는 모든 기업은 경쟁관계에 있어서 유리한 위치를 차지하고자 한다는 점이다. 경영자는 유리하기 위해 할 수 있는 모든 것을 해야하는 의무를 가지고 있다. 이로 인해 경쟁사 간에 불법적인 일이나 비윤리적 일도 서슴치 않고 행할 수 있는 환경을 제공하기도 한다.

기존의 윤리경영 연구에서는 이러한 갈등 상황에서도 도덕적인 결정을 지향했다. 윤리학, 특히 목적론적 윤리론도 목적 혹은 결과가 정당한지 여부에 따라 그 과정까지 전체의 선악을 판단하는 경향이 있다. 따라서 목적론적 윤리학의 입장에서는 기업은 이익을 많이 창출하는 것이 좋은 기업이지, 착한 일을 하는 것이 좋은 기업이 아니라는 점에서 기업의 현실적인 문제와 궤도를 같이 한다. 그러나 문제는 이 주장이 맞다면, 기업이 이익을 많이 창출하기 위해 무슨 일이든 해도 된다는 점이다.

본 연구는 이러한 기업의 존재의 이유와 가치가 가지는 현실적 모순을 인정하고 해결책을 제시하기 위하여 그 동안 윤리경영 연구들과는 다른 방법을 선택했다.

첫째, 윤리경영의 개념을 탐구한다. 선행연구에서의 개념 비교로부터 현재 사용하는 윤리경영이라는 개념의 구성에 이르기까지, 그리고 윤리경영의 필요성과 그 역할에 대해 기술한다.

둘째, 기업들이 윤리경영을 해야 하는 이유 즉, 당위성에 대해 기술한다. 우선, '당위성'에 대한 고찰이 필요하다.

셋째, 이상의 내용을 종합하여 매우 복잡하고 학제적 이론구성을 수행한다. 윤리학, 윤리·도덕교육학, 도덕심리학, 경제학, 경영학, 법학 등의 선행연구와 이론들을 참고하여 구성하였다.

넷째, 가설적 이론을 검증하기 위한 모델을 구성한다. 이 모델을 구성함에 있어서 복잡계 사상을 수용하여 System Dynamics 방법을 사용한다.

다섯째, 가설을 검증하기 위하여 시스템다이내믹스 모델을 Frame Work으로 사용하여 사례연구를 진행한다. 본 사례연구는 2014년 1월 한국최대의 금융사건인 “카드3사 정보유출사건”과 2014년 4월 발생한 최대의 참사라 불리는 “세월호 침몰 사건”을 대상으로 했다.

여섯째, 이상의 연구결과에 대하여 실천적인 실행방법론을 제시했다. 우선 시스템다이내믹스 인과지도 방법론으로 도출된 새로운 윤리경영 이론을 시스템다이내믹스 Tool이 보유한 시뮬레이션 기능을 기업경영에 활용하는 방법을 제안했다.

이상과 같이 본 연구는 윤리경영에 대한 이론적 고찰과 학제적 연구를 통한 선행연구 조사 그리고 가설 및 모델 수립 그리고 사례를 통한 가설 검증으로 구성된다. 본 연구에서는 이 윤리경영 이론과 모델로 경영상황에 대한 설명, 문제 규명, 경고, 대안 및 해법제시의 가능성을 시도한다. 이 시도가 계기가 되어 향후 윤리경영 연구도 실천적인 기업경영과 밀접한 연구성과로 이루어지기를 기대한다.

■■ 목 차

III. 새로운 윤리경영 이론과 모델의 구상 39

IV. ArcheType 윤리경영 인과지도 83

V. 사례연구 I : 카드3사 정보유출사건 111

VI. 사례연구 II : 세월호 침몰 사건 125

표목차

그림목차

I 서 론

제1절 연구의 역사적 배경: 21세기와 윤리경영[1)]

인류가 지구에서 생존하고 생태계와 지배구조의 상위에 위치할 수 있었던 이유 중 한 가지는 잉여생산력이다. 초기 인류의 4대 문명은 범람과의 전쟁이었다. 그 극복을 통해 획득된 비옥한 토지는 먹이사슬에서 절대 강자는 아니었던 인류에게 상대적으로 약한 사냥과 수렵 능력 이외에, 경작이라는 새로운 생산체제를 제공해주었다. 이 경작지는 인류의 폭발적인 증가와 잉여생산을 제공해 주었다. 이를 통해 인류는 생존 우위 상태를 점유했고 '생물적 이기심'[2)]이 충족되었다.

---

1) 본 고의 표기법: 위키피디아 검색 인용의 경우, 참고문헌이나 기사검색 등에 포함시키지 않고 (위키피디아, "검색어")형태로 인용표기한다. 인명의 경우 서양문헌 저자는 최초 수록 시 이름 전체의 원어만 표기(예: I. Kant)하고 이후에는 성만 표기(예: Kant)한다. 동양문헌 저자는 한국어 표기 및 필요시 현지어 표기(예: 덩샤오핑(邓小平))를 병기한다. 이는 독자의 참고문헌 활용을 용이하게 돕기 위함이다. 그러나, 개념, 용어 등의 경우는 가독성을 높이기 위하여 최초 1회에만 원어와 번역어 병기, 그리고 표기 방법을 제시한다. 약어가 사용되는 경우에는 최초 1회에 원문과 약어를 병기한 후, 약어를 사용한다. 예: Business Intelligence(전사적 분석, 이하 'BI')

2) 생존과 종족 번식을 '생물적 이기심'이라하고, 잉여생산과 교환에 의한 부의 축적을 '경제적 이기심'이라고 한다. '생물적 이기심'은 먹이사슬 그 자체로 증명된다. '생물적 이기심'은 불교를 제외하고는 관습법이나 성문법의 대상이 아니다. 따라서 예를 들어 PETA(People for Ethical Treatment of Animals: 동물보호주의자)가 동물의 가죽을 얻기 위해 1년에 1천만마리의 동물이 살육당하는 것을 비난하고, 모피옷을 입는 것에 반대하며 채식주의를 옹호하는 것에 대하여 일반 시민들은 윤리적으로 동조하지 않는다. 오히려, 인간만이 보유하게 된 '경제적 이기심'은 성과에 대한 배분이라는 '정의(Justice)'의 과정임에도 공자나 Aristotle 같은 철학자들에 의해 경계를 당한다,

잉여생산과 물물교환을 통해 인간은 지구 상 생물 중 유일하게 교환가치를 가지게 되었다. 이런 과정을 거치며 인류는 기업을 설립하여 이익을 효율적으로 관리하였다. 이로써 인류는 지구 상 생물 중 유일하게 생물적 이기심을 '경제적 이기심'으로 전환하는데 성공하였다.

이 전환의 시기가 언제인지 정확히 알 수는 없으나, 기원전 고대 중국의 공자(BC. 551-479)가 삼황오제(三皇五帝)와 주공(周公) 등을 군자(君子) 즉, 도덕적 이상형으로 제시하고, 개인의 이익만 추구하는 사람을 소인(小人)이라하여 지양해야 할 대상으로 언급하였다. 동양에서는 기원전 4-5세기에도 이기적인 태도로 개인의 이익을 추구하는 경제적 이기심이 만연해 있고 경계했음을 알 수 있다.

서양에서도 유사한 흔적을 찾을 수 있다. Aristotle(BC. 384-322)는 『정치학』에서 부의 축적을 생산활동에 의한 부의 축적과 고리대금에 의한 부의 축적으로 구분하였다. 그는 생산활동에 의한 부의 축적은 윤리적인 목적[3]을 위해 필요하기 때문에 지지하지만, 고리대금에 의한 부의 축적은 비윤리적이라고 하며 배척했다(홍훈, 2006). 돈이라는 생산의 매개가 아닌 교환의 매개가 남의 재산을 착취한다는 점에서 고리대금업을 부정적으로 보았다(석승훈, 2014). 이는 공자와 더불어 Aristotle도 부의 축적에 비윤리적인 요소가 있음을 인지했고, 동서양 공히 고대부터 경제적 이기심을 주목했음이 중요하다.

이후 고대 로마, 중세시대에 이르러를 유럽에서는 당시 정치경제제도인 봉건제도의 특성상 국가개념이 약해졌기 때문에 국력 경쟁 차원에서의 부의 성장은 잠시 정체기를 맞는다. 이후 르네상스 시대를 지나며 다시 왕정과 공화정 등 강력한 국가단위의 권력을 중심으로 한 정치세력들이 등장한다. 이들에 의해 국가경제의 발전을 위한 경쟁이 다시 과열되며 자원과 시장확보를 위한 영토분쟁은 식민지 경쟁으로 이어졌다. 이후 근대국가 정체가 성립하기까지 중상주의가 대두되었다. 중세시대와 근세에는 시민의 개념이 약했기 때문에, 개인의 '경제적 이기심' 역시 조명되지 않았다.

---

3) 도시국가 Police의 경제적 발전을 위한 부국강병을 말한다.

'경제적 이기심'은 A. Smith(1776)에 의해 재조명 된다. 그는 중상주의 보다 자유시장과 자유무역을 옹호했으며, 중상주의의 주체인 관료의 도덕성을 신뢰하지 않았다. 오히려 시장의 거래가 더 도덕적이라고 생각했다. 이렇게 시작된 시장중심 자본주의의 흐름은 21세기에 들어서, IT버블, 엔론사태, 세계경제위기 등 한두 번의 실수가 아니라 처음부터 작정하고 비윤리적인 전략과 행위로 점철된 사례들이 계속되고, 그에 따른 피해가 주식시장을 통해 개인 투자자의 손실로 이어지면서 상황이 바뀌었다. 부실기업에 대해 정부는 세금으로 구성된 구제자금을 투입하여 경제적 파장을 줄이고자 하였다. 이러한 정책은 투자자인 개인들의 불만을 일시적으로 잠재웠으나, 세계경제위기 때 대형 금융기관에 대규모 구제자금이 투입되는 등 상황이 반복되자 다시 납세자인 개인들의 불만이 터져 나왔다. 결국 기업이 먼저 비윤리적인 경영을 통해 사고를 유발하면 정부는 납세자인 개인들의 세금을 구제자금으로 사용하기 위해 유권자인 개인들의 눈치를 봐야하는 시대가 열린 것이다.

이제 기업이 21세기형 자본주의에서 유의해야 할 점은 투자자이자 납세자이며 동시에 유권자인 소비자 개인들이 되었다. 기업은 경영상의 실책은 용서받을 수 있지만, 비윤리적 경영은 투자자를 멸시하는 처사로써 납세자이며 유권자인 소비자 개인들이 다양한 방법으로 응징을 가할 수 있는 시대가 된 것이다. 그래서 이제 기업에게 가장 중요한 것은 생존과 윤리이다.

제2절 연구의 목적: 윤리경영의 본질과 현상

기업은 사전적 정의로나 법적 정의로 이윤추구가 목적인 이익집단이다. 따라서 법으로 보호받는 권리인 기업의 이윤추구는 그 자체적으로는 아무런 비판의 소지가 없다. 혹자는 기업의 이익추구 자체를 비윤리적이라고 비판하기도 하고, 혹자는 기업의 이익에 대한 환원 및 강한 제재를 요구하기도 한다. 그러나 본질적으로 이런 비판은 기업의 존재목적과 정의를 부정하는 것이므로 비합리적[4]이다.

기업이 자신의 이익추구를 위해 유한한 자원에서 가능한 최대의 효과만 추구한다면 문제될 것이 없어 보이나, 실제로는 주어진 자원의 한계를 넘어서기 위한 행동을 하며, 이 과정에서 물리적, 법적, 화학적, 생물학적, 환경적 문제 등 다양한 문제를 일으킨다. 따라서 자신의 유한성에 대한 인정과 한계 내 최적화를 추구할 것인지 혹은 한계를 초월하기 위한 비정상적인 방법을 사용할 것인지에 대한 의사결정이 윤리경영의 시작이다.

시장경제 자본주의와 같은 경쟁 체제에서는 생산성이 중요한 요소이며, 생산성의 한계를 초월하기 위한 효율 제고 역시 중요한 문제이다. 특히 자신은 자원과 생산의 한계에 처해있는데, 경쟁자가 자원과 생산의 한계를 비정상적인 방법으로 초월하기 시작하면, 심판이 있어 불공정해진 게임을 통제하지 않는 한, 나만 공정하게 게임의 규칙을 지킬 수 없다. 이 상황에서 자신만 공정하라는 것은, 곧 생존할 수 없음을 뜻하기 때문이다.[5]

이는 기업들이 정당하고 정의로운 경영을 할 수 없는 이유이자, 자본주의의 특성이므로 제거될 수 없다.[6] 따라서 윤리경영의 위상은 자본주의가 가지는 맹점에 대해 보완책일 수도 있고 반정립(反定立: Antithese)일 수도 있다. 이 두 가지 견해 중,

첫째, 자본주의의 맹점에 대한 보완책으로서 윤리경영은 기업이 보다 효율적인 경영을 위한 도구, 즉, 마케팅, 재무, 회계, 인사·조직 관리, 전략 등과 같이 생각하는 것이다. 이러한 윤리경영은 기업의 지속가능성을 돕기 위한 도구의 한 가지로 '도구로서의 윤리경영'이라 할 만하다.

둘째, 자본주의가 가지는 맹점, 즉 비정상적인 생존경쟁이 항존하는 한 윤리경

4) 서구합리주의 전통에 의하면 모든 비합리적인 것은 비윤리적이다.

5) 이 상황은 인류만이 생물적 이기심을 경제적 이기심으로 전환시켰으나, 다시 경제적 이기심이 경쟁 때문에 생물적 이기심으로 재전환되는 순간이다.

6) 비정상적 경쟁 참여를 시장경제 자본주의의 특성으로 보는 이유는 만약 비정상적 경쟁참여를 금기시하는 윤리적인 것이라면 경쟁은 모두 비윤리적이라는 이유 때문이다. 왜냐하면 경쟁자체는 정해진 수요에 내것을 팔고 남의 것을 사지 못하게 하는 것이기 때문에 윤리적이지 않다.

영은 불가능하다고 보면 반정립으로 이해하는 것이 맞다. 따라서 Hegel의 변증법적 논리[7]를 차용하여 자본주의가 반정립인 윤리경영을 지향함으로써 보다 완벽한 자본주의 혹은 지속가능한 기업에 도달할 수 있다고 생각할 수 있다. 이런 윤리경영은 '목적으로서의 윤리경영'이라 할 만하다. 이 관점은 현 자본주의가 완벽하지 않음을 전제하므로 제도의 수정을 요구하게 된다.

윤리경영을 바라보는 이러한 두 가지 분류에 대한 구체적인 연구는 많지 않다. 그러나 기존의 경영학 학계에서 연구되어 온 윤리경영의 흐름은 대부분 전자인, 도구로써의 윤리경영에 속한다고 볼 수 있다. 조건적인 가설들을 세우고 가설에 대해 귀납추론을 통해 개연성을 설명하는 방식을 통해 도구적 방법의 가능성을 타진하는 방식이다. 후자인, 목적으로서의 윤리경영에 해당하는 내용들은 2007년 세계경제위기 이후에 주목받는 '자본주의 3.0', 이익배분에 대해 새로운 방식을 제시하는 '협동조합', '사회적 기업' 등이 이에 해당한다고 볼 수 있다.

협동조합과 사회적 기업 방식이 과연 일반 기업과 경쟁 가능한가도 중요한 문제이다. 그들도 어차피 불공정한 경쟁이라는 규칙과 경쟁해야 한다. 그리고 경쟁력 확보를 위한 불공정한 게임을 정당하게 이기기는 힘들 것이다.

결국 경영을 위해서는 경제적 이기심을 백안시하거나, 무시할 수 없다. 경영학의 입장에서도 명백한 현실의 문제를 무시할 수 없으므로, 경영학 입장에서는 이기심을 배척하거나 비난할 이유가 없다. 그리고 윤리학도 생물적 이기심을 비난하지 못하는 이상 경제적 이기심만 비난한다는 것은 비논리적이다. 그렇다면, 기업의 이기심은 경영학적으로나 윤리학적으로 비난할 수 없다는 결론에 도달한다. 문제는 이 귀결점이 의미하는 바가 "기업의 이기심을 만족시키기 위한 모든 행동이 정당성을 보장받는다."는 뜻인지 의문이 발생하게 된다. 이 의문은 기업의 경제적 이기심에 대한 하나의 딜레마와 같다.

따라서 본 연구에서는 이 경제적 이기심에 대해 상기 딜레마로부터 벗어나기 위하여 '불공정 지향성'이라는 개념을 제안한다. 우리는 이기심이 경제학적으로

---

7) Hegel이 주장한 정(定)·반(反)·합(合)의 변증법적 논리를 말한다.

나 윤리학적으로 더 이상 비판의 대상이 아닌 이상 이기심을 비판할 수 없다. 이기심을 비판했던 이유는 나는 공정하게 나의 자원의 한계에 따른 효율을 유지하는데, 경쟁자가 비정상적인 방법으로 자원의 한계에 따른 효율을 초월하여 더 좋은 효율을 발생시키는 상황이 발생하기 때문이다. 따라서, 이기심 자체가 문제가 아니라 이기적인 행동, 불법적인 혹은 불공정한 경향을 보이는 것 때문에 문제시 된다. '불공정 지향성'은 이러한 성향을 의미하며 정확하게는 이기심을 비판하기 위해 이기심의 부정적 측면을 강조한 개념이다.

'불공정 지향성'이 역사적으로 가장 심각한 현대의 사회에서는 이를 어떻게 대처해야 하는가? 라는 문제에 접근하기 위하여 국내외의 윤리경영 논문 400여 편을 조사하였다. 그 결과 특히 국내의 기존 연구들은 기본적인 이론도 빈약하지만 대부분 기부[8]와 같은 시대적 담론이 주류를 이룬다는 점을 중시했다. 동시에 대부분의 연구들이 윤리경영을 기업성과의 개선에 도움이 되는 하나의 방법론으로 바라본다는 점에 주목했다. 이에 의해 대체적 이론 제시가 적은 원인에 대한 의문이 있었다.

윤리경영 연구가 시작된 초기에는 윤리경영을 수행하면 기업의 경영성과가 개선되는가에 대한 검증에 주력했다. 이 후에는 ISO 26000 등 구체적인 활동이 경영성과에 미치는 영향에 대한 연구들이 진행되었다. 이들은 명백히 윤리경영을 하나의 도구로 바라보는 태도이다.

결국 이상과 같은 논지에 따르면 윤리경영이라는 이슈가 제기된 것은 기업의 '불공정 지향성' 때문이다. 그러나 이상과 같이 윤리경영을 도구로 보는 관점의

---

8) 본고에서는 CSR을 기부와 동의어로 사용하고, ISO 26000과 동일시 하지 않는다. Caroll 등은 "Philantrophy(자선적)"이라는 의미로 CSR을 사용한다(Caroll, 1979; 1991, 1999; Schwartz & Carroll, 2003). ISO 26000의 경우 사회적 비용에 대한 절감이 매우 큰 비중을 가지고 있다. 사회적 비용에 대한 절감은 그 자체만으로 매우 중요한 윤리경영의 축이다(김승범, 신호상, 2015; 2016a). 심지어 때로는 강제적인 집행을 요구하기도 한다(김승범, 신호상, 2016a). 그러나 한국에서의 기부는 재벌 비리 처벌 시 매우 자발적이고 자선적으로 동정여론 형성을 위한 읍소로 사용된다(송명선, 최승호, 2014), 이에 본 연구는 결론적으로 기부는 지지하지 않고, ISO 26000은 지지한다. 이 모두를 CSR로 지칭할 경우, 공감이 다를 수 있기 때문에, CSR은 기부를 동의어로 사용하고, ISO 26000은 별도로 지칭한다.

연구들은 '불공정 지향성'을 제거하거나 회피할 방법을 찾는 것이 아니라, 공정한 게임도 나쁘지 않다는 이야기를 나열하고 있었다. 즉, 모든 기업이 공정하게 각자 자원의 한계를 인정하고 최적화에만 몰입하여 공정한 게임을 한다면, 당신의 기업이 공정한 게임을 했을 때 그다지 불리하지도 않고, 경우에 따라 승자가 될 수도 있다는 이야기를 하는 것이다.

문제는 전제이다. 앞서 '불공정 지향성'을 설명하며 시장경제 자본주의의 특성 중 윤리성이 없다는 것과 같은 논리로 '모든 경쟁자가 공정한 게임을 한다'는 전제가 이론적으로, 그리고 현실에서도 성립되지 않는다. 즉, 이론적으로나 현실적으로 모든 경쟁자는 비윤리적인 경쟁을 한다고 전제하는 것이 옳다. 기업은 윤리적인 방식보다 효율적인 방식을 우선시 하며, 때로는 이 효율적인 방식이 비윤리적이거나 불법적이기 때문이다. 따라서 윤리경영에 대한 연구들은 모든 경쟁자들이 비윤리적 경영을 하더라도 혼자 공정하게 자원의 한계를 인정하면서 경영을 했을 때 어떻게 왜 승자가 되었는지에 대한 사례와 일반화를 제시해 주어야 한다.

그럼에도 문제는 여전히 존재한다. 위의 기업처럼 도구로서의 윤리경영을 수용하여 정당한 방법으로 경영성과가 개선되고 심지어는 시장 지배자가 되었다고 하더라도 그 사실이 곧 모든 기업들이 반드시 윤리경영을 해야 할 이유는 아니기 때문이다.[9)]

예를 들어, 마케팅의 경우 온라인 마케팅이 유행하니, 우리회사도 검토해보자, 물류의 경우 린(lean)방식으로 Wal-Mart가 경영성과가 개선되었다고 하니 우리도 검토해 보자, 혹은 근무제도의 경우 Google이 근무시간의 20%를 자율적으로 활용하게 한다는데 우리도 도입을 검토해 보자고 할 수는 있지만, 모든 기업이 검토를 한다고 다 도입을 하는 것도 아니고, 일부 도입한 기업도 다 성공하지 않는 것과 마찬가지이다.

---

9) 철학적 문법으로는 이를 "윤리경영은 자명하지 않다"고 한다. 즉 연역적 추론에 의한 증명이 필요하다는 뜻이다.

결국 이는 도구적 특징인 바, 기업이 도구적 관점으로 윤리경영을 성공적으로 수행한다고 해도, '불공정 지향성'을 제거하기 어려울 것이다. 그렇다면, 불공정한 환경에서 혼자 윤리경영을 통해 성공한 기업의 사례발굴과 일반화 역시 기업이 경영성과를 개선하는데 윤리경영이 유효할 수도 있다는 것 밖에 입증하지 못한다.

이상을 통해 가장 주목해야 할 문제는 기업들에게 제시할 윤리경영의 필요성이 기존의 단순한 윤리경영 도입을 통한 경영성과 개선의 개연성이 아니라, '불공정 지향성'의 매력을 포기하고 "기업들이 윤리경영을 할 수 밖에 없는 이유"인 당위성을 제시해야 한다는 것이다.

결국, 이 연구의 목적은 "자본주의 기업의 '불공정 지향성'를 포함한 기업이 이익을 추구하는 행태를 윤리적으로 설명하는 방법을 찾는 것이다. 그리고, 이러한 기업이 당연히 윤리경영을 해야 하는 이유를 연구하고, 이상을 이론화하는 것"이다.

제3절 연구의 구성

이상의 목적을 위해 본 연구는 다음과 같은 내용을 연구한다.

첫째, 윤리경영의 개념을 탐구한다. 윤리경영이라는 개념의 등장과 '윤리적 공백'의 관계, 이를 극복하기 위한 학제적 연구의 요청, 그리고 이론규범윤리학과 실천응용규범윤리학의 관계 등이 도출되는 과정을 기술했다. 이를 위해 고전윤리학부터 현대윤리학까지 윤리경영에 관련되는 윤리학들을 확인해보고, 이들이 윤리경영과 연관성을 가지기 위해서 실천응용규범윤리학이라는 Hybrid 구조에서 어떤 구성을 갖고 있는지 살펴본다.

둘째, 기업들이 윤리경영을 해야 하는 이유 즉, '당위성'에 대해 기술한다. 우선, '당위성'에 대한 고찰이 필요하다. 그리고 앞에서부터 고찰한 바대로 '당위적 윤리경영'에 대한 '윤리경영을 목적으로 하는 것(이하 '목적적 윤리경영')'과 '윤리경영을 도구적으로 사용하는 것(이하 '도구적 윤리경영')'에 대한 연관성 등을 살펴본다. 이런 과정을 통해 '당위적 윤리경영'에 대한 개념 정의와 학제적 연구의 선행연구 정리를 마무리한다. '당위'에 대한 연구를 위해 연구자가 주저자로 윤리경영연구와 경영교육연구에 등재된 논문을 인용하여 기술한다.

셋째, 이상의 내용을 종합하여 '불공정 지향성과 당위적 윤리경영'에 대한 가설적 이론을 수립하고 이를 근거로 한 모델을 만든다. 이 부분은 매우 복잡하고 학제적인 구성으로 이루어진다. 윤리학, 윤리·도덕교육학(이하 윤리교육학), 도덕심리학, 경제학, 경영학, 법학 등의 선행연구와 이론들을 참고하여 구성하였다. 윤리학에서는 Aristotle의 '목적론적 윤리학', Mill의 '공리주의 윤리학', 고범서의 '사회윤리학'을 도입한다. 윤리교육학에서는 Kohlberg의 '도덕발달이론'을 도입한다. 그리고, 도덕심리학에서는 'Moral Reasoning(이하 '도덕적 추론')' 이론을 원용한다. 경제학에서는 후생경제학 분야의 Pigue의 'External Economic(이하 '외부경제')'와 'Internal Economic(이하 '내부경제')'의 'Social Cost(이하 '사회적 비용')'과 'Private Cost(이하 '사적 비용')'을 도입한다. 경영학에서는 윤석철의 '구성의 오류(Fallacy of Composition)'과 Paine의 'Ethics Pays(이하 '윤리 지출')'을 주로 인용하고, 필요에 따라 다양한 인용을 한다. 법학에서는 상법의 일부를 원용한다. 이상을 통해 가설적 이론을 수립한다.

넷째, 가설적 이론을 검증하기 위한 모델을 구성한다. 이 모델을 구성함에 있어서 복잡계 사상을 수용하여 System Dynamics(이하 시스템다이내믹스) 방법을 사용한다. 이는 윤리경영이 복잡하고 다양한 인과관계로 구성된다고 보기 때문이다. 따라서 다차원적이고 다원적인 구조를 설명하기에 적합한 시스템다이내믹스 모델을 선택했다. 이 모델은 "Business Ethics Causal Loop Diagram(윤리경영 인과지도)"라고 불리며, 연구자 본인이 주저자로 시스템다이내믹스연구에 등재된 논문을 중심으로 기술한다.

다섯째, 가설을 검증하기 위하여 시스템다이내믹스 모델을 Frame Work으로 사용하여 사례연구를 진행한다. 본 사례연구는 2014년 1월 한국최대의 금융사건인 "카드3사 정보유출사건"과 2014년 4월 발생한 최대의 참사라 불리는 "세월호 침몰 사건"을 대상으로 했다. "카드3사 정보유출사건"의 사례적용연구는 연구자 본인이 주저자로 시스템다이내믹스연구에 등재된 것을 인용하여 사용한다.

여섯째, 이상에서 제시된 시스템다이내믹스 방법론을 통한 성과를 실제 경영현장에서 활용할 수 있는 방안을 제시하였다. 우선 본 연구에서 도출한 인과지도 방법론을 통해 기업 내의 현재 상황에 대한 고찰을 주시할 것을 제안했다. 현상적으로 문제가 없어보임에도 불구하고 본 연구에서 도출한 바대로 수많은 문제 가능성이 잠재해 있음을 주의할 것을 제안했다. 나아가 시스템다이내믹스 Tool이 보유한 시뮬레이션 기능을 활용하여 IT적인 시스템화 할 것을 제안하였다. 이 시스템에 각종 In-house Data 및 외부 데이터와 BigData 등이 결합함에 따라 더욱 세밀한 분석이 가능하여 Forecasting을 통한 최적화와 Warning 등이 기업 경영에 더욱 도움을 줄 것이라는 점을 연구자의 IT 프로젝트의 경험을 빌어 제안하였다.

이상과 같이 윤리경영에 대한 이론적 고찰과 학제적 연구를 통한 선행연구 조사, 가설 및 모델 수립, 그리고 모델의 사례에 대한 적용 등을 통해 기업의 실천적 활용이 가능한 방법제시까지 하나의 연구로 구성된다.

II 윤리경영에 대한 이론적 연구

윤리경영을 연구에 있어 학제적 연구의 필요성은 여러 각도에서 논의되고 있다. 심지어 경영학 자체가 학제적 성격이 강하기 때문에 경영학의 분야인 윤리경영은 당연히 학제적으로 연구해야 한다는 의견도 있을 수 있다. 그러나, 이 관점은 윤리학 관점에서 볼 때는 동의하기 어려운 기준이다. 윤리학에서는 윤리경영을 윤리학의 일부로 볼 수 있기 때문에 경영학이 가지는 학제적 성격 때문에 윤리경영은 학제적으로 연구해야한다는 것에 동의하기 어려울 수 있다. 이것이 경영학 분야로서 윤리경영 연구를 하더라도 윤리학 분야에서의 윤리경영 연구도 고찰해야 하는 이유가 된다. 그러나 더 중요한 이유로는 경영학만으로는 윤리적 담론을 펼칠만한 논리적, 내용적 근거가 부족하다는 점을 인정해야 한다. 왜냐하면 경영학은 최대효율에 대한 기술적(descriptive) 논의이지 윤리의 목적인 '선', 즉 '좋음'에 대한 규범적(normative) 논의가 아니기 때문이다.

이 문제를 해결하기 위한 해법으로 두 가지 방법을 사용한다.

첫째, 경영학적 담론에 일상적인 윤리적 개념과 통념들을 수용하는 것이다. 이 관점은 엄정한 윤리학의 기준에 부합되지 않기 때문에 윤리적이지 않은 담론들을 양성하는 것으로 그치고 만다.

둘째, 위의 문제를 극복하기 위해 윤리학의 연구성과와 경영학의 연구성과를 학제적으로 결합하는 시도를 거론할 수 있다. 이 시도가 성공한다면, 윤리학이 보유한 논리적 엄정함과 보편성이라는 장점과 경영학이 보유한 장점의 시너지를 기대할 수 있을 것이다.

그러나 현실적으로 학제적 연구의 맹점인 다양한 학문에 대한 이해도 어렵고, 기업 특히 개인의 이익을 중요시하는 경영학과 공정한 분배를 통한 사회 정의를 중요시하는 윤리학의 결합자체가 모순적인 요소가 있다. 이러한 문제를 극복하기 위해 본 연구는 한국 교육인적자원부(이하 '교육부')의 관점에 따라 윤리적 공백과 이에 대한 대안이 윤리학과 연관학문의 학제적 연구인 실천응용규범윤리학이라는 주장을 학제적 연구의 필요성과 방법의 기준으로 삼는다.

현재까지 학계에서는 윤리경영의 정의가 다양하다. 그 다양한 주장들이 어떤 문제를 가지고 있는지도 고찰한다. 그 이유로 '규범적(normative)'과 '기술적(descriptive)'의 차이, 연역추론과 귀납추론의 차이, 엄격하지 않은 윤리적 추론, 언어적 유희에 가까운 모호한 검증을 통한 윤리적 근거 없는 윤리 개념 사용과 이에 기인한 잘못된 윤리경영 담론들 등에 대해 다룬다.

이상의 문제에 대해서는 교육부의 관점에 따라 현재 고등학교 도덕·윤리교과목(이하 '윤리과') 교과서에 대한 교육부의 교육방침과 그 내용, 그리고 대학입학 수학능력 평가(이하 '수능')를 위해 EBS교육방송에서 강의하는 내용을 기준으로 전개한다.[10] 본 장은 이상의 내용에 대하여 총 3 절로 구성하여 논의한다.

제1절에서는 윤리학사 상 유의미하고 중요한 윤리경영 개념들을 제시하고, 현대 윤리학에서 학제적 연구로서의 윤리경영을 제안하는 이유를 기술한다.

제2절에서는 윤리학적으로 유의미함의 기준을 학제적 연구의 결과에도 적용해야하기 때문에, 엄밀한 윤리학적 기준인 '메타윤리학적 담론'을 소개한다.

제3절에서는 이 엄밀한 기준이 윤리학의 Hybrid 형태 응용윤리학인 윤리경영에서도 적용해야 한다는 점을 강조한다. 이를 제시하기 위해 윤리경영 선행연구 중 '양적 검증에서 가설의 이슈', 'CSR의 윤리성 이슈', '소비 윤리의 윤리성 이슈' 등을 메타윤리학의 '자연주의적 오류'의 관점에서 검토한다.

10) 이상의 내용은 김승범 등(2016b)의 "중등교육과 고등교육 간 기업윤리 교육의 차이에 대한 소고"를 중심으로 한다.

제1절 현대 윤리학과 윤리교육학 관점의 윤리경영

다음의 〈표 1〉과 같이 윤리경영에 대한 다양한 정의가 존재하지만, 결국 그 대상이 기업의 경영활동 상 발생하는 윤리적 문제와 그에 대한 의사결정, 그리고 결정의 실행에 따른 결과와 책임에 대한 제반 사항이라는 점만은 동일하다. 이현주(2010)에 의하면 기존의 선행연구에서 제시한 윤리경영의 개념들은 다음과 같다.

표 1 기업윤리, 윤리경영 개념 정의의 예

구분	연구자	설명
기업윤리	김창호(2006)	기업 의사결정 차원에서 옳은 것(right)과 그른 것(wrong) 또는 선한 것(good)과 악한 것(bad)에 관한 관심
	윤대혁(2005)	기업 활동에서의 의사결정이나 행동 또는 태도의 옳고 그름이나 선하고 악함을 판별 기준 또는 이상적인 행동강령이나 행동규범
	Baumhart (1961)	목표와 가치가 상충되는 조건 하에서 조직적 역할범위에서 각 개인에 의해서 행해지는 의사결정에 관한 연구
윤리경영	윤대혁(2005)	기업이 시장의 윤리, 즉 시장의 질서를 준수하는 동시에 사회적 실체로서 권리와 의무를 다함
	이원재(2005)	나쁜 일을 하지 말고 옳은 일만을 하라는 당위론적 가르침이 아니다. 기업 경영자가 매일의 의사결정을 통해 기업의 가치관, 기업의 철학을 만들어가는 과정을 규율하는 일상적 경영 행위
	김승묵(2007)	윤리경영은 사회적 책임을 다하기 위한 경영활동
	최창명·김성수 (2005)	기업경영이라는 상황에서 나타나는 태도와 행동의 옳고 그름, 선과 악을 구분해 주는 판단기준 또는 도덕적 가치와 관련된 경영행동이나 의사결정의 원칙이나 지침

* 출처: 이현주(2010)에 수록된 표의 내용을 정리

〈표 1〉와 같이 기업의 경영활동 상의 문제이기 때문에 많은 연구자들이 윤리경영 연구에 대하여 경영학적 관점으로 접근한다. 그러나 윤리경영의 본질이 윤리적 문제이기 때문에 윤리학적 관점의 논지에서 접근해야 할 이유가 있다. 이는 윤리경영의 문제가 윤리학의 문제라는 뜻이 아니다. 단, 경영학만의 관점으로 해결할

수 없고, 유관학문간 학제적 연구를 통해서만 해결이 가능하다는 의미이다.

이런 관점은 〈표 1〉에서 보는 기존의 윤리경영의 개념과 다소간 차이가 있다. 〈표 1〉에서 연구자들은 윤리경영에 대하여 매우 다양하게 정의하고 있다. 다양하다는 점이 중요한 것이 아니라, 이 다양한 정의가 모두 기술적(descriptive) 정의라는 것이 중요하다.

사회과학은 사회현상에 대해 기술적 논의를 하고, 자연과학은 자연대상에 대하여 기술적 논의를 한다. 이들은 '기술판단(descriptive judgement)'에 해당한다. 오직 윤리학과 그 관련 학문만이 규범적(normative) 대상을 취급하며 규범적 논의를 한다(Weaver, Trevino, 1994; Victor, Stephens, 1994; 박장호, 1999; Jeurissen, 2000; 신유근, 2005; 박정순, 2006; 윤태익, 박기찬, 2007; 하정혜, 2008; 박경규, 2010).

현대 윤리학과 윤리교육학의 관점에서는 여전히 윤리가 인류의 삶과 사회의 운영에 있어서 중요한 역할을 한다. 인간은 끊임없이 의사결정을 하는데, 많은 의사결정에 윤리적 판단도 함께 하기 때문이다. 이때 윤리적 판단에 문제가 있고, 특히 윤리에 대한 구조적인 문제, 예를 들면 비윤리적 사고를 가지고 있거나, 잘못된 윤리적 논리를 전개한다는 등의 문제가 발생하면 이것은 한 인간의 문제를 넘어 사회와 더 나아가 인류전체에 치명적인 문제가 될 수 있다. 가장 대표적인 예가 A. Hitler[11)]이다.

현재 윤리과에서는 윤리경영에 대해서 가르친다. 이때 유사한 이슈를 제시하며, 단순히 경영학적 관점이나, 윤리학적 관점에서 윤리경영의 해법을 제시하는 것이 아니라, 윤리학과 경영학의 학제적 연구에서 해법을 제시하는 것을 윤리경

---

11) Hitler는 나치당 출신 독일 제 3 제국의 총통이다. 그는 젊은 시절 접한 민족주의(아리아 민족 우월주의)에 심취해 유대인을 탄압한다(위키피디아, "히틀러"). 그가 한 국가의 독재권력자로서 내린 많은 결정 중 유대인에 대한 탄압 등은 현재의 관점으로 봤을 때 명백한 비윤리적인 결정이다. Hitler가 정책적 결정을 함에 있어 도덕적 추론도 매카니즘적으로 간여를 했고, 이 과정에서 Hitler는 민족주의의 영향을 받은 잘못된 도덕적 추론 때문에 유대인에 대한 반감을 정책에 반영하여 이런 만행을 저질렀다. 이와 같이 의사결정과정에서 도덕적 추론은 매우 결정적인 이슈가 될 수 있다.

영이라고 한다.

이러한 윤리학과 경영학의 학제적 연구를 위해서는 윤리경영에 유용한 윤리학에 대한 이론적 고찰이 필요하다. 따라서 이하에서는 고전 윤리학부터 현대 윤리학까지 윤리경영을 위한 학제적 연구에 유용한 윤리학에 대한 선행연구 결과를 제시한다.

1.1 고전 윤리학: 이론규범윤리학과 메타윤리학

윤리는 고대 그리스 철학의 Socrates, Plato, Aristotle를 거치며 연구 대상과 연구 내용이 정리되었다. 그 후, 19세기 말까지 많은 철학자들에 의해 다양한 의견이 개진되었다.[12)]

근대의 기술·과학의 지속적 발전으로 18세기 이후 철학적 문제의식에도 과학적 방법론이 도입되었다. 이 과정에서 철학적 논의들 중 사회학, 심리학, 정치학, 경제학 등 세부학문들이 분화됐다. 윤리학 역시 근세에 이르러 확실한 분야로서 정립된다.[13)] 이 시기의 주목할 만한 윤리학자로는 의무론적 윤리설을 주창한 I. Kant와 공리주의를 주창한 J. S. Mill 등을 거론할 수 있다.

1900년 전후, 철학은 새로운 변화를 맞이한다. 분석철학으로 체계화되며 방법론적으로 '분석논리학'이라는 연역추론이 제시되었다.[14)] 그 흐름 중 1903년 G. E. Moore가 Principia Ethica를 출간한 시점을 기점으로 분석철학적 윤리학도

---

12) 현대에까지 주요한 영향을 미치고 있는 중요한 저작으로는 Aristotle의 『Ethika Nikomacheia(니코마코스 윤리학)』, Tomas Aquinas의 『De Emptione et venditione ad tempus(외상매매)』, I. Kant의 『Kritik der reinen Vernunfit(순수이성비판)』, J. S. Mill의 『On Utilitarianism(공리주의)』 등이 있다.

13) 사회학이나 정치학처럼 과학적 방법론이 도입되거나, 전문가의 육성과 계승이 이루어 진 것은 아니어서 윤리학은 사회과학의 영역으로 전환되지 않고 철학의 영역에 잔류했다.

14) 분석논리학을 활용하여 일반적인 철학의 제분야, 즉 존재론, 인식론 등에 대한 논의를 다루는 사조를 '분석철학'이라고 한다. 분석철학은 1920년대에는 빈을 중심으로 한 빈학파 학자들에 의해 주도되었다. 이후 1960년대까지는 세계의 모든 철학적 논의는 분석철학의 논의에 집중되었다.

시작되었다. 이후 윤리학 영역 역시 분석철학적 윤리학에 의해 주도되었고, 1980년대까지 그 성향이 이어졌다.

이전의 윤리학들이 '선의 내용', '선한 행동' 등에 대한 탐구였다면, 분석철학적 윤리학은 '선의 개념' 등 언어분석적 성향이 강하다. 전자인 Socrates 이래 철학자들의 사상에서 윤리적 논의들을 '이론규범윤리학(Theoritical Normative Ethics: 이하 규범윤리학)'이라고 하고, 후자인 Moore 이래 분석철학적 담론들을 '메타윤리학(Meta-Ethics)'이라 한다.

1.2 현대 윤리학: 윤리적 공백과 실천응용규범윤리학

메타윤리학적 논의가 사그라들던 197·80년대 이후 하나의 문제가 발생했다. 19세기까지는 철학자가 지식인 중에서도 핵심에 위치하고 있었기 때문에 시대적인 이슈나 쟁점에 관여했다. 따라서 그때까지 철학자들의 논의는 항상 시대정신과 사회문제를 포함하고 있었다.

그러나 20세기 메타윤리학의 시대에는 담론에 대한 분석이 난무하던 시기이기 때문에 현상에 대한 탐구는 다른 사회과학이 전담하였다.[15] 이에 따라 20세기 후반 메타윤리학적 사조가 사그라들고 다시 규범윤리학적 사조가 부흥을 하는 시기가 도래했을 때, 규범윤리학은 현상을 해석하고, 문제를 해결하고, 대안을 제시할 수 있는 능력을 거의 상실했다.[16] 이 문제를 '윤리적 공백'이라고 한다

15) 프랑스의 J. P. Sartre(1905-1980), J. Derrida(1930-2004), 영국의 B. Russel(1872-1970), K. Popper(1902-1994), 독일의 M. Heidegger(1889-1976), W. Habermas(1929-) 이탈리아의 U. Eco(1932-2016), 미국의 J. Rawls(1921-2002) 등과 같이 20세기에도 많은 분석철학 및 언어철학과 관련된 철학자들이 있다. 이들은 사회에 나름대로 영향을 미쳤고, 역사상 어떤 철학자에 비견해도 뒤지지 않는 업적을 남겼다. 그러나 이들은 효과적으로 사회를 설명하지 못했다. 심지어, J. M. Keynes(1883-1946), F. Hayek(1899-1992), M. Friedman(1912-2006), 혹은 P. Samuelson(1915-2009)처럼 동시대를 살았던 경제학자들은 물론이고, 생존해 있는 J. Stiglitz(1943-)나 P. Krugman(1953-), 심지어 T. Piketty(1971-)의 영향력과는 비교조차 할 수 없다. 최근에는 오히려 이들 경제학자들이 과거에 윤리학자들의 역할을 적지 않게 대신하고 있다.

(Jonas, 1985).[17]

이러한 문제에 대해 지식인들이 하나의 실천적 대안을 내놓았는데, 이는 19세기와 20세기에 발달한 사회과학과 자연과학을 기반으로 19세기 이전의 규범윤리학들이 학제적으로 결합을 하는 것이다. 즉 규범윤리학만으로는 19세기나 20세기의 문제를 해결하기에 사회가 너무 복잡하고, 사회과학과 자연과학은 기술적(descriptive)이므로 규범적(Normative)인 윤리 문제를 해결할 수 없으므로, 사회과학이나 자연과학 등 전문적인 기술적 지식과 규범윤리학의 규범적 지식을

---

16) 메타윤리학의 전성기인 20세기 초중반은 인류에게도 획기적인 시기였다. 1·2차 세계대전을 겪으며 군사기술의 비약적인 발전에 힘입어 과학기술은 급성장을 하였다. 19세기 말 요소 분리에 성공하여 비료개발이 획기적으로 이루어져 생산량이 6배 이상 증가한 농업의 발전은 인구 폭증을 이끌었다. 냉전시대를 겪으며 우주과학이 발전했고, 신자유주의 등의 환경은 기업에게 무한경쟁 환경을 제공하였다. 현대를 기준으로 말하면, 스마트 폰, 인터넷 등 PC 및 컴퓨터 관련 기술이 일반화 되지 않았을 뿐 군사용 등으로는 개발되었고, 각종 백색가전은 대부분 상용화 된 시대였다. 미국에서는 유색인종과 여성의 투표가 권리로서가 아니라 실제로 시행되는 등 민족주의 같은 이데올로기 입장에서도 19세기와는 완전히 다른 측면이었다. 심지어 메타윤리학이 시작될 때가 K. Marx가 영국의 자본가들의 착취를 비판하여 자본론을 집필할 때부터 러시아에 볼세비키 혁명이 발생하던 시기 사이라고 하면, 메타윤리학이 저물어가던 시기는 중국의 덩샤오핑(邓小平)이 가이거카이팡(改革开放)을 외치던 때이다. 이런 엄청난 변화를 19세기의 규범윤리학이 감당할 수는 없는 것이다. 우리나라의 경우로 예를 들자면 조선시대에는 성리학(性理學) 체계가 도덕률, 정치·사회제도 및 법제도와 결부되어 사회 신분 제도, 중앙집권적 왕정제도, 관료제도에 이르기까지 거시적인 세계관을 제공했다. 따라서 성리학 체계 하의 도덕률인 삼강오륜(三綱五倫) 등은 사회 전체의 메커니즘과 매우 유기적으로 잘 설명되는 시스템이었다. 너무나 유기적이어서 구성원들에게 당위성을 요구하기 용이했고, 실제로 천주교와 동학의 영향에 의한 동학혁명이 봉기하기 전까지 조선왕조에는 502년(1392년~1894년) 동안 주목할 만한 시민혁명이 없었다는 점도 주지할 만 하다. (도시가 발달하지도 않았고, 상업자본이 발달하지 않았기 때문에 조선의 시민은 농민으로 봐야한다. 따라서 조선의 시민혁명은 농민혁명을 말한다.) 조선과 똑같이 주자학(朱子學)을 국가의 통치와 사회의 중심사상으로 삼아 시민혁명이 자취를 감춘 사례는 일본의 경우에서 볼 수 있다. 1467년 오오닌의 난(應仁の亂) 이후 1589년 오다와라 정벌(小田原征伐)로 도요토미 히데요시(豊臣秀吉)가 전국의 권력을 장악할 때까지 농민봉기는 일상적으로 발생하는 일이었다. 농민봉기가 사라진 것은 1603년 도쿠가와 이에야스(德川家康)가 에도막부(江戸幕府)를 세우고 주자학을 수용한 이후 1854년 미국의 M. C. Perry제독에 의한 가나가와 조약(神奈川条約)에 의해 개항을 하기 전까지 251년간 주목할 만한 농민봉기가 없었다. 그러나 전근대 사회인 조선에서 유용했던 주자학적 세계관에서 농민봉기가 없다고 해서, 이후 대한제국, 식민지 과정, 6·25전쟁을 거쳐, 산업화 과정도 끝나가는 현대에 다시 주자학으로 사회문제를 설명하자고 하기에는 너무나도 시대의 변화가 크다는 것이 문제이다.

17) 일종의 Anomie현상으로 이해하기도 한다(최경수 외. 2015b).

결합하여 학제적으로 해결하는 방법이다. 윤리학과 윤리교육학에서는 이런 Hybrid 형태를 '실천응용규범윤리학(Practical & Applied Normative Ethics: 이하 응용윤리학)'라고 한다(최경수 외, 2013a; 2013b, 2014, 2015a, 2015b).[18]

응용윤리학의 예로는 환경공학과 결합한 '환경윤리', 의학 및 생명공학과 결합한 '생명·의료윤리', IT기술이나 컴퓨터공학과 결합한 '사이버윤리', 그리고 마지막으로 경영학과 결합한 '기업윤리'[19]가 있다(최경수 외, 2013a; 2013b, 2014, 2015a, 2015b).

따라서 윤리경영의 문제도 Jonas의 '윤리적 공백'의 관점에서 20세기 이후 급격히 발전한 기업이 유발하는 비윤리적 문제를 규범윤리학만으로는 더 이상 제재할 수도 대안을 제시할 수도 없다. 이에 대해 Hybrid 방식의 응용윤리학 관점에서 경영학과 규범윤리학의 학제적 결합을 통해 기업이 발생시키는 비윤리적 문제를 해결하는 대안을 제시한다(최경수 외, 2013a; 2013b, 2014, 2015a, 2015b).

| 표 2 | 윤리학의 분류

대분류	중분류	소분류	대표학자	현재 교과서
윤리학	이론규범윤리학	의무론	Kant	윤리와 사상
		결과론	Aristotle, Mill	
		덕윤리	McIntyer	
	실천응용규범윤리학	기업윤리	Friedman, Arrow	생활과 윤리
		환경윤리	Taylor, Leopord	
		생명윤리	Singer, Jonas	
		사이버윤리	Spinello, Stallman	
		기타		
	메타윤리학	-	Hare	윤리와 사상

* 출처: 최경수 외, 2013a; 2013b, 2014, 2015a, 2015b, 연구자 수정

18) 윤리경영 학자들도 Business Ethics를 Applied Ethics 중 하나로 본다(Goodpaster, 1985).

19) 윤리경영이 '직업윤리'처럼 기업 내 업무의 제분야에 있어서 도덕·윤리적인 가치를 준수해야 한다는 의미인지, 혹은 CSR 처럼, 기부나 봉사 활동을 말함인지, 혹은 ISO 26000의 항목을 준수하는 것인지 애매하나, 본고에서는 모두를 포함한 것으로 본다.

1.3 응용윤리학의 구성

〈표 2〉과 같이 응용윤리학으로써 윤리경영은 경영학 등 기업경영과 관련된 학문과 규범윤리학 등 윤리와 관련된 학문간의 학제적 연구이다(최경수 외, 2013a; 2013b, 2014, 2015a, 2015b). 연관되는 규범윤리학으로는 〈표 2〉에 제시된 의무론, 결과론, 덕윤리 등 3가지 모두 가능하다. 김승범 등(2016b)은 이러한 응용윤리학과 규범윤리학의 관계는 〈그림 1〉과 같이 정리했다.

즉, 기업윤리 영역도 〈그림 1〉과 같이 '의무론적 기업윤리', '결과론적 기업윤리', '덕윤리적 기업윤리' 등 Ⓐ, Ⓑ, Ⓒ로 나누어 생각해야 한다. 김승범 등(2016b)은 이 Ⓐ, Ⓑ, Ⓒ를 대표하는 연구에 대해 2013년까지 등재된 윤리경영 관련 논문을 조사하여 다음과 같이 설명했다.[20]

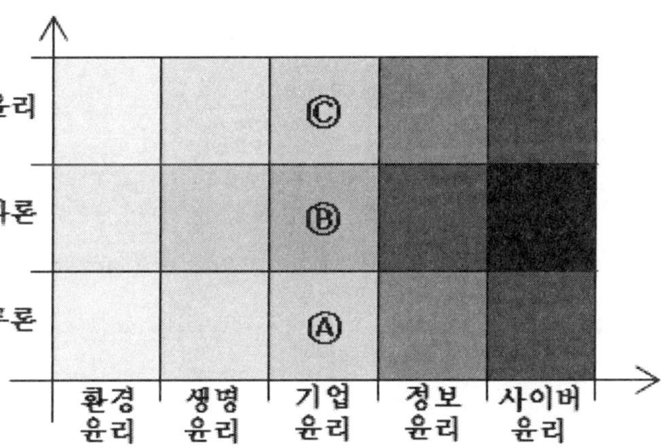

▌그림 1▐ 응용윤리학과 규범윤리학의 접점

Ⓐ를 대표하는 윤리설은 Kant의 윤리학을 거론할 수 있다. 국내 경영학계에서는 Kant의 윤리학을 연구하고, 이를 기업윤리 연구에 접목한 한국 경영학자의

20) 본 연구의 자료조사를 수행한 2013년을 기준으로 NAVER 전문정보에서 '윤리경영'을 사회과학의 경영학 영역에 대하여 SCI-등재후보지까지의 학술논문을 조회하면 총 447편이 검색되고, 이 중 학술지 검색 및 제공 서비스인 KISS와 DBPIA를 통해 읽을 수 있는 논문은 전수조사를 했다.

논문은 없는 것으로 보인다. 범위를 확장하면 박경규(2010)가 Kant의 의무론적 윤리학의 영향을 받은 독일의 Nicklisch를 연구했다. 따라서 그의 연구를 의무론적 윤리학에 근거한 기업윤리 연구라고 할 수 있을 것이다. 또한 Rawls가 Kant의 사상을 계승한다는 점을 감안하면, Rawls의 정의론과 기업윤리를 접목하여 연구한 문근찬(2011)의 연구를 또 하나의 의무론적 윤리설을 수용한 연구로 분류할 수 있다.

Ⓑ를 대표하는 학자는 Aristotle와 Bentham, Mill 등이다. 윤리경영 주제의 논문 중 Aristotle에 근거한 논문은 김승범 등(2015)이 유일한 것으로 보인다.[21] Bentham, Mill 등의 공리주의는 많은 경영·경제 영역의 논문들이 암묵적으로 많이 지지하는 윤리설이나 윤리경영 관련 논문 중 공리주의를 연구한 논문을 국내에서는 찾지 못하였다.

Ⓒ는 Aristotle의 재해석을 시작으로 한다. McIntyre로 대표되는 덕윤리 관련 연구는 아직 국내 윤리경영관련 연구에서 없다.

이상과 같이 응용윤리학으로서 윤리경영의 연구는 선행연구를 살펴본 결과와 같이 400여 편의 논문 중 규범윤리학을 기반으로 한 연역적 연구는 1% 정도에 불과하고, 다수가 사회과학적 방법인 귀납적 추론에 근거한다. 이 귀납적 추론은 규범윤리학적인 전통 즉 연역적 추론과 대척점에 위치하는데, 99%의 연구가 귀납적 추론에 근거한다는 것이 윤리경영 연구에 어떤 이슈를 제공하는지 주목할 필요가 있다.

21) 경제학자 홍훈(2006)이 인문과학 계열의『서양고전학연구』에 게재하는 등 일부 경제학 등의 연구로는 일부 Aristotle에 대한 연구가 있다.

제2절 당위성의 윤리학[22)]

2.1 윤리경영 연구에서 규범윤리학적 연역추론의 필요성

철학은 정확한 사고를 하기 위해 연역논증 체계를 추구했다. 따라서 20세기에 언어논리학이 개발될 때까지 윤리학은 연역논증 체계의 삼단논법을 중심을 발전하였다(박종홍, 1990). 사회과학은 철학에서 시작되었기 때문에 연역논증 체계도 계승하였지만, 자연과학의 발전에 영향을 받았기 때문에 과학적 검증의 연구조사방법론에 기반한 사회조사방법론도 수용했다. 사회과학으로서 경영학의 입장에서 윤리경영을 연구할 때 연역추론과 귀납추론은 함께 고려되어야 한다는 의미이다.

경영학 내 윤리경영의 규범윤리학적 기반의 연역추론을 사용한 연구는 불과 1% 내외이다. 외국의 경우 많은 수의 윤리경영 논문이 비통계적 논문[23)]임을 고려할 때 국내의 윤리경영 연구는 응용윤리학이 요구하는 연역논증과의 학제적 연구 입장에서 연역추론의 연구 비중이 낮다고 볼 수 있다.

비단 낮은 것이 문제가 아니라, 규범윤리학에 대한 학제적 연구와 연역추론의 방법론이나, 기존 선행연구 중 반드시 우리가 인지하고 반영해야 하는 것을 놓치고 있다면 이것이 더 큰 문제이다. 이 점이 본 연구에서 규범윤리학에 대한 연구와 연역추론에 대해 주목하는 이유이다.[24)]

---

22) 이하는 김승범 등(2016c)의 내용이 중심으로 구성한다.

23) Google Scholar 기준 윤리학 영역에서 인용지수 1, 2위 학술지인 *Journal of Business Ethics*와 *Journal of Business Ethics Quarterly*의 최근 3~4년간 등재추세를 근거로 제시한다. 전수검사를 하지 못해 정확한 비중은 제시할 수 없으나, 초록만을 근거로 매 호 많게는 3~4편, 최소한 1~2편의 논문은 규범윤리학으로부터 시작되는 연역적 추론에 근거한 논문들이 게재되며, 통계학적 방법론에 의거한 논문은 대체로 50% 이하이다.

24) 예를 들어 계승해야 할 규범윤리학의 성과 중 하나는 '개념(Concept)'이다. 개념이란 귀납적 추론처럼 다수의 지지로 합의되는 것이 아니라, "일정한 존재를 의미하는 지시체"로서 정의(定意) 즉, "유개념(類概念)과 종차(種差)로 구성되는 것"이다(박종홍, 1990). 예를 들어 인간종(種)과 원숭이종(種)이 유인원류(類)에 속할 때, "유개념(類概念)은 '유인원'과 종차(種差)는 '털의 유무'로 생각할 수 있고, 유인원에는 털 있는 유인원과 털 없는 유인원으로 구분된

이에 비해 일부 윤리경영 연구는 선의 '개념'을 귀납적으로 정의하려고 한다. "기부금액이 많은 기업이 좋은 기업이다" 등이 그 예이다. 통계학적으로는 가설이 양적 검증으로 입증한다고 하더라도, 통계분석은 영가설이 거짓일 확률이 적음을 확인할 뿐이다. 즉, 통계적으로 유의미함은 '발생할 가능성이 높다'는 의미이지, '당연히 그렇게 해야한다'는 의미가 아니다. 그러나 윤리는 '당연히 그렇게 해야한다'는 당위성을 규범적 명제로 다루는 영역이다.

'선'은 다른 말로 '좋음'이다.[25] 그런데, '공정 무역'과 '착한 기업' 등을 언급하며 마치 착한 일을 하는 기업이 윤리적인 기업이 기업인 것처럼 표현되는 경우가 있다.[26] "공정 무역을 하는 기업이 좋은 기업이니 공정 무역을 하는 기업의 제품을 소비하는 것이 좋다"라는 가설로 양적 검증을 수행한다면, "공정 무역을 하는 기업이 좋은 기업이다"라는 명제와 "공정무역을 하는 기업의 제품을 소비하는 것이 좋다"라는 명제가 귀납추론으로 검증하기에 적절한 명제인지를 검증이 필요하다.

2.2 윤리경영과 당위성 Ⅰ : '자연주의적 오류'

'당위성'은 철학사에서 Hume(1793)이 *A Treatise of Human Nature*(인간본성론)에서 'Hume의 법칙'이라고도 불리는 '존재-당위 논쟁'에 의해 주요 화두로 제시되었다. 그는 "우리의 언어사용을 고찰해보면, 기술을 하기 위한 언어표현(be)과 당위나 의무를 부여하는 언어표현(ought to / should)으로 나눌 수 있다"

다. 털 있는 유인원은 원숭이의 정의로, 털 없는 유인원은 인간의 정의로 볼 수 있다.

25) good은 윤리학에서 Good으로 사용되면 '선(善)' 그 자체를 지칭하는 추상명사이자 고유명사이고, good으로 사용하면 '좋은'이란 형용사로 사용한다. 윤리학에서는 '착한'이라는 의미로 거의 사용하지 않는다(Socrates, Plato, Aristotle, Kant, Mill 등 주요 윤리학 이론가에게서는 '착한'이란 의미는 자주 쓰이지 않는다)

26) 윤리학에서 '착함'과 '좋음'의 차이는 일반인에게 매우 혼란스러운 개념이다. 다음과 같은 예로 '착함'과 '좋음'의 차이를 극명하게 이해할 수 있다. "착한 저격수가 좋은 저격수이 아니라 전투를 잘하는, 즉 적군을 잘 죽이는 저격수가 좋은 저격수이다" 따라서 "좋은 기업"이란 '기업의 본연적인 목적을 충실히 잘 수행하는 기업'이 "좋은 기업"이지 "착한 기업"을 윤리적으로 "좋은 기업"이라고 하지 않는다(Sahakian, 1988).

고 했다. '존재-당위 논쟁'은 존재에서 당위를 도출할 수 없다는 점을 지적한 것으로 규범적(normative) 성격이 무엇인가를 집중적으로 연구하게 한 단초를 제공했다(Hume, 1793).

이 논의는 Moore(1903)가 *Principia Ethica*에서 제시한 '자연주의적 오류'에 의해 재조명된다. Goodpaster(1985)에 의하면, '존재-당위논쟁'과 '자연주의적 오류'의 관계에 대해, '자연주의적 오류'는 논쟁을 야기하는 고질병인데, 그 고질병을 Hume이 가장 처음 만들어 냈다고 평한다(Goodpaster, 1985). 또 윤리학계 내 다수의 학자들은 Moore의 주장이 Hume의 주장을 바탕으로 하고 있다고 여긴다(윤영진, 2012).

'자연주의적 오류'의 의미는 "선(good)을 자연적인 속성으로 정의하는 것은 잘못된 것이다"(Tanner, 2006)이다. 즉, 선을 쾌락, 욕망 등과 같은 자연적인 속성으로 환원하여 설명하는 것은 잘못된 것이다(위키피디아, "naturalistic fallacy"). 이는 Moore(1903)가 언급한 "선은 분해될 수 없고(simple)[27], 분석할 수 없으며(unanalysable), 비자연적 속성(non-natural property)"(Moore, 1903)이라는 언급을 통해 왜 이런 생각을 했는지 유추할 수 있다.

Moore(1903)는 *Principia Ethica*서문에서 "철학자들이 자신들이 대답하려는 문제가 정확히 무엇인가를 모르는 상황에서 대답을 제시하려 한다"고 비판한다(Moore, 1903). Moore(1903)는 윤리학에 고유한 두 가지 문제가 있기 때문에 왜 이런 이슈가 발생했다고 한다. 그런데, Moore가 제기한 두 이슈은 현재 윤리경영이 가지고 있는 문제와 동일하다. 따라서 같은 문제를 가지고 있으므로 Moore가 답을 찾아가는 과정은 윤리경영 연구에 있어 답을 제시해 줄 수 있다.

27) 철학적 관점에서는 "'simple'과 같은 환원적 분석의 극한에 있는 존재자들에 대해, 첫째 각각의 고유한 성질을 소유하고, 둘째 더 이상 분해할 수 없는 단순한 존재이며, 셋째 홀로 자립하여 존재한다는 것이 통상적인 가정이다"라고 한다(Bergman, 1960). "simple"은 1차적으로 단순함을 의미한다. 단순함은 더 이상 쪼갤 수 없는 상태를 의미한다. Moore의 의도는 선은 단순하기 때문에 더 이상 다른 성질이 없어서 분리할 수 없다는 것이다. 물론 단순함으로 번역하는 경우도 있다. 예를 들어 정해창(1992)은 그의 논문에서 simple을 '단순함'으로 번역했다(정해창, 1992).

첫째, Moore는 "그들 자체가 존재의 이유가 될 수 있는 것은 어떤 것인지에 대한 물음인가"(Moore, 1903), 즉 선의 증명에 대해 먼저 답을 내리지 않았다는 문제를 지적했다.[28] 윤리경영도 명확한 정의를 내리지 못한 채 '윤리경영'에 대한 많은 논의들이 진행되고 있다.

둘째, Moore는 "우리가 당위적으로 수행하여야 하는 행위는 어떤 종류의 행위인가"(Moore, 1903), 즉 당위적이란 것은 어떤 것인가에 대해 먼저 답을 내기 않았다고 한다.[29] p.24 〈표 1〉에서 볼 수 있듯이 윤리경영도 역시 정의도 내리지 못한 채, 가설을 수립하여 양적검증을 반복하고 있다.

(1) Moore의 첫 번째 이슈

Moore(1903)가 말하는 첫 번째 문제는 윤리학적 논의 중 "자신들이 대답하려는 문제가 정확히 무엇인가를 모르는 상황에서 대답을 제시하려 하는 철학자들이 있음"을 비판한다. 그리고 이들이 나름대로 제시한 '자연주의 윤리학', '진화론적 윤리학', '쾌락주의', '공리주의', '이기주의', '형이상학적 윤리학' 등에 대해 모두 '자연주의적 오류'를 범했다고 했다(Moore, 1903).

Moore(1903)는 그 중 대표로 '쾌락주의'에 속하는 Epicurus에 대해 논의를 한다. Epicurus는 "쾌락이 선이다"라는 명제로 유명한 학파이다. Moore(1903)의 언급을 Frankena(1973)는 다음과 같이 정리한다. Epicurus를 위시한 '쾌락주의'의 논의를 연역적 방법으로 정리하면 〈증명 1〉과 같다.

〈증명 1〉

a) 선은 좋은 것이다.

b) 쾌락은 좋은 것이다.

28) 형이상학적으로도 많은 고대의 철학자들과 중세의 종교철학자들은 자명(自明)한 존재의 증명에 매진했다. 이들 중에는 '선이란 무엇인가'라는 무어가 지적한 자명한 존재증명에 관한 지적과 관련된 내용이 많다.

29) 철학자들의 논의와 저작에서 '인간이 왜 윤리적 행동을 하는 존재인가'를, 또 '어떻게 윤리적 행동을 하는 것이 당연한가' 등에 관한 논의를 쉽게 접할 수 있다.

c) ∴ 선은 쾌락이다.

*출처: Frankena(1973)을 번역, 정리

쾌락주의자들은 이상의 내용에 대하여 논리적으로 옳다고 생각한다(Frankena, 1973). 그러나 Moore가 이 논의를 '자연주의적 오류'를 범했다고 한 것은 "'선'을 '쾌락'이라는 자연적인 성질로 동일시"했기 때문이며, 이는 논리적으로 새로운 오류[30)]라는 것이다.

윤리경영에 있어서 Mooro의 첫 번째 이슈는 증명방식은 나르나 내용적으로는 동일하다. 윤리경영의 기존 연구들 중 윤리경영의 정의를 내리지 않고 가설에 대한 양적 검증을 통해 정의를 내리고자하는 태도를 보이는 경우, Moore의 비판이 똑같이 적용될 수 있다.

(2) Moore의 두 번째 이슈

Moore(1903)의 두 번째 이슈는 "우리가 당위적으로 수행해야 하는 행위는 어떤 종류의 행위인가에 대한 문제"이다. 일반적으로 당위의 근거는 '선'이기 때문에 결국 이 문제는 첫 번째 문제인 '선의 증명'이 선행되어야 한다(유지한, 1999).[31)] '선'의 증명은 또한 "'선'에 대한 기술"과 "'선'에 대한 기술이 아닌 것"으로 구분함에서 시작하여, 이 두 가지에 대한 비교분석을 통해 내용이 구체화 된다. 결국 '선' 즉 "마땅히 해야한다"는 당위의 기술과 '존재' 즉, '~이 있다 / ~하게 있다'라는 '있음'에 대한 기술로 나누어 생각함을 말한다.

(3) Moore의 '자연주의적 오류'의 비판적 계승: '정의주의자의 오류'

'자연주의적 오류'에 대해 Frankena(1939)는 Moore의 주장이 두 가지 측면에

30) Aristotle 이래 대표적인 연역논증인 삼단논법은 오류체계에 대한 정리가 명확하다. '사개명사의 오류', '매개념 부주연의 오류', '부당 주연의 오류', '양 부정의 오류', '부당긍정의 오류' 등 여러 가지 오류가 있고(박종호, 1990), 무어는 '자연주의적 오류'를 추가하고자 한 것이다.

31) '당위'는 설득이 필요없이 당연히 해야하는 것이기 때문에, '악'을 전제로 '당위'를 논하지는 않는다

서 이슈가 있다고 지적한다.

첫째, 자연주의자들의 논의가 논리적으로 오류가 없는데 Moore는 무엇이 틀렸다는 것인지 증명하지 않고 무턱대고 오류라고 주장하니, 이것은 무리한 논증이라는 의견이다. 이것을 논리적으로 'Begging the Question(논점선취의 오류)'[32]를 범한 것이다고 지적했다(Frankena, 1939).

둘째, Moore가 말하는 '자연주의'도 설명이 명확하지 않다(Frankena, 1939). 이후 이 점에 대한 연구가 지속되어 최근 연구에서는 '자연주의'를 "심리학적, 사회학적, 생물학적 '사실'이나, 초자연적, 초경험적 '실재'에 근거하여 정당화하고자 하는 것"이라고 한다(유지한, 1999).

Frankena(1939)는 Moore가 말하고자 한 바는 "선을 명백히 다른 속성으로 동일시하여 환원하려는 것은 잘못된 것이다"라고 해석하며 이를 'definist fallacy(정의주의자의 오류)'라고 하였다(Frankena, 1939). 그러나 실제로 자연주의자들이 선을 정의할 때, Moore의 지적대로 다른 것을 같다고 하기 때문에 잘못된 정의를 내린 것은 맞다. 그래서 연역증명 상의 오류로서는 인정 못하지만, 오류임은 맞다.[33]

이상의 논의는 윤리경영에 대한 본고의 논의에 매우 큰 방향성을 제시해 준다. 우선 '논점선취의 오류'는 앞서 여러차례 지적한 기존의 윤리경영 연구 중 일부 연구는 "'좋은 기업'의 정의를 내리지 않고, 가설을 수립한 채 양적 검증을 통해 증명하려고 함"에 해당된다.

32) '논점선취의 오류'는 '선결문제요구의 오류(Petitio Principii)'라고도 한다. 증명을 요하는 사항을 전제 속에 채용하는 오류이다. "전제 속에 결론과 같은 말을 사용", "논점을 옳은 것으로 가정해 놓고 논함", "논점을 교묘히 회피함", "미증명된 사항을 사실로 가정함", "질문과 논점이 동일함" 등을 설명할 수 있다. 예로는 "아편은 수면을 촉진한다" 같은 명제가 있다. 이 명제가 '논점선취의 오류'인 이유는 "아편은 수면제를 포함하고 있기 때문"이다.

33) 현재까지도 '자연주의적 오류'가 맞다고 주장하는 측과 '정의주의자의 오류'가 맞다는 양측으로 논의가 계속되고 있다. 그래서 모두 확실하게 '맞다' 혹은 '틀리다'도 아닌 "맞다고 하기에는 논리적 오류로서는 틀리고, 틀리다고 하기에는 내용상의 오류로는 맞는, 그러기에 오류는 오류인데, 논리적인 오류는 아니고 내용상의 오류인"채로 유지되고 있다(Hausman, McPherson, 2011).

또한 현재도 유효한 '자연주의적 오류' 혹은 최소한의 의미로 '정의주의자의 오류'가 앞서 언급한 "기부금액이 많은 기업이 좋은 기업이다", 혹은 "공정 무역을 하는 기업이 좋은 기업이다"라는 이 오류임을 증명할 근거를 제시해 준다.

2.3 윤리경영과 당위성 Ⅱ: Hare의 메타윤리학

'존재-당위 논쟁'과 '자연주의적 오류' 등 메타윤리학적 연구들은 바로 이 기술판단과 가치판단 두 영역간에 간극의 인정에서 출발하고 간극을 메우기 위한 노력이다. 이 인정과 노력을 지지하고 이에서 출발하는 응용윤리로서의 윤리경영에도 적용 가능하다. 많은 학자들이 윤리경영도 연역적 방법과 귀납적 방법의 간극을 채우기 위한 노력이 최우선적으로 절실히 필요하다(Weaver, Trevino, 1994; Victor, Stephens, 1994; 박장호, 1999; Jeurissen, 2000; 신유근, 2005; 박정순, 2006; 윤태익, 박기찬, 2007; 하정혜, 2008; 박경규, 2010)는 점에 동의한다.

이를 위해 Hare(1963)는 '기술판단'과 '도덕판단(value judgement)'[34]을 구분한다. '도덕판단'은 '좋음' 및 이와 유사한 단어들을 포함하는 판단을 말한다(최경수 외, 2015c). 이를 중심으로 Hare의 관점에서 '자연주의적 오류'와 '존재-당위 논쟁'은 매우 유의미하다[35]

---

34) 현재 중등교육에서는 '도덕판단'은 '사람의 인격, 행위, 제도에 대하여 도덕적 관점에서 내리는 가치판단'이라고 한다. 또, '가치판단'은 '판단하는 사람의 가치관이 개입되는 판단'이라 한다(최경수 외, 2015c). Hare(1963)는 '옳은(right)' '그른(wrong)', '해야 한다(ought)'와 같은 단어들을 포함하는 '규범판단'과 구별한다. 그러나 넓은 의미의 '도덕판단'은 '규범판단'을 포함한다(Hare, 1963).

35) 첫째, Hare는 '자연주의적 오류'란 윤리적 논의는 규범적 논의이므로 반드시 '규범판단(normative judgement)'을 포한한 언어로만 혹은 '기술판단' + '규범판단'의 형태로 '규범판단'을 포함하여 서술되어야 하는데, 자연주의자들은 '규범판단' 없이 '기술판단'으로만 서술하고자 한다는 것이다. 이렇게는 규범적 논의를 진행할 수 없다는 것이다(정해창, 1992). 둘째, Hare의 관점에서 '존재-당위 논쟁'이란 "'존재에서 당위를 도출할 수 없음'이라는 의미로 '기술판단'과 '규범판단'을 동일시하면 안된다는 뜻이다"(정해창, 1992).

Hume과 Moore가 '자연주의적 오류'와 '존재-당위 논쟁'을 제시한 것은 엄정한 윤리학을 위해서였다. 즉 '자연주의적 오류'와 '존재-당위 논쟁'에 휘말린 논의는 그 문제를 해결하지 못한 채로는 윤리학적 논의라 할 가치가 없다는 최소한의 자격을 의미하는 것이다. 따라서 교육부의 정의대로 경영상 발생한 문제의 윤리적 공백에 대하여 응용윤리학적 대안을 제시하려면, 그 대안은 먼저 '자연주의적 오류'를 범하지 않아야 한다.

Hare는 Moore와 Hume에게 가해진 비판들을 수용하며, '자연주의적 오류'와 '존재-당위 논쟁'의 필요성과 목적에 동의한다. 즉, 윤리학적 논의가 될 수 있는 최소한의 자격을 검증하는 "'도덕판단'의 기준"을 제시한다. Hare(1981)는 '해야 한다'와 같은 도덕적 단어를 포함하는 '도덕판단'은 'Prescriptivity(규정성)', 'Universalizability(보편화 가능성)', 'Overridingness(우선성)'의 논리적 특징을 가진다고 한다.[36)]

첫째, '규정성'에 대하여, Hare(1952)에 의하면 '도덕판단'의 본질적 기능은 '행동을 지시하는 것'이다. 가령 '행위 X는 옳다'라고 말하는 것은 단순히 행위 X를 '옳게 만드는 속성(rightmaking properties)'을 기술하는 것이 아니라 그 행위를 하도록 권장하는 것이다. Hare(1991)는 이러한 '도덕판단'의 이런 특징을 '규정성'이라고 부른다. 규정성은 '도덕판단'에 동의하는 사람은 그가 그 판단에 성실하게 동의했고, 또 그 판단이 요구하는 행위를 할 수 있다면 그 행위를 실제로 행하여야 한다는 요구이다.[37)] 유지한(1999)에 의하면, 헤어는 '도덕판단'의

---

36) '규정성', '보편화 가능성', '우선성'은 '도덕판단'의 논리적 제약 조건이다. 하지만 이것만으로 '도덕판단'을 온전히 내릴 수 없다. 이외에도 '사실에 대한 인식', '역지사지의 상상력', '인간의 성향', '주체적 결단의 요소' 등도 충족되어야 한다(Hare, 1963). 이 중 '역지사지의 상상력'은 Hare의 사상과 별도로 고등학교 윤리교육에서도 도덕판단의 기준으로 언급된다(최경수 외, 2015c).

37) 유지한(1999)에 의하면, Hare는 규정불가능한 것을 다음과 같이 정리한다. 규정불가능한 것이 두 가지가 있는데, 첫째는 '너는 자면서 공부해야 한다'와 같은 물리적으로 '실행 불가능한' 까닭에 규정 불가능한 것이고, 다른 하나는 '남들이 나를 재미 삼아 고문하는 것을 허용해야 한다'와 같이 '의욕하는(willing)' 것은 불가능한 까닭에 규정 불가능한 것이다. 전자는 '물리적 규정 불가능성', 후자는 '심리적 규정 불가능성'이라고 한다(유지한, 1999).

규정성으로 '도덕적 추론(Moral reasoning)'[38]을 규제한다고 했다.

둘째, '보편화 가능성'에 대하여, Hare(1997)는 '도덕판단'은 그 판단이 내려지는 상황에 관한 어떤 사실을 이유로 내려지는 것이라고 하였다. 만약 동일한 상황에 대해서 서로 다른 '도덕판단'을 내린다면 이는 논리적 일관성의 요구를 위반하는 것이다(Hare, 1997). '도덕판단'도 '기술판단'처럼 기술적 속성을 지니고 있으므로 보편화가 가능하므로 보편적으로 기술적 속성이 동일한 상황들에 대해서 서로 다른 판단을 한다면 자기모순을 범하는 것이다(Hare, 1981).

셋째, '우선성'이란 사람들 간의 이해관계나 이상과 관련되어 있는 도덕 원리가 취미나 미학적 판단의 원리와 갈등할 경우 도덕 원리를 우선적으로 적용해야 한다는 것이다(윤영진, 2012).[39]

이상의 Hare의 입장은 역사적으로 메타윤리학의 최종산물 같은 의미이다.[40] 앞서 이미 윤리경영의 선행연구들이 가지고 있는 문제를 일부 제시했으므로, Hare의 입장은 대안제시 영역에서 언급하겠다.

---

38) '도덕적 추론'은 1960년대 이후 윤리학, 도덕심리학, 윤리교육학 등에서 매우 중요한 이론으로 본 연구에서도 매우 중요한 역할을 차지한다. 본 연구의 p.50 "(2) '도덕적 추론'의 개요"와 p.58. "2.1. 도덕적 추론"에서 자세히 설명한다.

39) Hare(1981)는 다음과 같이 예를 들어 설명한다. "어떤 사람의 아내가 남편의 연구실에 있는 진홍색 쇼파 위에 높을 쿠션을 선물하면서 빨강색 쿠션을 주었다고 하자. 이때, 빨강색 쿠션을 좋아하지 않는 남편은 '진홍색과 진홍색과 빨강색을 병렬하지 말아야 한다'는 미학적 원리와 '아내의 감정을 상하게 해서는 안 된다'는 도덕 원리 사이에서 갈등하게 된다. 이 경우 보통 아내의 감정을 존중하는 것이 생상의 조화보다도 중요하다고 생각한다. 이것이 도덕 원리는 미학적 원리보다 우선적이며, 남편은 도덕 원리를 따라 행동하고 미학적 원리를 따라 행동하면 안된다(Hare, 1981)

40) 80년대부터 메타윤리학 연구자가 급감하며 사실 상 메타윤리학의 시대가 막을 내렸다. 2002년 Hare의 사망 이후 1960년대부터 급증한 Darwin의 진화론을 모태로 하는 진화주의자들의 연구가 활발히 이루어진다. 현재는 사회생물학의 영향을 받은 윤리학 연구자들에 의해 Moore와 대립했던 진화론적 윤리론이 부활하며, 잔존한 메타윤리학자들과 분석철학자의 후예인 언어철학자들의 공동전선과 대립하고 있는 형국이다(Nuccetelli, 2016).

제3절 윤리경영의 오류

지금까지 윤리경영의 개념과 윤리경영을 학제적 Hybrid 구조인 응용윤리학이라는 프레임으로 고찰해야하는 필요성과 그 구성을 살펴보았다. 그리고, 이런 흐름에서 응용윤리학으로서 윤리경영이 가지는 세 가지 규범윤리학 성향을 관통하는 '선', 즉 윤리학의 궁극적인 연구대상에 대해 윤리학에서 수행했던 가장 엄밀한 논의인 메타윤리학에 대하여 고찰했다. 이를 통해, 윤릭경영을 학제적 연구로 진행해야 한다는 점과 그 구조, 그리고 윤리경영의 윤리적인 기준, 즉 '선'에 대한 기준에 대한 결론을 도출했다.

이하에서는 이러한 성과에 근거하여, 기존의 윤리경영 연구가 가지는 문제점과 한계점에 대해 논의하고자 한다. 기존의 이슈 중에는 연역추론과 귀납추론의 차이, 엄격하지 않은 윤리적 추론, 언어적 유희와 같은 모호한 윤리 용어, 윤리적 근거 없는 윤리 용어의 사용과 이에 기인한 잘못된 윤리경영 담론들이 존재한다. 이 문제를 조명하고, 개선하기 위하여 자연주의적 오류와 같은 메타윤리학의 관점을 적용하고자 한다. 이 적용은 기존의 경영학 중심에 간단한 윤리 개념을 결합한 형태의 윤리경영 논의에 비하면 구조적 변화라고 할 수 있다.

이를 구체적으로 살펴보기 위하여 앞에서 살펴본 엄밀한 윤리학을 위한 시도를 통해 구조적 변화가 가능할 지를 살펴본다. 이는 메타윤리적 논의들을 기준으로 윤리경영 선행연구를 분석해 본다. 이 구조적 변화에 대하여 DiMaggio와 Powell(1983)은 "계속되는 윤리경영 연구에도 불구하고 윤리경영 실천을 강조한 제도화 이론에 주력할 뿐 구성원들의 윤리적 정신모형을 변화시킬 수 있는 '인지적 접근'은 크게 고려되지 못했다"(DiMaggio, Powell, 1983)고 하였다. 이 '인지적 접근'에 근거한 차이를 제시하기 위하여 메타윤리학적 '선'의 기준을 적용하고자 한다.

즉, '자연주의적 오류'와 '존재-당위 논쟁'의 입장에서 다음 세 가지 내용을 다루고자 한다. 첫째, 윤리경영 연구 중 양적검증의 가설에 대한 연역논증을 통한 논리성 검토, 둘째 윤리경영 연구 중 가장 많이 거론되는 주제인 'CSR'이 과연 윤리적인 문제를 다루는 것인가에 대한 논의, 셋째 '소비윤리', '착한 기업' 등의 개념 등이 과연 윤리적인 개념인지를 검토해 보고자 한다.

3.1 윤리경영 연구 중 귀납검증의 문제

윤리경영 선행연구 중 양적 검증을 위한 가설의 일부는 각종 오류에 대한 의심이 있다. 일반적으로 윤리경영 논문의 흐름은 아래 〈명제 1〉과 〈명제 2〉를 관통하는 정량분석을 통한 검증으로 이루어진다.

〈명제 1〉
"윤리경영은 기업경영 성과에 긍정적인 영향을 미친다."

〈명제1〉을 통계모델로 전환하면 〈그림 2〉와 같다.

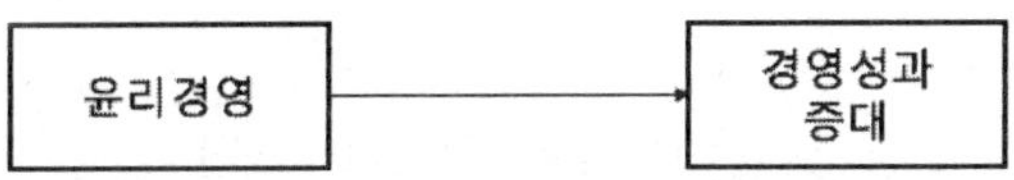

▌그림 2▐ 〈명제 1〉의 통계모델

또한 〈그림 2〉의 모델이 통계적으로 지지가 되면 일반적으로 〈명제 2〉와 같은 결론을 도출한다.

〈명제 2〉
2-1: **"윤리경영이 경영성과에 도움이 됨이 지지되었다"**[41]
2-2: **"윤리경영이 경영성과에 도움이 되므로 윤리경영을 하는 것이 좋을 수 있다"**[42]

---

41) 최창명 외 2005; 신민식 외, 2011; 이수정 외, 2005; 박종철 외, 2012; 조수영 외, 2011; 변선욱 외, 2011 등이 해당함

2-3: "윤리경영이 경영성과에 도움이 되므로 윤리경영을 해야 한다"[43]

경영학 연구 중 윤리경영을 옹호하는 주장은 〈명제 1〉이 지지되면, 이에 대한 결론 및 시사점을 〈명제 2〉와 같이 도출한다. 〈명제 2〉는 세 가지 유형을 기술된다. 기술명제 형태로 통계적 해석만 도출하는 '2-1 형', 시사점에 청유형인 '2-2'를 추가하는 '2-2 형', 그리고 당위성을 도출하는 '2-3 형' 등 세 가지이다.

이때, '2-3'을 결론으로 도출하면, '자연주의의 오류' 혹은 '정의주의자의 오류'를 범한다(Frankena, 1939).[44] 또한, 〈명제 1〉이 귀납적으로 참이라고 해서 연역적으로도 참이라고 하면, '결과 긍정의 오류'[45]를 범한다(소홍렬 외, 1998).

윤리경영을 수행하지 않는 것 보다는 윤리경영을 수행하는 것이 경영성과가 개선될 수 있다는 점에서 〈명제 1〉이 타당한 명제라고 한다면, '가설확인적 검증의 오류'를 범하게 된다(한규석, 1995).[46]

기업의 경영성과 증가 요인이 윤리적인 문제 뿐 아니라 많은 요인이 있다. 윤리경영이 독립적으로 경영성과 증가요인임을 증명하지 않고, 다양한 이유 중 하나로 윤리경영이 경영성과 증가에 긍정적임을 증명한다면, '후건 긍정의 오류'를 범하게 된다.[47][48]

연역추론으로 〈명제 1〉이 항상 참이 아님을 간단히 증명하는 방법이 있다.

---

42) 김재은 외, 2011; 위평량 외, 2006 등이 해당함

43) 김홍범 외, 2011; 윤대혁, 2011; 윤덕현 외, 2011; 한충민 외, 2011; 이종건, 2011; 박소윤, 2012; 최자영, 2011 등이 해당함

44) 윤리적인 관점과 방법에서 경영성과에 도움이 되는 것을 윤리경영이라고 하니, 이미 결론을 정의에 내포하고 있는 것이기 때문이다.

45) 명제가 귀납추론적 참 임을 근거로, 연역적으로도 참이라고 주장하는 것을 말한다.

46) 증명에 유리한 자료를 편파적으로 사용하여 명제를 증명하려 할 경우를 말한다.

47) 필요조건과 충분조건을 혼동하는 경우를 말한다. 본 명제와 대우관계의 명제는 진리값이 같지만, 역관계나 이관계의 명제는 전건긍정의 경우와 후건긍정의 경우가 진리값이 다를 수 있기 때문에 오류이다(나무위키, "후건 긍정의 오류").

48) '명제의 역·이·대우'는 90년대는 특정 학과에서 교육하던 내용이나, 2016년 현재는 중등교육 교과과정 중 중학교 수학에서 교육한다. 100% 연역적 방법론인 수학에서 이 주제를 가르친다는 점에서, 또 중학교 과정에서 가르친다는 점에서 '명제의 역·이·대우'가 연역적 사고의 기본임을 방증한다. '명제의 역·이·대우'는 다음과 같다. 이는 포함관계 외에도 필요·충분관계도 같다.

〈명제 3〉 기업의 경영성과에 부정적인 영향이 발생하면, 비윤리적 경영활동을 한 것이다.

〈명제 3〉은 〈명제 1〉의 대우 명제이다. 즉 〈명제 1〉과 〈명제 3〉의 진리값은 무조건 동일하다. 과연 경영학자들이 〈명제 3〉에 얼마나 동의할 수 있을지는 의문이다. 국내의 연구 풍토는 〈명제 1〉을 연구해도 〈명제 3〉에 관심을 갖지 않는다. 하지만, 〈명제 3〉이 항상 참이 아니라서 명백히 거짓인 이상, 〈명제 1〉도 항상 참은 아니어서 명백히 거짓이다. 그리고, 〈명제 1〉이 항상 참이 아닌 이상, 〈명제 2〉는 성립할 수 없다.

윤리경영의 귀납추론이 이런 논점을 제공한 근본적인 이유는 Hume, Moore, Frankena, 그리고 Hare가 지적한 대로 "존재에서 당위를 도출할 수 없기" 때문이다. 귀납추론은 개연성과 관련이 깊은데, 해석을 연역추론처럼 하기 때문이다. 이는 바로 서론에서 언급했듯이 '도구로서의 윤리'에 기인하여 윤리의 '기술판단'인 "어떻게 하는 것이 윤리적인가"만을 생각하고, '목적으로서의 윤리', 즉 "왜 당연히 해야하는가"라는 '규범판단' 측면인 '당위'는 생각하지 않기 때문에 발생하는 모순이다.

3.2 윤리경영 연구 중 CSR은 윤리에 대한 논의인가?

윤리경영 논의가 가장 많이 이루어지는 주제는 CSR[49]이다. 많은 논의에서

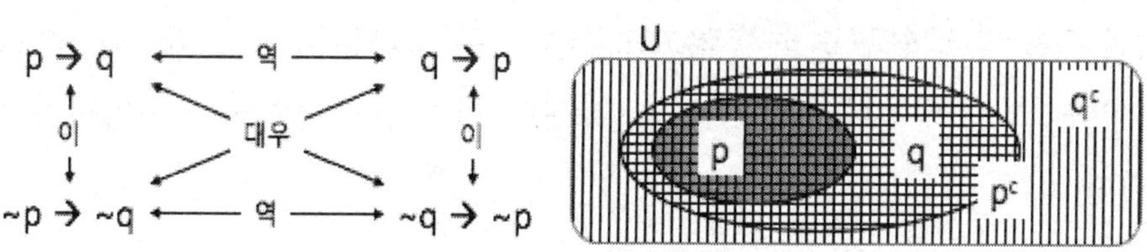

▌그림 3▐ 명제의 역·이·대우

49) 본 연구는 CSR을 기업의 자선적 CSR과 의무적 CSR로 구분하여 자선적 CSR에 해당하는 기부 등에 대하여 부정적인 관점을 제시한다. 이는 지금부터 언급할 엄정한 윤리학의 관점에

“CSR 활동을 활발히 하는 기업을 ‘윤리적인 기업’”이라고 한다. 이런 정의는 〈명제 1〉와 〈명제 2〉 형태의 일반화에 의한 형성된 것이다.[50)]

“CSR 활동이 기업의 경영성과에 긍정적인 영향을 미친다”는 것을 인정하며 “그렇기 때문에 CSR을 해야 한다”라고 한다면, 앞서 논의한 오류를 범할 가능성이 있다. Hare의 방법에 의하면 대상이 ‘존재-당위 논쟁’을 위반했는지에 대한 판단을 위해서는 CSR 활동이 윤리적 논의인지 여부를 판단하는 것이 필요하다. 윤리적 논의가 아니라면 사회과학적인 ‘기술판단’으로 이해되므로 ‘존재-당위 논쟁’과 무관하지만, 또한 동시에 윤리경영적 논의도 될 수 없다. 반대로, 윤리적인 논의라면 ‘존재-당위 논쟁’에 위배되기 때문에 비윤리적인 윤리경영 논의가 된다.

이런 결론이 도출되는 이유는 ‘기술판단’에서 ‘규범판단’을 혹은 ‘기술명제’에서 ‘규범명제’를 도출하면 ‘자연주의적 오류’를 범하는 것이기 때문이다. 따라서 이런 메타윤리학적 질문은 ‘CSR을 해야 한다’와 ‘CSR을 하지 말아야 한다’에 대한 결론을 도출하는 것이 아니고, ‘CSR이 선인가’, 즉 ‘CSR을 수행하는 기업은 착한 기업인가’를 논의하고자 하는 것이 목적이다.

즉, 우리는 이미 경험적으로 ‘현재 CSR 활동을 잘 하는 기업 중 과거에 비윤리적인 행동을 했던, 그리고 미래에도 비윤리적인 행동을 할 가능성이 있는 기업이 있다’는 것을 알고 있다. 예를 들면 기업총수가 배임·횡령 등 윤리경영 사건사고를 저지르고 구속, 혹은 실형을 선고받고 복역 중인 경우, 이에 대한 이미지 개선의 차원에서 CSR 비용이 증가한다는 것을 실증을 통해 알고 있다(송명선, 최승호, 2014).

이런 점을 양적 연구를 하지 않고도 추론할 수 있다는 것이 논리학와 연역법의 장점이다. 그런 의미에서 메타윤리학은 규범적인 윤리경영에 유의미하다고 할 수 있다.

서의 이슈 때문이다.

50) 〈명제 1〉과 〈명제 2〉의 ‘윤리경영’ 대신은 ‘CSR’ 혹은 ‘기부’로 대체하면 앞 장의 논리가 그대로 유지된다.

3.3 윤리경영 연구 중 '소비 윤리'는 윤리에 대한 논의인가?

'소비윤리'는 "사회구성원으로서 개개인 생활의 기준이 되는 규범체계인 사회윤리[51]의 하나"로 볼 수 있다(천경희 외, 2010). 백기복(2013)에 의하면 '윤리적 소비'는 소비가 환경과 사회에 미치는 영향을 고려하여 환경과 사회에 바람직한 방향으로 소비하는 행위를 일컫는다. '윤리적 소비'는 친환경 소비뿐만 아니라 생산자에게 정당한 값을 지불하는 '공정무역', '로컬푸드 구매', '공정 여행' 등을 포함한다고 한다(백기복, 2013).

P. Singer를 제외한 대부분의 윤리학자들, 심지어 환경까지 윤리의 영역을 넓힌 Taylor와 Leopold도 동물을 윤리의 대상으로 보지 않는다(최경수 외, 2015a; 2015b).[52] '윤리적 소비'는 환경과 사회에 미치는 영향을 고려하고, 환경과 사회에 바람직한 방향으로 소비하는 것이라고 한다. 즉 환경과 사회를 윤리적 대상으로 고려한다는 것이다. 이것은 의도와 상관없이, 또한 그들이 '자연주의적 오류'를 인지했는지 여부와 무관하게 '자연주의적 오류'를 범한 것이다.

'소비 윤리' 범주에 해당하는 '공정 무역'과 '착한 가격'이 메타윤리적으로 선이 아닌 이유[53]는 바로 '공정' 혹은 '착한'에 대한 자의적 해석 때문이다. '공정 무역'과 '착한 가격'은 구조적으로 '공리주의'에 대한 모순을 가지고 있다. '공정 무역'과 '착한 가격'은 다음과 같이 공식화 할 수 있다.

---

51) 사회윤리에 대해서는 p.68 '1.6. 사회윤리학'에서 자세히 다룬다.

52) 만일 Singer처럼 동물 등을 중심으로 윤리를 정의하면, '자연주의적 오류'를 범했다고 공격받을 수 있다. Taylor와 Leopold가 환경은 윤리적 대상이 아니고 그 사용자이며 주체인 인간을 위해서라고 한 것은 '자연주의적 오류'를 회피하기 위해만은 아니다. 그러나 결론적으로 동물을 윤리의 대상으로 보지 않기 때문에 환경윤리는 '자연주의적 오류'를 회피할 수 있게 했다(최경수 외, 2015a; 2015b). Singer가 동물 등으로 윤리의 영역을 확장하는 것은 '자연주의적 오류'에 대한 무지가 아니라, 설령 일종의 오류가 있다 하더라도, 지킬건 지켜야 한다는 하나의 신념 등에 근거하는 것이지, 학문적인 완전한 논리의 추구는 아니다.

53) '공정 무역'과 '착한 가격'은 Bentham의 "최대다수의 최대행복", 혹은 Mill의 "사회구성원 전체의 최대 효용"에 위배되는 불공평한 분배가 이루어질 수 있다. (이점에 관해서는 p.66. 주석 67 Pinto case에 자세히 기술)

〈증명 2〉 '공정 무역'과 '착한 가격' 관점의 수리적 표현

1a + 1b + 1c + 1d + 1e = 2.5a + 0b + 0c + 0d + 2.5e = 2.5a + 2.5e

그렇다면, "5명이 나누어 갖는 구조를 2명이 각자 조금 더 많이 갖기 위해, 구조를 바꿔서, 3명의 몫을 빼앗아 2명이 나누어 갖는 것이 선인가"라고 물을 수 있다. 이것은 매우 자의적 해석이라 할 수 있다. 왜냐하면 배제된 3명에게는 어떠한 이유로도 '선'일 수 없기 때문이다.

자의적 해석은, Moore가 지적하는 '자연주의적 오류'를 범하는 예 중 하나이다. 따라서 이러한 의미에서 '공정 무역'과 '착한 소비', '윤리적 소비' 등은 규범 윤리적인 내용에 위배되므로 윤리적이라고도, 윤리경영적이라고도 할 수 없다.

이상의 논의를 통해 기존 윤리경영 연구가 주로 사용한 귀납적 추론 즉 사회조사방법론에 근거한 양적 검증은 윤리경영이 가지는 윤리적 성격인 당위성을 내포할 수 없기 때문에 윤리경영 연구 방법으로는 이슈가 있음을 알 수 있다. 서두에 밝힌 바와 같이 이러한 결론에 대해 윤리경영 연구자들은 새로운 대안을 찾아야 한다.[54)]

사실, 이상의 이슈들은 기존의 윤리경영 연구가 가지는 태생적인 한계, 즉 경영학적 논의에 윤리학적 용어들을 경영학적이지만, 비윤리학적 맥락에서 접목한 담론이라는 점에 기인한 것이다. 이런 한계 때문에 기존의 윤리경영 연구는 엄정한 윤리학을 위한 메타윤리학적 접근 앞에서는 윤리학적 의미를 제공하기 어렵

---

54) 윤리경영을 포함한 윤리적 성향의 연구들은 Hitler의 사례가 보여주는 이슈를 항상 염두에 두어야 한다. 단 한 명이 세상을 이상하게 만들 수 있다는 것과 이로 인해 이상해진 세상을 다시 되돌리기에 매우 큰 사회적 비용이 발생한다는 사실이 Hitler와 세계 2차 대전의 교훈이다. 기업도 마찬가지이다. 기술적(descriptive) 통계 관점에서 사회적 비용을 발생시키는 기업은 우연적 예외(outlier)일 뿐이다. 즉 논의의 대상도 아니다. 그렇다면, 윤리경영이 기업이 엄청난 사회적 비용을 발생시키는 것에 대하여 강제할 수 없고, 사회적 비용이 발생한 후에도 재발 방지를 강제할 수 없다는 결론인데, 그러면 윤리경영을 주창하는 이유는 무엇인가. 따라서 윤리경영은 정당한 당위성을 내포하고, 이 정당함이 훼손될 경우 강제할 수 있어야 한다. 정당한 당위성이란 앞에서 논의한 엄정한 윤리학을 위한 시도인 메타윤리학을 통해 검증된 '선'을 말한다.

다는 점은 어찌 보면 당연한 것이다.

이러한 규범윤리학의 연역추론적 검증과 메타윤리학적 분석을 통해 조명된 윤리경영의 선행연구 상 이슈들은 극복되어야 할 과제이다. 이 이슈들이 본 연구에서 제시될 응용윤리학으로서 윤리경영을 통해 개선될 수 있는지는 뒤에서 다시 검토한다.

III 새로운 윤리경영 이론과 모델의 구상[55)]

제1절 학제적, 연역적 접근으로의 응용윤리학

윤리경영이 연역추론적 오류를 가지면 기업이 문제의 원인이 되는 것을 방지할 수 없다. 이는 Hitler의 예를 통해 알 수 있다. 따라서 윤리경영은 연역추론을 포함해야 한다. 이것이 윤리경영이 학제적 성격을 가지고 있다(오종석, 정동섭, 1999)는 본 의미에 부합된다. 학제적 관련이 높은 학문은 윤리학, 도덕심리학과 윤리교육학의 학제적 특장점을 차용하면, 윤리경영을 발전시킬 수 있다.

윤리교육학에서 가장 영향력이 큰 Kohlberg의 'Stage of Moral Development ('도덕장 이론' 혹은 '도덕발달이론', 이하 '도덕발달이론')'은 '자연주의적 오류'를 회피했다. 이를 연구하면 '자연주의적 오류'의 회피에 대한 통찰을 구할 수 있을 것으로 기대하고, 아울러 이를 근거로 새로운 윤리경영 모델의 '자연주의적 오류' 회피의 단초를 구할 수 있을 것으로 기대한다.

1.1 Kohlberg의 '도덕발달이론'

(1) Kohlberg의 '도덕발달이론'의 개요

역사적으로 윤리교육학은 윤리학과 도덕심리학 사이에서 때로는 편파적인, 때

55) 본 장은 김승범 등(2015, 2016c)의 내용을 중심으로 구성한다.

로는 상보적인 관계를 가져왔다. 윤리교육학에서 윤리학과 도덕심리학의 조합의 문제가 항상 이슈로 대두되어왔다(정창우, 2008).

손경원(2011)에 의하면, Kohlberg가 1969년 발표한 '도덕발달이론'을 교육학계에서 높게 평가하는 이유는 '도덕철학에 근거한 도덕성 연구방법' 때문이다. 또한 윤리학계에서 높게 평가하는 Kohlberg의 업적은 '자연주의적 오류'를 범하지 않았다는 점이다(손경원, 2011).

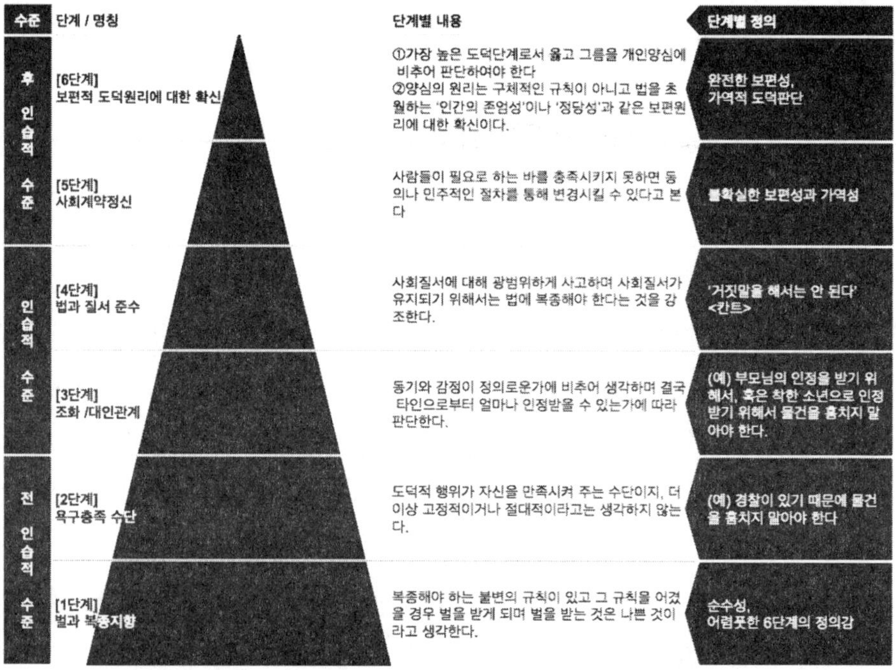

▌그림 4▐ Kohlberg의 '도덕발달이론'(김승범, 신호상, 2016c)

Kohlberg의 이론은 '도덕의 철학적 숙고에 입각한 심리학적 설명'이었다. 〈그림 4〉를 기준으로, 윤리학은 가장 우측에 위치한 정의(正義) 추론에 대해 무엇이 정의(正義) 추론이며 왜 더 높은 단계가 더욱 타당한 단계이며, 6단계로 나뉘어진 단계들에 대해서는 왜 각 단계들이 연속적이며 위계적인지를 설명하는 역할을 한다. 한편 도덕 심리연구는 보편주의 규범 윤리이론의 타당성을 입증하기 때문에 상보적 관계가 성립된다고 볼 수 있다. 이런 상보적 관계로 윤리학과 도덕심리학을 결합하며 '자연주의적 오류'를 피했다(손경원, 2011).

(2) '도덕적 추론'의 개요

윤리학과 도덕심릭학의 결합을 이해하기 위해서는 Kohlberg의 '도덕발달이론'과 '도덕적 추론'의 관계를 이해해야 한다. 심리학에서 도덕성을 기술하고 설명하는 관점은 정신분석학, 행동주의, 인지발달론이다.

그 중 인지발달론적 관점은 '도덕성'을 '도덕적 사태에 대한 가치판단능력'으로 간주하고 그러한 '가치판단능력'의 발달에 관심을 가진다(문용린, 문미희, 1993). 인지발달론 입장에서는 도덕성 발달의 가장 핵심적인 변인을 인지구조로 보고, 인지구조의 성격을 밝히고자 한다. 즉 사람들이 일상에서 겪게 되는 도덕적인 문제들을 바라보고 개념화하며, 판단하게 되는 '인지적 틀(mental set)'을 가지고 있다는 것이다(문용린 외, 2008).

도덕성 발달에 관한 연구는 우리가 일상생활에서 도덕적 판단이 필요한 상황에 맞닥뜨렸을 때 도덕적으로 옳은 판단을 하는 것이 어떻게 가능한지 이해하기 위한 연구이다. 문제는 매번 이러한 딜레마에 처했을 때 판단이 개인마다 다르다는 것이다. 그럼에도 불구하고 판단의 흔들림의 문제를 좀 더 단순하고 체계적으로 연구하기 위해 '도덕적 추론'이라는 프로세스를 통해 설명한다.

Velasquez(2012)에 따르면 '도덕적 추론'이란 명확한 윤리적 판단기준이 설정되었더라도 윤리적 판단기준에 따라 상황에서 올바른 결정을 내리는 것은 일정한 프로세스에 따르는데, 외부변수에 따라 프로세스가 왜곡 될 수 있다는 것이다. 이러한 왜곡은 다양한 형태로 나타나며, 다수의 개인은 이러한 외부요인을 극복하고 정상적인 '도덕적 추론'을 하는 것은 거의 불가능하다.

Kohlberg는 자신이 제시한 도덕성 발달 6단계 중 제 6단계에 다다른 사람이 전체 인구의 10~15%라고 하였다. 나머지 인구는 상황에 따라 이상적인 도덕판단을 하기 어려울 수 있다는 것이다. 외부변수에 따라 도덕판단이 왜곡될 수 있다는 중요한 의미를 설명하는 '도덕적 추론' 프로세스를 간단히 정리하면 다음과 같다.

1) 도덕기준을 이해한다
2) 현상 및 주위 환경을 이해한다
3) 현상을 도덕기준에 따라 판단한다 (Toulmin et al., 1979)

이런 '도덕적 추론'의 방법은 합리적인 프로세스이다(Velasquez, 2012). 이를 정리하면 〈그림 5〉와 같다.

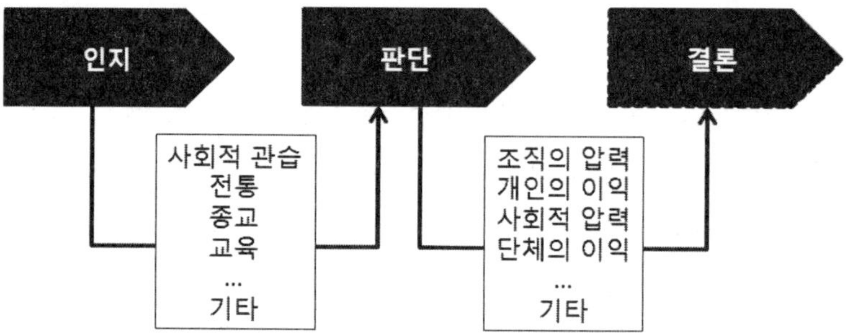

▌그림 5▐ 도덕적 추론(김승범, 신호상, 2015).

(3) Kohlberg의 '도덕 발달 이론'과 '도덕적 추론'의 결합

이거랑(2015)에 의하면, Kohlberg는 자신의 이론이 다단계로 구성되었기 때문에 발생할 수 있는 상대주의적 관점, 즉 각 단계간의 상대적 평가를 원하지 않았다. 미리 기준을 확정하여 '도덕적 추론'이 상황과 맥락에 좌우되는 것을 방지하였다. 이것이 3단계로 구성된 '수준'이다. 즉, '도덕적 추론'의 틀을 규범적인 3단계로 고정해 놓은 것이다. 이로써 '도덕적 추론'의 내용적 측면, 도덕적 문제가 발생한 상황이나 행위자의 개인차 등과 같은 맥락이 무시된다. 이것이 '도덕적 추론'의 유연성을 약화시키는 구조이다(이거랑, 2015).[56]

---

56) '도덕적 추론'은 유연함이 장점이 아니라 단점이다. 즉, 전통적으로 추론이론이나 판단이론은 프로세스 형태로 구성된다. 예를 들어 구매행동패턴 관련된 마케팅의 인지 프로세스는 1920년대 등장한 Hall의 AIDMA 프로세스가 있고, 또 Dentsu에서 발표한 AISAS(2005)도

〈그림 5〉에서 보듯, 많은 권력과 이익의 문제가 '도덕적 추론' 과정에 개입되기 때문에, 현실은 외압에 의해 많은 추론 왜곡이 발생한다. 그래서 Kolberg는 '도덕적 추론'을 덜 유연한 모델로 설명하기 위해 '도덕 발달 이론'과 연관지어 도덕추론 단계가 높으면 '도덕적 추론'에서 외부변수에 영향을 받지 않는다고 한 것이다. 이로서 Kohlberg는 이론 상 6단계에서는 외부 영향을 받지 않는 구조를 확보했다.[57)]

이렇게 '도덕적 추론'의 왜곡 가능성을 한정지음으로써 Kohlborg의 이론으로 항상 똑같은 도덕적 추론을 수행하는 보편적 도덕추론의 상태를 설명할 수 있다. 이는 Hare의 '보편화 가능성'을 만족시키는 방법이다. 결국, 남은 문제는 인간 스스로가 얼마나 높은 레벨까지 올라갈 수 있는가에 달려있다. 박경기 등(2012)은 Kohlberg는 '도덕적 추론'의 유연성은 약화시켰으나, 대신 인간의 의지에 집중하여 어린 아이 마저도 수동적 그릇이 아닌 스스로 도덕을 창출할 수 있는 활동적 모습으로 제시했다고 평한다.

Kohlberg(1981)는 어떤 판단이 도덕적이기 위해서는 형식적인 준거가 요청되는데 이는 '보편성'과 '규정성'이라고 주장한다. 그에게 '규정성'이란 타율적인 외적 사건이나 기대를 의미하는 '사실'로부터 자율적인 내적 원리를 의미하는 '당위' 사이의 분화를 의미하고, '보편성'이란 어떠한 상황에서 누구에게라도 옳다고 여겨지는 것이다(Kohlberg, 1981).

또한 Kohlberg(1981)는 도덕성 발달의 최고단계인 6단계의 행위자는 완전히

있다. 이런 프로세스들은 실제 현상들에 대하여 설명력이 높아야 좋은 이론이다. 유연한 프로세스는 설명력이 떨어지므로 좋은 모델이 아니다. '도덕적 추론'도 유연성이 약한 것이 좋은 것이다. 최근에는 Google의 'Zero Moments of Truth'(2013)나, 'Micro Moments'(2015)와 같이 직선구조를 격자구조(Zero Moments of Truth)로 바꾸고, 격자의 교점을 주목하는 점 구조(Micro Moments)로 진화하여 프로세스 형태를 탈피하기도 한다. 이는 데이터 분석 역량의 강화에 따라 가능해졌다. '도덕적 추론'이나 AIDMA, AISAS 등의 프로세스 구조가 일종의 회귀분석과 같은 개념으로 '일반화'를 추구한 것이라면, Google의 격자구조나 점구조는 회귀분석의 관측치를 일일이 개별 분석하여 Segment와 같은 그룹화를 추구하는 것으로 컴퓨팅 능력과 데이터 분석 방법론의 진화에 따라 프레임과 분석방법론의 차이가 진화한 것으로 볼 수 있다.

57) 그러나 이는 역사적으로 간디, 테레사 수녀등 몇 명되지 않는다(Velasquez, 2012).

보편적이며 '가역적인 도덕판단'을 내린다고 했다. 그는 이 '가역적인 도덕판단'이란 각기 다른 행위자의 자리에 자신을 놓아 보면서, 각자의 입장에서 성립된 주장을 하나 하나 숙고해 보아야 한다. 그리고 당사자가 만약 자신의 주장이 다른 이의 관심에 대한 인식 부재에서 비롯되었다는 것을 인정한다면 자신의 주장을 버려야 한다고 했다(Kohlberg, 1981). 이것은 Hare(1963)가 말한 '역지사지의 상상력'[58]과도 동일하다.

(4) Kohlberg의 '도덕 발달 이론'과 '자연주의적 오류'

Kohlberg의 이론 발표된 초기부터, '자연주의적 오류'를 범했다는 비판들이 제시되었다. 그는 이전부터 '자연주의적 오류'의 중요성에 대하여 깊이 인식하고 이론을 연구하는 과정에서도 비판에 대한 오랜 준비를 했다. 1971년에 직접 '자연주의적 오류'를 범했다는 비판에 대해 "From is to ought"(Kohlberg, 1971)라는 논문을 발표하여 대응한다.

또 Kohlberg(1981)는 자평하기를 "오류의 세 번째 형식은 도덕판단이란 당연히 무엇이어야 한다는 것에 관한 모든 개념은 그것이 무엇인가에 관한 적절한 개념 위에 성립한다고 주장하는 오류인데, 나 자신도 이 오류를 범하고 있다. 그러나 Alston(1971)이 나의 주장을 무해한 '자연론적 오류'라고 보고 있다"(Kohlberg, 1981)고 본인이 비록 '자연주의적 오류'를 범했으나, 무해한 '자연주의적 오류'를 범했다고 평가한다.

이후의 연구에서도 부성희(1992)에 의하면, 앞선 Kohlberg가 범한 '자연주의적 오류 문제'는 구조적으로 Hare의 '보편화 가능성'에 의해 대부분 수용이 되고(부성희, 1992), Lapsley(1996)는 실제로 Kohlberg가 심리학적 '사실'과 규범적 '당위' 사이에 동형적 관계를 이끌어 냈을 뿐, 하나를 다른 하나로 환원시킨 것은 아니므로 '자연주의적 오류'를 피했다고 볼 수 있다고 한다(Lapsley, 1996).

그런데, Goodpaster(1985)는 Kohlberg의 '도덕발달이론'에 대하여 '(도덕의)

---

58) p.38 주석 36) 참조.

발달(developmet)'은 좋은 것이나, 마지막 제6단계의 정의(正義)를 정의(定意)했다고 지적하며, 이를 근거로 Kohlberg는 '자연주의적 오류'를 극복하지 못했다고 평한다(Goodpaster, 1985). 이 비판처럼 '변화'를 중시하여 진화설이 되어버리면, '자연주의적 오류'를 피할 수 없다. 그러나 이 지적도 부성희(1992)가 제시한 Hare의 '보편화 가능성'과 Lapsley(1996)의 동형관계에 의해 충분히 해명될 수 있다.

부정적인 요소로는 Kohlberg 모델의 6단계 최고 수준의 도덕성을 지닌 사람이 적다는 점은 결국 모든 기업 내에 훌륭한 도덕성을 지닌 사람이 많을 수는 없다는 것을 말하며, 윤리경영이 지극히 어려운 이유 중 한 가지를 설명해준다.

이상과 같이 Kohlberg의 이론을 고찰하여, 이 이론이 자연주의적 오류를 회피한 방법에 대해 살펴보았다. 이 이론 자체는 본 연구가 지향하는 윤리경영의 연구모델에 직접적으로 반영되지는 않는다. 그러나 이 이론의 중요한 요소인 '도덕적 추론'은 본 연구의 산출물에 직접적으로 활용된다.

(5) Kohlberg에 대한 비판과 '자연주의적 오류'

끝으로, Kohlberg의 이론에 대한 비판을 잠시 짚어보고 '도덕발달이론'에 대해 마무리 한다. 이 이론도 심리학계와 교육학계에서 많은 도전을 받았다. Kohlberg의 이론에 대한 대표적인 비판은 다음과 같다.

첫째, 직관주의적인 입장에서의 비판이 있다. Haidt(2003)는 다음 세 가지와 같은 비판을 한다. 1) '과도한 철학과 이성의 숭배의 결과'라는 비판[59], 2) 도덕판단의 자동성을 주장했다는 점을 비판, 그리고 3) 뇌과학이나 진화론, 발달심리학의 연구결과들을 바탕으로 직관의 기제와 발달을 설명한다. 이중, 도덕판단에 대한 직관의 기제는 뇌과학과 연관이 있고, 진화론에 기초하여 문화로부터 투입되고 조형화된 결과로서의 도덕적 직관을 기술하고 있다.

59) Haidt에 의하면, 추론과정은 진리를 탐색하는 과학적 탐구 과정이라기 보다 변호사가 의뢰인을 방어하는 과정이며, 도덕판단의 선행조건이 아니라 후행조건이라는 이유로 비판한다(Haidt, 2003).

둘째, Kohlberg 이론의 특징인 윤리학과 도덕심리학의 상보성에 대한 회의 관점에서의 비판이 있다. Blasi(1984)는 1) 박애나 친화와 관련된 주제를 연구의 영역에서 배제함, 2) 특정 철학적 전통을 출발점으로 삼는 경우에 철학적 가정에 반하는 경험연구 결과를 간과하는 결과를 낳음, 3) 경험연구 결과를 윤리적 상대주의와 같은 메타윤리학적 문제로 해결하려는 잘못을 범했다고 지적했다(Blasi, 1984).

셋째, 성격심리학과 인격교육의 소통과 통합이라는 이슈에서 비판이 있었다. Blasi(1984)는 성격을 배제한 채 '도덕적 추론'의 발달에만 관심을 쏟는 인지발달 이론과 달리 도덕적 정체성이론은 성격과 도덕의 통합을 지향한다는 점을 비교했다. 무엇이 옳고 그른지에 대한 추론능력이 인간이 도덕적으로 행위하도록 인도하는 것이 아니라 도덕적인 사람이 되기를 바랄 때 도덕적 행위를 할 수 있다는 점을 지적했다(Blasi, 1984).

Kohlberg에 대한 지속적인 비판의 정점은 아이러니하게도 Kohlberg의 박사학위 논문발간 50주년을 기념하는 2008년 Journal of Moral Education 특집호에서 제기되었다. 이 책에서는 과거 50여년간의 Kohlberg의 영향이 엄청났음에도 불구하고 이제는 대안적인 모델에 대한 연구가 필요하다는 논문들이 발표되었다(손경원, 2011).

그럼에도 불구하고 이 특집호에서 Turiel(2008)은 "우리는 새로운 외관을 가장한 가장 오래된 구습인 Kohlberg 이전의 심리학적 연구경향이 다시 부각되는 것을 보고 있다"고 평가하였으며(Turiel, 2008), Gibbs(2008)는 "지난 50년 간 Kohlberg의 '도덕발달이론'이 이룬 업적을 진전시키는 것이 아니라 50년 이전으로 돌리는 것이다"(Gibbs, 2008)라고 2008년 특별호를 비판하였다.

이는 첫째, 직관주의적 비판이 진화론에 기초한 점, 둘째 도덕심리학과의 상보성은 경험주의로 메티윤리학을 비판한 점 등이 사실 Kohlberg에 의해 극복되었기 때문에 '자연주의적 오류'로부터 자유로운 이론이 정립됐다는 검을 망각한 것이다. 결국 Kohlberg에 대한 심리학계의 비판들은 윤리학의 입장에서는 모두

‘자연주의적 오류’를 벗어날 수 없는 비판들이었다.

1.2 기타 ‘자연주의적 오류’와 관련된 이슈들

Moore(1903)가 ‘자연주의적 오류’를 범했다고 지적한 ‘진화론적 자연주의’ 입장에서 학제적으로 연구하는 윤리경영의 경향도 있다. 이들은 ‘윤리적 자연주의’ 혹은 ‘자연주의적 윤리학’ 등으로 불리며, 진화론의 영향을 수용한 사회과학의 사조라 할 수 있다. 이들은 최근 들어 큰 폭으로 발전한 사회과학 제분야와 언어논리학의 학제적 시너지로 다양한 분야에서 주목 받고 있다.[60] 윤리경영 영역에 있어 자연주의의 최근의 사례는 해외의 윤리경영 연구 중 Cheung(2007)이 발표한 “윤리경영 분야에서의 최근 자연주의 논쟁에 대하여”라는 논문을 언급할 수 있다.[61] Cheung(2007)은 ‘진화론적 자연주의’를 지지하며, 이를 이론적 근거로 윤리경영에서는 ‘자연주의적 오류’를 크게 고려하지 않아도 된다고 한다.

국내에서는 윤리경영에 대한 연구 중 진화론 관점에 대한 연구가 진행된 바가 거의 없으므로, 직접적으로 Cheung(2007)의 연구에 대해 지지나 비판을 거론한 바는 없다. 그러나 국내의 윤리학계에서는 이미 2000년대 초반부터 지금까지 진화론이 다양한 분야에서 학제적 연구가 이루어질 수 있는 중흥의 계기가 된 사회생물학에 대한 비판이 이어지고 있다.

---

60) 현대 정치학계에서 가장 큰 영향을 미치고 있는 F. Fukuyama의 경우 그의 저서 “End of History and the Last Man”(1992)에서 자본주의와 공산주의의 생산성의 문제를 Nietzsche의 ‘개인의 의지’ 개념을 차용하여 설명하고 있다. 그는 궁극적으로 자본주의와 공산주의는 ‘적자생존’에 의해 공산주의가 몰락할 것을 지적하였다. 여기서 주목할 바는 ‘적자생존’은 정치학적 방법론이 아니라 생물학적 방법론으로 학제적 방법론인 사회진화론적 방법론의 Frame을 적용했다는 점이다. 그는 2015년 8월, 한국학술진흥재단에서 개최한 초청강연에서도 비판한 S. Huntington의 “The Clash of Civilizations and the Remaking of World Order”(1996)의 이론에 대해서도 결국 Fukuyama 본인이 중시한 것은 ‘정체’이며, Huntington이 주목한 것은 ‘환경’이라며, 같은 사회진화론의 사회문화적 진화(Sociocultural evolution)에 동의한다고 지적했다. 그 예로 Fukuyama는 Huntington(1996)이 열거한 이슬람 국가의 경우는 ‘자스민 혁명’을, 중국의 경우는 덩샤오핑(邓小平)의 ‘개혁개방(改革开放)’ 등을 진화의 예로 제시했다.

61) 국내에서는 진화론 입장의 윤리경영의 연구는 거의 없다고 할 수 있다.

윤리경영 연구가 이 사회생물학에 대한 윤리학의 비판에 주목해야 하는 이유는 사회생물학의 결론이 윤리학의 규범적 속성을 진화에 대한 기술적 속성으로 대체하는 것이기 때문이다. 결국 사회생물학에서는 윤리를 유전적 전승과 선택으로 보고 있다(Mayr, 2016). 규범윤리학자들은 이점에 대해 반대하며, 그들이 '자연주의적 오류'를 범했다고 비판한다(소병철, 2007, 엄정식, 2009, 정상모, 2012a; 2012b).

이상을 통해 해외의 윤리경영 연구에서는 당위와 실재의 문제와 같은 철학적 주제들도 여전히 중요한 화두로 관심받고 있다는 점과 윤리학을 중심으로 아직 '자연주의적 오류'와 같은 규범윤리학의 기준들이 적용되고 있다는 점을 확인할 수 있다.

제2절 새로운 윤리경영 모델을 위한 이론적 탐색62)

이상에서 살펴 본 바와 같이, 현재 국내에서 제시되는 윤리경영은 이론적 측면에서 개연성에 근거한 귀납적 추론을 중시하다보니, 윤리가 지녀야 할 요소 즉, 당위성에 대한 고찰이 다소 부족하다. 규범윤리학의 측면에서 볼 때 윤리적이라고 동의하기 어려운 혹은 윤리적 가치와 무관한 명제들을 중심으로 한 논의들이 윤리경영의 논의들 중 존재한다면, 이는 윤리경영에 대한 근본적인 이해를 되새겨 봄을 통해 해법을 모색해야 한다.

본 절은 앞서 살펴본 윤리경영에 대한 이슈들을 근거로 응용윤리학의 Hybrid 성격으로 학제적 연구의 길을 열고, 이에 적합한 학제간 선행연구를 검토하는 것이다. 이 과정에서 도덕심리학의 '도덕적 추론', 경영학의 '윤리지출'과 '구성의 오류', 경제학의 '사회적 비용', 윤리학의 '목적론적 윤리학'과 '사회윤리학'을 검토한다. 이를 통해 경영학의 윤리경영에 대한 새로운 이론을 모색하고자 한다.

62) 본 절은 김승범, 신호상(2015)의 내용을 정리한 것이다.

새로운 윤리경영 이론은 응용윤리학의 학제적 성격에 근거하여 '기업경영 상 발생하는 윤리적 판단과 그에 따른 행동과 그 결과의 해결을 위한 학제적 연구'라고 정의한다. 그리고 이를 위해 기업의 경영활동에서 발생하는 모든 변수는 경영학을 중심으로 유관학문의 입장에서 정리하고, 윤리적 판단과 그 결과에 대해서는 규범윤리학을 중심으로 유관학문의 입장에서 정리한다.

상황의 발생에 대한 우선 규범윤리학의 제 이론을 모두 수용하되, 이론적으로 충돌이 있는 부분은 학제적 접근이 용이한 쪽을 선택한다. 이에 따라 규범윤리학의 대표적인 이론[63]인 결과론과 의무론 중 의무론적 관점에서의 윤리경영에 대한 언급은 배제한다. 그리고 학제적 연구로서 응용윤리학이 성립할 수 있는 윤리학적 기반으로 '사회윤리학'을 제시한다. 이에 결과론적 윤리학과 경영학의 학제적 연구를 사회윤리학의 관점을 근거로 가속화하는 구도의 새로운 윤리경영 이론과 모델을 제안한다.

2.1 도덕적 추론

'도덕적 추론'은 도덕심리학에서 처음 제시되었고, 이후 윤리학, 윤리교육학, 도덕심리학 등 윤리학 연관 학문에서 긍정적으로 수용하고 활용중 이다. '도덕적 추론'은 p.51 〈그림 5〉처럼 외부의 압력이나 유혹에 대한 분석이 중요하다. 이는 응용윤리학의 특성인 규범윤리학과 사회과학의 학제적 결합에서 사회과학이 구조적으로 규명해 주어야 한다. 이에 따라 윤리경영에서는 경영학이 '도덕적 추론'에 미치는 외부의 압력이나 영향을 잘 정리해야 한다.

Bandura 등(1999; 2002; 2000)은 윤리경영의 측면에서 기업에서 발생할 수 있는 외부 요인들에 대해 제언한다. 그가 제시한 일상에서 '도덕적 판단'을 방해하는 외부요인과 그에 의해 왜곡된 '도덕적 추론'의 내용은 〈표 3〉과 같다. 〈표

63) p.29 〈표 2〉 참조.

3>은 개인의 윤리적 판단이 완벽하지 않을 가능성에 대한 이유인 외생변수와 그로 인한 판단의 결과에서 발생하는 문제점에 대한 것이다. 개인의 순간적인 판단은 p.51 〈그림 5〉와 같이 외부요인에 영향을 받아 경영학적으로는 효율적, 윤리학적으로는 합리적이지 않을 수 있다는 것이다(Bandura, 1999; 2002; Bandura et al., 2000).

▌표 3▐ '도덕적 판단'을 방해하는 외부요인의 예

예	내용
완곡한 표현	직원해고의 명분을 외주화, 구조조정, 최적화 등으로 표현
행위의 합리화	테러에 시민이 다쳐도 테러리스트는 '정의 수호'라 함
체감고통 비교	비품을 훔치며 '회사가 내게 대하는 것보다 덜하다'고 함
책임회피	내가 잘못 만든 제품에 고객이 다쳐도 사장이 시킨 것이라 함
책임확산	제품에 고객이 다쳐도 나는 조직원으로 내 책임은 작다 함
부상의 무시/왜곡	고객이 다쳐도 고객이 보상 때문에 매우 과장한다 함
인간성 말살	직원을 해고하면, 사람 해고가 아니라 인적자원 축소라 함
비난의 전용	관리자를 비난하면, 관리자가 직원을 해고하고 만족함

*출처: Bandura, 1999; 2002; Bandura et al., 2000; 김승범, 신호상(2015) 재인용.

그러나, '도덕적 추론'의 결과가 경영학적으로 비효율적이고, 윤리학적으로도 비윤리적인 상황이 발생할 수 있음은 인간이 자유로운 존재이기 때문이다(Arblaster, 2007). Berlin(1984)에 의하면, 시장중심 경제체제의 근간인 현대적 자유주의에서는 이 자유를 좀 더 적극적으로 해석한다. 자유를 개인이 스스로 결정한 고유한 목표와 방책들을 추구할 수 있는 상태로 이해한다(Berlin, 1984). 개인의 이익을 위해 공공의 이익을 무시할 수 있다는 것이다. 이는 시장참여자는 '경제적 이기심'을 외부의 요인 때문에 완전한 '도덕적 추론'으로 통제할 수 없다는 것을 넘어서 의지적으로 완전한 '도덕적 추론'을 수행하지 않을 수도 있다는 의미이다.[64]

64) 이것이 한편으로는 '불공정 지향성'의 발단이 된다.

김승범 등(2015; 2016a, 2016b)에 의하면, '도덕적 추론'을 경영학 영역에 적용하면, 한 가지 민감한 점이 있다. 원론적 '도덕적 추론'은 도덕적으로 더 개선되거나, 심지어 완전한 행동을 결정할 수도 있지만, 윤리경영의 '도덕적 추론'은 기업 내 행동의 특성, 즉 '대리인 이론'이 반영되기 때문에 도덕적으로 개선될 가능성이 없다. 이해관계자는 Kolhberg의 6단계 도덕 수준의 판단을 하지 않는 한 항상 어느 정도 도덕적으로 문제 있는 결론만 도출한다(김승범, 신호상, 2015; 2016a, 2016b).

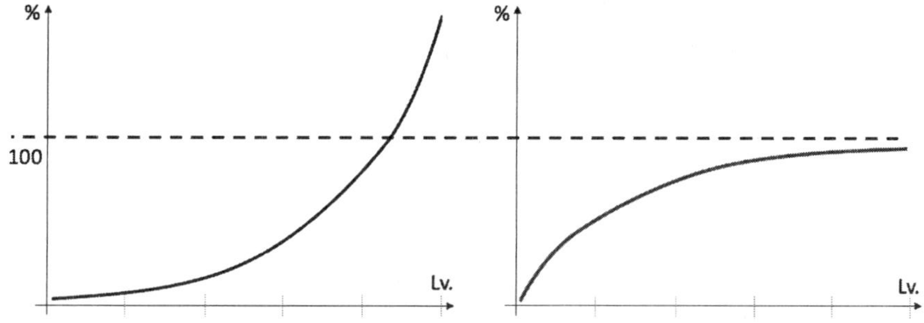

▌그림 6▐ 일반적인 '도덕적 추론'(左)와 윤리경영의 '도덕적 추론'(右)

만약 이를 부정하여 이해관계자의 '도덕적 추론'도 도덕적으로 개선되는 행동을 결정할 수도 있다고 가정해보면, 궁극적으로 기업 내부이해관계자는 모두 내부고발자(Whistle blower)가 되어야 한다. 그러나 아직까지 국내기업에서는 기업에 문제가 있을 경우, 내부이해관계자에게 기꺼이 양심선언을 하라는 윤리경영 방침이 없다. 심지어 내부고발자는 사회에서 보호받지 못하는 것이 현실이다. 이는 기업의 윤리경영의 '도덕적 추론'은 원론적 '도덕적 추론'과 달리 추론의 결과 대부분의 경우 비합리적인 행동을 유발함을 방증한다.[65)i)] 즉, 윤리경영의

65) 부당한 지시에 대하여 기업의 조직원들의 가능한 선택은 적극적 방법으로는 양심선언 및 내부고발 등이 있고, 중립적 방법으로는 폭로시 보복이 두려워 이직할 수 있다. 소극적 방법이 조직 잔류를 위해 본인의 '도덕적 추론'을 강제로 왜곡하며 부당한 지시를 수행하는 것이다. 양심선언 및 내부고발 시 사기업의 경우 현행법으로는 사실 상 신고자의 신분이 보호받지 못해 해고 및 불이익을 받는다. 현행법 상 공익신고자 보호법에서 공익을 저해하는 행동을 고발할 경우에만 신고자의 신분을 보호해준다고 명시되어 있기 때문이다. 이직을 선택할

'도덕적 추론'에 미치는 영향은 모두 부정적인 요인만 존재한다는 의미이다. 따라서, 윤리경영의 '도덕적 추론'은 내부이해관계자에게 불법을 강요하는 등 부정적인 영향을 미치지만 기업의 경영성과에는 긍정적인 영향을 미침을 가정하는 모델에서의 효과를 기대한다(김승범, 신호상, 2015).

2.2 윤리 지출

윤리경영을 위한 노력은 일반적으로 기업 내 업무수행과 관련된 행동 가이드라인 수립, 윤리교육 강화, 감시체계 강화, 경영진의 윤리경영의지에 대한 대외공표, 그리고 '우리의 신조'와 같은 윤리헌장 제정 등 구체적 행동들로 나타난다. 이때 주목해야 할 바는 이런 모든 활동의 시작과 유지에는 모두 회계적, 비회계적 비용이 발생한다는 점이다. 그러나 비용의 규모는 효용을 염두에 두고 고려해야한다. 예를 들어, CSR 비용이 높은 기업은 위험이 낮아 투자가치가 높다(Feldman et al., 1997). 또는 CSR 비용이 높은 기업은 정보비대칭이 완화된다(Dhaliwal et al., 2011). 투자가치가 높거나, 정보 비대칭성이 낮다는 것은 기업이 효율 높은 경영활동을 하고 있다는 의미이다. 이렇게 윤리경영이 기업의 지속가능에 도움이 된다는 전제하에 CSR 등 윤리경영 비용[66]이 지속가능을 방해하는 예측가능한 위험을 제거하면, 기업의 지속가능성이 높아진다(김승범, 신호상, 2015).

김승범 등(2015)에 의하면, 일반적으로 기대하는 윤리경영의 실질적인 효과는 크게 두 가지가 있다. 첫째, 윤리경영 비용을 통해 기업의 도덕적 이미지가 제고되는 것이고, 둘째는 윤리경영 시스템 구축 및 교육강화 등을 통한 기업의 윤리

경우에도 문제가 된다. 국내 그룹집단이나 대기업과 거래하는 평판회사 임원에 따르면, "평판회사를 이용하면 '조직에 순응하지 않는다'는 평판을 찾을 수 있기 때문에 이직이 거의 불가능하다"고 한다. 즉, 이직을 선택해도 사실상 불이익을 받는다(김승범, 신호상, 2015).

66) '윤리경영 비용'이란 윤리경영을 수행하기 위한 회계적, 비회계적 비용을 일컫는다.

수준의 강화이다(김승범, 신호상, 2015).

그러나 Paine(2000)에 의하면 이러한 기대를 위해서는 "기업의 윤리경영 활동을 위한 비용 지출(Ethics Pays: 이하 '윤리 지출')"이 수반되는데, 이 '윤리 지출'에는 긍정적인 측면(Positive aspect of ethics pay)과 부정적인 측면(Negative aspect of ethics pay)이 동시에 존재한다. 기업은 '윤리 지출'이 경영성과에 긍정적 영향을 제공하므로 의도적으로 지출한다. '윤리 지출의 긍정적인 측면'으로는 혁신, 생산성 증대, 이익 증가 등이 있다 신뢰의 기초, 좋은 평판 구축의 도움, 양질의 제품과 서비스 제공에 대한 지원도 공급한다고 한다(Paine, 2000).

Paine(2000)에 따르면, '윤리 지출'에는 위험관리(Risk Management)와 비용회피(Cost Avoidance) 성격의 활동들이 있다. '윤리 지출의 부정적인 측면'은 이 위험관리와 비용 회피의 측면을 강조함에서 비롯된다(Paine, 2000). 기업이 윤리경영 상태나 위험관리를 모니터링하기 위해 비용이 발생한다. 이 비용을 시스템적으로 해결할 수도 있지만, 기업은 가급적이면 고용인들에게 정직(Honesty), 신뢰(Reliability), 정당함(Fairness) 등을 강조해 비용을 감소시키고자 한다. 이 점이 윤리지출의 부정적인 측면을 야기한다고 지적한다(Paine, 2000).

Batson 등(2006)은 이렇게 비용을 전가시키고자하는 기업의 태도에 대하여 'Moral Hypocrisy(도덕적 위선)'이라고도 했다. '도덕적 위선'은 도덕적으로 보이고자 하는 동기는 있으나 실제로 도덕적이기 위해 드는 비용은 피하고자 하는 경향을 말한다. 만약 기업이 정당성 확보를 위한 수단으로써 CSR 활동을 수행하는 경우에는 진정으로는 CSR 활동에 관여하지 않으면서도 도덕적인 기업으로 인식되길 바라는 도덕적 위선을 가질 수 있다는 것이다.(Batson, Collins, Powell, 2006)

Batson 등(2006)의 선행연구를 근거로 이수정 등(2011)이 실증연구를 진행하여 기업의 제도적 환경으로부터의 정당성 확보를 위한 목적의 CSR 활동은 이에 대한 종업원의 냉소주의를 증가시키고, 이는 다시 조직시민행동 및 반생산적 과업활동에 긍정적 영향을 미친다는 것을 증명하였다(이수정, 윤정구, 2011).

2.3 사회적 비용(Social Cost)

기업이 어떤 식이든 사회에 손실을 발생시키면, 사회적 비용이 발생한다. 이는 Pigou(1920)가 언급한 후생경제학의 'Externality(외부경제)' (Pigou, 1920)와 연관지어 이해할 수 있다. 외부경제 가운데 '부(-)의 외부경제'가 발생하면, 이를 해소하기 위한 'Social Cost(사회적 비용)'과 'Private Cost(사적 비용)'을 고려할 수 있다(맨큐, 2012). '사회적 비용'은 "재화의 생산 시 발생하는 생산자를 포함한 사회 전체에 발생하는 비용"이다(Pigou, 1920).

Pigou(1920)의 후생경제학적 관점은 Paine(2000)이 말하는 '윤리 지출의 부정적 측면'의 문제를 심화 해석할 수 있다. 윤리경영의 목적이 기업의 경영성과 개선 및 지속가능성이라는 관점에서 볼 때, '윤리 지출의 부정적 측면'은 부정적 영향이라고 할 수 있다. 기업의 경영성과나 지속가능성이 낮아지면 사회전체의 총효용에 부정적인 영향을 미치므로, 후생경제학의 관점에서는 '부(-)의 외부경제'라고 할 수 있다. 이렇게 '부(-)의 외부경제'가 발생함에 따라 '사회적 비용'과 '사적 비용'이 발생할 조건이 만족된다(Pigou, 1920).

윤리 지출의 부정적 측면에 사용된 비용은 Paine(2000)이 언급한대로 기업이 윤리경영시스템 구축을 통해 해결할 문제를, 고용인들에게 정직, 신뢰, 정당함 등을 요구해 구축비용을 감소시키고자 한 비용이다(Paine, 2000). 즉, 기업이 지불해야 할 재무제표상 비용을 줄이기 위하여 시간과 노력과 같은 내부이해관계자들의 자산을 투자하기를 요청한 것이다. 심지어, 정직, 신뢰, 정당함 같은 덕목은 지속적인 노력이 필요한 것으로 이해관계자 개인의 지속적인 투자를 요청한 것이다. 이는 기업 입장에서는 비용절감에 해당하나 개인의 입장에서는 지속적인 비용증가에 해당한다.

'윤리 지출의 부정적인 측면'은 기업이 지속가능경영을 위해 기업의 '사적 비용', 즉 기업 자신의 비용으로 윤리비용을 지출하려고 하였으나, 의도치 않게 기업의 비용이 아닌 '사회적 비용'이 발생하게 된 것이다. 이 논리에 따라 이하에선 '윤리 지출의 부정적인 측면'을 '사적 사회적 비용'이라고 하였다. '사적 사회적 비용'을 구분하여 중시하는 이유는 '윤리 지출의 부정적 효과'들이 내부이해관계자 개인의 '도덕적 추론'에 부정적인 영향을 미치기 때문이다.

실제로 Pigue 역시 '사적 비용'이 '사회적 비용'으로 전환됨을 비윤리로 본다. 왜냐하면 이것은 Mill이 주장하는 공리적인 원칙 즉, "모든 사회구성원의 최대효용이 될 때가 바로 선(Good)이다"에 위배되기 때문이다. 공리적인 원칙은 집중과 배분을 조절할 수 있는 유일한 윤리적 원칙이다. 따라서 이 원칙은 자본주의와 같이 배분의 메커니즘이 필요한 시스템에서는 결코 간과해서는 안된다. 이러한 공리적 원칙은 사회후생함수로 발전되었고, 후생경제학자인 Edgeworth나 Pigue는 이러한 이유로 공리주의적 원칙을 바탕으로 한 후생경제학을 발전시켰다(김진방 외, 2014).

기업의 경영활동상 시장 내 경쟁이 치열해지면, 종종 비용한계에 부딪히게 된다. 손해 감수, 담합, 과점, 비리, 협력업체에 대한 부당한 압박 등 비윤리적인 방법을 통해 영업이익의 훼손을 대체할 것인지 중 하나를 선택해야 한다. 이러한 선택은 사회적 효용을 훼손시켜서라도 경쟁력을 갖출 것인가에 대한 경영적 판단 상 '도덕적 추론'을 수반한다. 이러한 비용전가는 근본적으로 기업의 비용 감소를 유발하므로 기업의 경영성과에는 긍정적인 영향을 미친다.

타인의 비용지출에 근거한 기업의 경쟁력은 자신의 재무제표에 없는 타인의 자원을 활용한 것이므로, '윤리 지출의 부정적 측면'에 따른 '사적 사회적 비용'과 유사하다. 이는 주주에게는 비용절감과 경영성과 개선을 동시에 이루는 좋은 방법이나, 타인 입장에서 이 비용은 '사회적 비용'에 해당한다.

따라서 '사회적 비용'의 종류는 두 가지가 있다. 첫째는 내부이해관계자에게

'윤리 지출의 부정적 측면'에 요청되는 '사적 사회적 비용'이 있고, 둘째는 외부이해관계자에게 기업의 경쟁력 강화를 위해 요청되는 '사회적 비용'이 있다.

2.4 구성의 오류

'구성의 오류'란 부분에서는 성립되는 원리가 전체적으로 확대 추론함에 따라 발생하는 오류이다(네이버, "구성의 오류").ii) 경영에 적용하면 내부·외부이해관계자 개개인이 각자의 최적을 추구하면, 전체에 해당하는 기업은 최적이 될 수 없다는 것을 의미한다. 윤석철(2001)에 의하면 전체의 최대이익을 위해 대리인의 희생을 야기하는 '구성의 오류'는 조직 속에서 많은 문제를 일으킨다. 이런 갈등은 구성원과 주주 모두를 포함한 개인의 욕구에 근거하고 있다. 결국 조직 구성원 각자의 입장에서 불만이 발생하게 되는데 불만은 현대사회의 공정한 자원배분의 문제로 귀결되고 "정의란 무엇인가?"라는 문제와 연결된다(윤석철, 2011).

강현수(2009)에 의하면 '구성의 오류'는 공정한 자원배분의 어려움을 의미한다. 선진화된 기업에서는 KPI(Key Performance Indicator, 주요효율지표)로 구성원을 평가하고, 구성원은 KPI 달성여부에 따라 급여와 인센티브가 결정된다. 그러나 구성원이 KPI를 초과달성할 수 있는 기회가 있음에도 불구하고 전체 조직의 효율성 때문에 그 이익을 포기해야한다면, 이것은 공정한 자원의 분배라고 하기 어렵다. 왜냐하면 지금까지 논의대로 존재는 이기적인 바, 이기적인 개인은 당연히 부정적인 영향을 받기 때문에 불만족 할 수 밖에 없다. 따라서 개인의 KPI를 달성하기 위해 전체 최적의 비용을 훼손하면서라도 자신의 비용을 감소시키거나(강현수, 2009), 혹은 조직의 압력이나, 개인의 선택에 의해 위와 같이 행동하지 못하고 본인이 희생할 경우 개인의 불만이 쌓이게 된다. 둘 중 어떠한 경우라도 이해관계자에게는 부정적인 효과가, 그리고 기업의 경영성과에는 긍정적인 효과가 있다(김승범, 신호상, 2015).

문제는 반대로 이해관계자의 희생을 줄이는 방법을 선택해도 상황은 개선되지 않는다는 점이다. 예를 들어 급여를 높여도 윤리적 만족도는 크게 개선되지 않는다. 왜냐하면, 윤리분위기 지각과 급여 만족은 관련성이 없는 것으로 설명되는데 급여만족은 공정성의 문제와 연결될 수 있지만, 그렇다고 조직이 올바르고 윤리적으로 행동한다는 생각을 갖게 하지는 않기 때문이다(Desphande, 1996).

윤석철(1991)은 이 '구성의 오류'를 경영학에 적용하며 '구성의 오류'는 선택이 아니라 기업의 생존을 위한 필수조건이라 하였다(윤석철, 1991). 또한, 기업이 이해관계자에게 강요할 수 있는 희생에 대해 박헌준 등(2004)은 다음과 같이 지적했다. 기업의 성과를 위해 경영자는 자신의 재량권 내에서 내부관계자의 희생을 요청하지 않을 자율성을 가지고 있다. 하지만 기업의 단기 업적주의, 단기 성과지향의 압박으로 인해 경영자의 자율적 의지와 상반된 행동으로 나타날 수 있는 또 다른 타율성을 만들어 내게 된다(박헌준, 김상준, 2004).

2.5 Aristotle의 목적론적 윤리학

하나의 기업이 이기적으로 시장을 지배하고자 하는 경제적 이기심인 '불평등 지향성'은 기업의 본성이고, 이 점이 도덕적인 개인들을 비도덕적인 조직원으로 만든다. Kant로 대표되는 목적론적 윤리학의 관점은 동기를 중시하므로 기업 생존을 위한 비윤리적인 행동을 용인할 수 없다.

결과론적 윤리학 중 공리주의는 이미 앞서 말한 것처럼 분배의 정의에서 '불평등 지향성'을 수용할 수 없기 때문에 적합하지 않다. 또 공리주의는 분배의 정의에는 쉽게 부합되지만, 대표적인 윤리경영 사건사고 중 하나인 Ford사의 Pinto 사례[67]에서 보듯, 분배의 주체에 따라 상대성을 가진다는 것이 단점이다.

---

67) 'Pinto'는 미국의 경영자인 Lee Iacocca가 Ford의 회장이였던 1968년, 무게가 2,000 pound 이하이고, 가격이 2,000 달러 이하인 소형차 계획을 지시하여, 25개월 후인 1971년 출시한

Aristotle의 윤리학[68]은 개인의 덕성(Arete)[69]을 함양하여 행복을 추구하는 것을 윤리의 영역으로 보았다. 동시에 그는 당시 국가의 구성형태인 도시국가의 바람직한 운영 또한 행복의 추구와 연관지어 생각했다(Sahakian, 1986).

그의 윤리학은 목적론적 윤리학이다(Sandel, 2010). 그는 최고선(最高善)을 '목적으로서의 가치'라고 하며, 최고선과 행복이 관련이 있다고 했다(Aristotle,

---

미국 Ford사의 소형승용차의 브랜드이다. 첫해 35만 대, 74년에 55만 대, 1980년까지 총 320만 대가 팔렸다. Pinto가 유명한 것은 디자인 결함을 알고도 생산하여 예상된 참사를 일으켰고, 그 의사결정의 근간이 된 배상비 계산법이 기업의 이익만을 염두에 두고 사상자의 생존권 등 최소한의 인권에 대한 가치를 무시한 계산법이었다는 점 때문이다. 실제로 비용절감을 위해 설계 상 안전이 결여되어 사고 발생시 연료계통에 화재가 발생하기 쉽다는 연구진의 경고에 대해 Ford의 경영진은 미국연방자동차안전규정 301조 연료계통에 관한 안전규정(FMVSS No. 301: Fuel system integrity) 상 기준에 부합한다는 이유로 생산을 강행했다. 그리고 Ford는 이에 따라 발생할 사고의 규모와 손해배상의 총액과 디자인 변경시 발생할 생산비용의 총액을 계산비교하였다. 손익비교분석(risk/benefit analysis) 결과, 디자인 변경시 137만 달러 대비 예상 사상자 보상비 49.5만 달러가 산출되어, 예상 피해 180 명 사망, 180 명 중화상, 2,100 대 파손과 그 보상을 감내하기로 결정했다. 후에 미국고속도로안전관리국(NHTSA)의 조사에 의해 이런 내용이 밝혀지기까지 Ford는 리콜을 거부하기 위해 8년간 로비를 하는 등 지속적으로 비윤리적이고 비합리적인 태도를 보였다. 그러나 Ford의 예상과 달리 Pinto의 안전사고는 117건의 소송을 야기했다. 대표적인 1978년 Grimsaw의 소송(배후 충돌에 의해 Pinto 운전자 Lily Gray 사망, 승객 Richard Grimshaw 중화상)의 경우, 파손배상 128만 달러, 징벌적 처벌 125만 달러, 그리고 Grimshaw와 Gray에 대해 각각 284만 달러와 67만 달러의 보상적 손해배상 등 총 604만 달러의 보상 판결을 내렸다. 이렇게 예상 손해비용 49.5만 달러를 넘어 디자인 변경시 비용 137만 달러도 크게 넘어서는 배상비용이 발생하여 재무적 손실 뿐만 아니라, 기업의 이미지도 망가졌고 Pinto는 비윤리적 경영의 상징이 되었다. 재판과정에서 Ford의 변호사는 경영진이 Bentham의 공리주의 원칙인 "우리가 실제로 선택가능한 다양한 대안들 중 사회의 모든 구성원의 효용(utility)을 최대화하는 행동이나 정책을 선택함"에 따라, 전 사회적 배상도 모두 감안하고 손익비교분석으로 산출된 결과, 137만 달러 대비 49.5만 달러가 산출되었고, 이를 근거로 매우 합리적인 경영상의 선택을 하였다고 강변하였다. 이에 법정은 Mill의 공리주의 원칙에 따라 "미래가치를 포함하여 사회 전체구성원에 대한 최대 효익을 추구"했어야 한다고 판결 배경을 설명했다(위키피디아, "Ford Pinto", "Federal Motor Vehicle Safety Standards", "National Highway Traffic Safety Administration"; Schwartz, 1990; Velasquez, 2012).

68) Aristotle의 행복에 대하여 전문적으로 연구하는 윤리학자들은 포괄론과 우월론 등 자세한 분석을 수행한다(Sahakian, 1986). 그러나 본 고에서는 경영학적 문제를 다루고 있으므로, 전문적인 윤리학적 연구의 결과는 배제하겠다.

69) '덕' 혹은 '덕성'으로 번역하는 'Arete'는 고대 그리이스 철학자들 다수에게 공통적으로 사용된 용어로써 좋은 사냥꾼은 사냥을 잘하는 사냥꾼을 말한다. 이때 사냥을 잘하는 것이 '덕이 좋다'는 의미이다(Sahakian, 1988).

1984). 또한, Sahakian(1986)에 의하면 행복을 추구하기 위해 '중용'으로 행동하도록 했다. 여기서 '중용'이란 개념은 그에게 '행복'한 상태가 되기 위한 방법적인 개념이다. '중용'이란 "마땅히 그래야 할 때에, 마땅히 그래야 할 일에 대해, 마땅히 그래야 할 사람들에 대해, 마땅히 그래야 할 목적을 위해, 마땅히 그래야 할 방식으로" 행동 하라고 한 것을 말한다. 그리고, 그 목적들은 "그 행위 자체 때문에 선택되어야 한다"고 하였다(Sahakian, 1986). 김상돈(2009)에 의하면 모든 행위에는 목적이 있고, 모든 바램과 욕구 그리고 선택의 최종 지점에 해당하는 것이 없다면, 목적의 계열이 무한히 진행될 것이고, 결국 욕구나 바램이 공허할 것이라는 이유를 들어 최고선이 존재한다고 논증한 것이라 할 수 있다(김상돈, 2009).

Aristotle가 선에 대해 언급함에 있어 행복을 먼저 언급한 이유는 Aristotle의 선과 행복에 대한 이론인 Entelechy(원현론, 圓現論)를 언급하기 위해서이다(Aristotle, 1984). 그는 Entelechy를 통해 존재론적 완성을 설명했다(고범서, 1994). 이는 중용이라는 개념이 설명하듯, 그의 관점에서 기업의 이익 실현은 마땅히 그래야 할 당위이기 때문이다.

Entelechy의 개념에서 보듯 기업이 Entelechy를 수행하는 과정에서 발생하는 기부 등은 보는 이로 하여금 기업의 Energeia[70]가 사회공헌인지, 이익창출인지 혼란스럽게 할 수 있다. 그러나 기부, 연구, 그리고 마케팅 등 비용이 발생하는 요소는 모두 Entelechy 과정의 어려움일 뿐이고, 기업은 이익발생 만이 궁극적이며 유일한 목표이기에 기업은 궁극적으로 이를 지향해야한다.

따라서 "기업이 경영활동을 위한 행동들은 윤리적인가"라는 질문에 대하여, Aristotle의 목적론 입장에서는 "기업은 본원적으로 이익을 지향하기 때문에, 이익을 지향하는 기업의 활동은 윤리적이다"라고 할 수 있다.

---

70) Entelechy 과정에서 발생하는 상황들(위키피디아, "Energeia")을 말한다. 존재 주체의 입장에서 볼 때 필연성과 당위성을 포괄한 개념이다.

2.6 사회윤리학

'사회윤리학'은 조직과 기업을 포함한 사회의 윤리적인 문제 해결을 위해서는 '개인적 반성과 성찰의 수행'과 '사회적 제도와 규제의 강화'라는 두 가지 방법을 동시에 사용해야 한다는 이론이다(최경수 외, 2013a; 2013b, 2014, 2015a, 2015b, 2015c). 현재 교육부에서는 중등교육에서 기업이 환경오염 등의 문제를 일으킬 때, 다양한 윤리학 사조 중 사회윤리학적으로 접근, 해결해야 한다(최경수 외, 2013a, 김승범 외, 2016b 재인용)고 명시한다.

'사회윤리학'을 이해하는 방법에는 두 가지가 있다. 두 관점 간에는 큰 차이나 충돌은 없으나, '사회윤리학'을 이해하기 위해서는 두 견해 모두 이해할 필요는 있다.

첫째, 2000년대 이전의 전통적인 관점으로 '사회윤리학'을 역사적 발달의 흐름 내에서 이해하는 견해이다. 이 견해에 대해 '사회윤리학'의 시작과 관련된 특징으로 초기 영향력 있는 '사회윤리학' 연구자들 중 다수가 루터교 신학자들이라는 점을 들 수 있다. 또한 그들 중 독일에서 Hitler의 압제를 피해 미국으로 건너온 혹은 적극적으로 반대하는 이들이 적극적으로 '사회윤리학'의 성립에 기여했다는 점이다.[71)]

---

71) '사회윤리학'의 성립에 큰 영향을 미친 네 명의 루터교 신학자를 말한다. 이들은 루터교, 유니언신학대와 베를린대학교, 그리고 반Hitler라는 연결고리가 있다. '사회윤리학'을 처음 성립 시킨 것으로 만든 것으로 알려진 L. Niebuhr(1892~1971)는 부친이 독일에서 미국으로 이주한 후 태어나 유니언신학대에서 교수를 역임했으며, Hitler에 극렬히 반대했다. Niebuhr의 제자이자 베를린대학교와 유니언신학대에서 수학한 독일의 신학자 D. Bonhoeffer(1906~1945)는 나치정권을 비판하여 박해받았다. 박해가 시작된 후, Niebuhr가 유니언신학대에 교수직을 마련해 공식 초청장을 보내주었기 때문에 나치의 박해를 피할 수 있었으나, 이를 거부한 후 Hitler 암살계획에 참여, 체포되어 교수형에 처해졌다. 또한 초기 '사회윤리학' 성립에 지대한 공헌을 한 조직신학자 P. Tillich(1886~1965)는 나치정권에 의해 비유대인 중 최초로 교수직을 박탈당한 후 미국으로 망명, 유니언신학대, 하버드대학교, 시카고대학교 등에서 교수를 맡아 미국의 '사회윤리학' 형성에 영향을 주었다. Tillich와 Bonhoeffer에게 큰 영향을 준 K. Barth(1886~1968)도 베를린대학교에서 공부한 후 Bonhoeffer와 함께 반나치활동을 하다가 스위스로 추방되었다(위키피디아, "니부어"; "본회퍼", "틸리히", "바르트").

Niebuhr(1932)는 인간은 모두 교육 및 성찰과 반성을 통해 완전한 도덕적 존재가 될 가능성이 있다. 모든 사람이 도덕적으로 완전해지는 것도 가능하다. 그러나 사회의 구성원으로서 개인은 사회의 목적을 위해 개인의 윤리적 판단이 무시될 수 있다고 하였다(Niebuhr, 1932).

Hitler와 나치독일을 빗대어 이야기하자면, 독일인이 모두 비도덕적인 사람들이라서 비윤리적인 행동을 한 것이 아니라, Hitler라는 잘못된 판단을 하는 리더가 이끄는 사회 구성원으로 본인의 유리적 판단과 상충되는 행동도 할 수 밖에 없다는 것이다. 즉, 인간이 도덕적일지라도 사회가 비도덕적이기 때문에 구성원으로서의 인간이 비도덕적인 행동을 한다는 것이다(최경수 외, 2013a; 2013b, 2014, 2015a, 2015b, 2015c).

Niebuhr(1932)는 이를 해결하기 위해서는 인간이 아니라 사회를 재제해야 한다고 했다. 그 방법으로 '정치적 방법(political method)'을 제안했다(Niebuhr, 1932). '정치적 방법'이란 벌금이나 세금 등을 의미한다(고범서, 1993). 그는 개인의 성찰과 반성, 그리고 '정치적 방법'인 제도의 개선과 강화를 동시에 상보적으로 수행해야 윤리적 판단이 보장되며, 이를 통해 윤리적 사회가 이루어진다고 보았다. '개인의 반성과 성찰'을 '개인윤리적 방법'이라 하고, '법과 제도를 강화'를 '사회윤리적 방법'이라고 한다(최경수 외, 2013a; 2013b, 2014, 2015a, 2015b, 2015c; 고범서, 1993, 1994, 1998).[72)]

---

72) 사회윤리학의 연구는 Barth의 영향을 받은 Tillich와 Bonhoeffer의 사상을 Niebuhr가 자신의 사상과 접목시키며 이루어졌다고 보는 것이 일반적이다. 1960년대 이후 Niebuhr의 영향을 받은 학자들에 의해 '사회윤리학' 연구가 계속되고 있고, 학자들마다 개인윤리와 사회윤리에 대한 개념의 정의가 조금씩 다르기도 하고, 논리의 구조가 조금씩 다르기도 하다. 초기의 연구자인 Mehl(1964)은 Marx가 고용주의 선(Goodness)에 의한 노동자의 조건변화는 근본적으로 불가능하다는 것을 인식하고, 이를 개선하기 위해 사회적 시스템을 변화시키려 한 노력을 지적하며 사회윤리학의 주된 이슈는 구조의 문제라는 점을 강조하였다(Mehl, 1966). 또, White(1968)는 공동체 조직의 정당성에 대한 논의는 사회윤리학의 문제라고 하며, 사회윤리학이 공동체 조직과 사회적 정책의 선, 정의, 당위 등에 대해 연구하는 것이라고 하였다(Winter, 1968). 국내에서는 황경식(1995)이 사회윤리와 개인윤리의 차이에 대하여 개인적으로 책임을 묻기 어려운 사회제도나 조직의 윤리성 문제에 초점을 맞춘 것을 사회윤리라 하고, 사회적으로 주어진 개인의 윤리적 역할을 지칭하는 것을 개인윤리(황경식, 1995)

둘째로는 '사회윤리학을' 응용윤리학 전체를 옹호하는 하나의 큰 사상으로 이해하는 경향이 있다. 응용윤리학은 Jonas의 '윤리적 공백'에 대한 대안이다. 현대 사회가 가지고 있는 문제들 중 윤리적 의사결정과 관련된 이슈는 모두 Hybrid한 대안인 응용윤리학적 접근을 통해 해결하고 있다. 이 원인은 현대사회가 너무 복잡하다는 점이다.

예를 들어 정보접근이 개방되며, 무분별한 정보의 사용이 사회에는 이미 커다란 위험이 되고 있다. 이는 사이버윤리에서 제시되는 Cyber bullying[73), 그리고 이 때문에 요청되는 Cyber Citizenship과 깊은 연관이 있으며, 또 정보력의 확장과 관련이 있다. 이 점에 대해, EBS의 김종익은 Spinello의 사이버윤리를 설명하던 중 "사이버윤리에서 개인의 도덕성에 의존하여 해결을 할 수 없다면 정보에 대한 폐쇄와 차단이 발생하여 가치 있는 정보로의 접근이 힘들어지게 된다. 이를 해결하기 위해 '사회윤리학'적 방법이 필요할 수 있다"고 하였다.[74)].

EBS에서 '경제'를 강의하는 문병일도 Keynes의 수정자본주의를 설명하면서, "Keynes의 수정자본주의에서 개인은 도덕적일 수 있으나 집단과 사회는 도덕적이기 어렵다. 이런 면에선 '사회윤리학'적 방법과 관련해서 생각할 수 있다"고 설명했다.[iii)]

이상을 중심으로 '사회윤리학'에 대하여 평가원에서는 '사회윤리학'을 응용윤리학의 하나의 프레임으로 보고 있다고 할 수 있다. 이를 근거로 '사회윤리학'과 다른 윤리학과의 관계를 생각해 보면 다음과 같은 구조를 생각해 볼 수 있다.

라고도 한다.

73) Cyber bullying은 사이버 범죄의 일종으로, 인터넷이나 인터넷과 관련된 기술 상에서 다른 사람에게 피해를 입히는 모든 행위를 일컫는다. 고의적으로, 반복적이거나, 또는 적대적인 태도로 피해를 입힌다(위키피디아, "Cyber bullying").

74) 2015년 10월 4일 일요일, EBS [2016 Final 실전] 〈생활과 윤리〉 2회, 18시 05분 경.

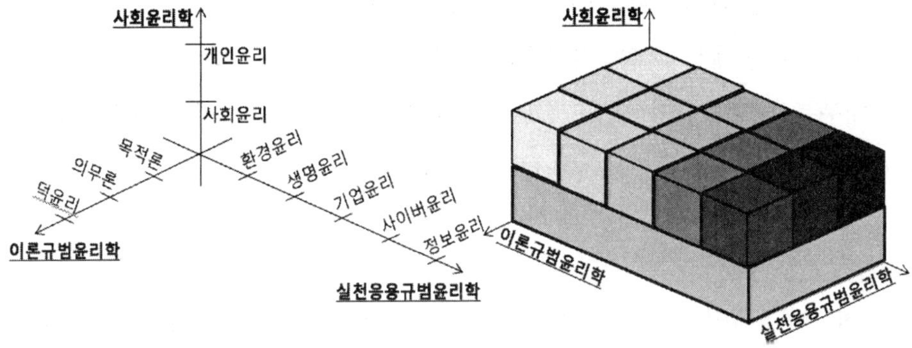

▌그림 7▌ 응용윤리학의 윤리 3D 매트릭스(김승범, 신호상, 2016b)[75]

이 3D 매트릭스는 앞의 p.30 〈그림 1〉의 2D 매트릭스의 내용을 그대로 반영한 채, '사회윤리학'의 내용인 '사회윤리'와 '개인윤리'의 구분만 추가한 것이다. 규범윤리학에 해당하는 목적론, 의무론, 덕윤리는 모두 개인의 성찰과 반성에 근거해 선을 추구한다는 점에서 '개인윤리'라 할 수 있다. 따라서 이 세 가지 기업윤리 성향은 모두 '개인윤리적 방법'으로 묶이고, 법과 제도의 강화라는 방법을 사용하는 '사회윤리적 방법'은 이들과 별개로 강구되어야 한다(김승범, 신호상, 2016b).

이 입장은 응용윤리학은 현대사회에 유일한 규범적 사고인 규범윤리학을 Hybrid하게 적용하여 사회의 문제를 해결하기 위한 방법론이고, '사회윤리학'은 규범윤리학과 응용윤리학을 포함한 모든 윤리학을 사상적으로 범주화하는 그리고 규범윤리학의 단점을 보완하여 '정치적 방법'의 정당성을 제공하는 메커니즘으로 이해한다. 정원규(2002)에 의하면 이렇게 사회윤리학의 관점에 주목하는 이유는 앞선 규범윤리학과 메타윤리학이 가지는 이론적인 갈등[76]을 해소할 수

75) 현 교육과정 내용은 고범서의 주장대로 '개인윤리'와 '사회윤리'는 명백히 구분되는 것이 아니기 때문에(최경수 외, 2013a; 2013b, 2014, 2015a, 2015b, 2015c; 고범서, 1993; 1994, 1998) 〈그림 7〉의 사회윤리학 영역을 실선으로 구분하면 마치 개인윤리영역과 사회윤리영역으로 이등분되어 구분되는 것처럼 보이는 것이 부적당할 수도 있다.

76) 규범윤리학과 메타윤리학이 가지는 이론적 갈등이란, 규범윤리학 이론들이 메타윤리학에 의해 비판받은 것과 그 과정에서 현대사회의 문제를 규명하거나 대안을 제시하는 역할을 하기 힘든 '윤리적 공백'을 초래한 것을 말한다.

있을 것이라 생각하기 때문이다고 한다(정원규, 2002).

윤리학적 관점에서 보면 '개인윤리'는 사회윤리학의 등장 이전의 주요 윤리학 학설 대부분을 포함한다. p.28 〈표 2〉에서 제시된 규범윤리학은 모두 '개인윤리' 이다.[77] 이러한 사회윤리와 개인윤리의 구분에 대하여 고범서(1998)는 다음과 같이 설명한다.

> "치료비가 없어서 의료 혜택을 못 받는 가난한 사람들이 치료를 받을 수 있는 길을 강구하는 경우 개인윤리학적 접근 방법은 사랑의 정신을 가진 의사가 무료 치료를 베풀든가 재산 있는 사람이 자선심을 발휘해 치료비를 내주는 방법에 의해서 문제를 해결하려 한다. 이러한 윤리적 접근 방법은 문제 해결을 위한 정치적 또는 제도적 해결책을 고려하지 못한다... 부동산 투기 문제의 해결을 추구함에 있어서 투기의 원인이 투기자 개인에게만 있다고 본다. 그 결과 투기자 개인의 도덕적 자각에 호소하고 의지적 결단을 촉구하고 투기에 대한 도덕적 비난을 함으로써만 문제의 해결을 추구한다. 부동산 투기를 조장하는 잘못된 세제 곧 사회적 원인에 대해서는 관심을 가지지 않는다"(고범서, 1998).

'사회윤리학'은 단순히 '개인윤리'적 방법만을 통해서 문제를 해결하려는 전통적인 윤리학들의 실천력을 비판한다. 그러나 '개인윤리'적 방법이 틀렸다고 하지는 않는다. 사회윤리학은 '개인윤리'와 '사회윤리'의 방법을 모두 중요하게 간주하고, 과거에는 관심을 두지 않았던 규제, 제도의 강화도 '개인윤리'적 방법과 같이 사용해야 훨씬 효과적이라고 한다. 이러한 '개인윤리'와 '사회윤리'의 특징은 다음과 같다.

---

77) 우리가 일반적으로 알고있는 모든 윤리학설과 도덕률은 모두 '개인윤리'이다

표 4 개인윤리와 사회윤리의 특징 비교

<table>
<tr><th>개인윤리의 특징 (3가지)</th><th>사회윤리의 특징 (6가지)</th></tr>
<tr><td rowspan="2">도덕적 진리나 목적의 실현과 달성 또는 도덕적 문제의 해결을 개인의 도덕성, 곧 개인의 의지의 자유와 결단에서만 다룸</td><td>예측할 수 있는 결과 특히 사회적 결과를 현실적으로 문제삼고 추구</td></tr>
<tr><td>도덕적 행위나 문제의 사회적 원인을 문제삼고 그 극복을 추구</td></tr>
<tr><td rowspan="2">도덕적 문제의 원인을 개인에게서만 봄</td><td>사회적 원인의 해결이나 제거를 사회적 정책이나 제도 또는 체제의 차원에서 추구</td></tr>
<tr><td>정치적 방법을 사용하여 윤리적 문제를 다룸</td></tr>
<tr><td rowspan="2">개인의 도덕성의 사회적 영역에의 연장만에 의해서 도덕적인 사회적 문제의 해결을 추구</td><td>상황 및 컨텍스트와의 관련성에서 윤리적 문제를 다룸</td></tr>
<tr><td>사회적 규범과의 관련성에서 윤리적 문제를 다룸</td></tr>
</table>

* 출처: 고범서(1993), pp. 38-54, 연구자 재구성.

김정동(2006)에 의하면, 사회윤리학적 방법론이 경영학에 유용한 이유는 윤리학적 관점에서 기업에 적용할 때 가장 적합한 윤리학이기 때문이다. 이를 경제학적으로 해석하면, '사회적 비용'의 처리에 대한 타당한 당위성을 제공해 준다는 의미이다(김정동, 2006).

이러한 '사회적 비용'의 처리를 위해 '사회윤리학'은 '징벌적 처벌'에 대한 윤리적 배경을 제시한다. 역사상 '개인윤리'에 해당하는 어떠한 학설도 처벌에 대한 논의에 주안점을 두지 않았고, 심지어 '징벌적 처벌'과 같은 가중처벌은 생각하기 어려운 것이다. 그러나 Niebuhr(1932)가 일관되게 비도덕적인 사회 때문에 충분히 도덕적일 수 있었던 개인이 비도덕적이 된 상황을 타파하기 위해 '사회윤리학'의 '정치적 방법'에 의존하는 것은 '징벌적 처벌'의 대상은 이미 Hitler처럼 사회 전체와 다른 사회에까지 피해를 미치는 상태이기 때문이다.

국내 경영학계에서는 '사회윤리학'에 대한 연구가 부족하지만, 교육부와 평가원을 중심으로 윤리학과 윤리교육학에서는 기업의 윤리문제를 해결하기에 가장 적합한 윤리학적 방법이라고 주장한다(최경수 외, 2013a; 2013b, 2014, 2015a, 2015b, 2015c).

제3절 새로운 윤리경영 이론의 의의

3.1 윤리경영에 관한 선행연구의 특징

기존의 윤리경영 연구는 인사·조직이론의 측면에서 연구가 많이 이루어진 반면, 본 연구가 제시하는 윤리경영 이론들은 기존의 윤리경영 연구에서 거의 주목하지 않았던 내용들이다.

윤리경영의 시원은 Calvin의 Calvinism(직업소명설)과 M. Weber의 '자본주의 정신'을 거론할 수 있다. 그러나, 이는 기업 경영에 집중된 것이라기 보다, 사회학적 관점의 접근으로, 직업 일반에 대한 윤리적 접근, 즉 직업윤리에 가깝다고 할 수 있다. 이는 일종의 직업과 사회의 메커니즘에 대한 관심이다.

이후 경영학 중심의 윤리경영 연구는 기업의 사회적 책임의 범위와 의미의 변화와 진화를 수반했다. 이러한 종류에는 Friedman 등이 주도한 주주 등 내부이해관계자 중심의 Shareholder Theory(주주중심이론), 그리고 Arrow 등이 이를 비판하며 대안으로 제시한, 외부이해관계자를 포함하는 Stakeholder Theory(이해관계자중심이론)가 있다.

이후 윤리경영 연구는 주로 이해관계자에 대한 경영성과의 분배측면으로 전개되었다. Stakeholder Theory에서 CSR에 대한 연구가 주목받은 후, 특히 Carroll 등의 자발적 자선이 경영성과에 긍정적 영향을 미친다는 주장이 등장한 이후, 윤리경영 연구는 기부 등 사회환원의 관점으로 급격히 편중되었다.

지금은 이 내용도 중등교육에서 학생을 대상으로 정확하게 위와 같이 교육을 하고 있다(김승범, 신호상, 2016b). 하지만, 이런 내용을 교육받지 못한 기성세대의 경우 구체적인 내용에 익숙지 못할 수 있고, 가치관이 다른 직업윤리, Shareholder Theory, 그리고 Stakeholder Theory 등을 혼동할 수도 있다. 또 일상용어로써 윤리와 도덕 등과 윤리경영의 전문성 사이에 오해가 있을 수 있다. 이런 점은 일반인을 대상으로 설문조사를 통해 윤리경영에 대한 데이터를 수집하는데, 주의를 기울여야 할 점이기도 하다.

더 깊게 이해하면, Stakeholder Theory가 진화하여 등장한 CSR도 자발적 측면인 자선적 CSR과 제도적 측면인 의무적 CSR로 구분가능하다. 본 연구는 자선적 CSR에 해당하는 기부 등에 대하여 부정적인 관점을 견지하고 있다. 이는 앞서 고찰한 엄정한 윤리학의 기준에서 이슈가 있기 때문이다. 그러나, CSR의 '기업의 사회적 책임'이라는 개념 자체에 대해서는 공감한다. 단, '책임'이란 권리에 대한 책임이지, 책임만큼의 권리이 아니다. 따라서 권리가 우선되어야 한다.

이 권리과 책임을 잠깐 살펴보자면, 기업의 사회에 대한 책임이 무엇인지에 대한 다양한 논의 중 '고용과 조세의 의무'를 기업의 사회적 책임 중 필수적인 것이라고 논하는 의견들이 있다. 만약 이에 동의한다면, 이 '고용과 조세'는 바로 직·간접적 부의 분배라는 점에 동의해야 한다. 첫째, 세금은 최소한 정부를 유지하고, 정부주도의 사회복지를 위한 재정적 근간이 되기 때문이다. 결국 기업은 이 정부주도의 사회복지를 통해 사회 전체에 부를 환원한다. 둘째, 고용은 기업의 생산성을 보장하는 근간으로 기업은 이 고용에 대하여 직접적인 부의 분배를 통해 피고용자들과 계약을 이행한다.

이렇게 기업의 권한과 책임은 분배와 관련이 있는데, 자선은 이 관계를 넘어서는 분배 내에서 설명가능한 차원이 아닌 다른 차원인 환원이다. 따라서 자선은 분배의 대상이 되지 않는다.[78] 이 때문에 자선적 책임을 동의하지 못함[79]일 뿐,

78) 기업의 책임이 기업의 목적 추구의 권리 즉, 이익추구의 권리에 대한 반대급부로서의 책임이라는 것이 일반적인 견해이다. 그렇지 않고 기업의 책임이라는 존재자체가 가지는 의무라면, 사회적 기업과 일반 사기업은 같은 수준의 책임을 가져야 한다. 그러나, 상식적으로 이 점에 동의하기 어려운 것이다. 이는 책임의 분배, 즉 정의(Justice: 正義)에 대한 정의(Definition: 定意)에 위배되기 때문이다. 정의(正義)는 Aristotle에 의해 정의(定意)되어 원론적으로는 지금까지 그대로 사용되고 있다. 그는 정의(正義)를 일반도덕과 합치되는 '일반적 정의'와 조건에 따른 배분의 원칙인 '특수적 정의'로 구분하였으며, '특수적 정의'를 조건에 따라 다시 '평균적 정의'와 '배분적 정의'로 구분했다. 위키피디아에 의하면 "'일반적 정의'는 사회의 일원으로서 개인이 사회 때문에 져야 할 의무에 관한 정의이다. '평균적 정의'는 모든 사람이 동등한 대우를 받아야 한다는 가치로 현대에서는 정치·사법 분야에서 강하게 적용되고, 개인 상호간의 매매와 손해 및 배상 또는 범죄와 형벌의 균형을 찾아내려는 것이다. '배분적 정의'는 각자가 개인의 능력이나 사회에 공헌·기여한 정도에 따라 다른 대우를

의무적 CSR에 대해서는 개념적으로 동의한다. 의무적 CSR에 해당하는 것은 ISO 26000, UN Global Compact(이하 UNGC) 등이 있다.

일반적으로 ISO 26000이나 UNGC 등은 준수에 대한 강제성이 없다(노한균, 2011). 이에 ISO 26000이나 UNGC를 자발적이라고 하고 의무적이라고 하지 않는다. 그러나, 책임과 의무[80]란 개념 자체가 원래 법적 강제성 이전의 개념이다. 즉, ISO 26000이나 UNGC의 내용들은 상당부분 기업이 본원적 권리인 이익획득을 추구하는 순간 당위적으로 적용되는 내용들이다. 예를 들어 기업이 이익획득에 대한 권리가 있다고 해서, 환경을 오염시키고, 종업원에게 비인격적 처우를

받아야 한다는 가치로 사회·경제적인 측면에 적용된다"(위키피디아 "정의"). '일반적 정의'는 의무의 문제이고, '특수적 정의'는 분배의 문제이다. 따라서 이후의 정치경제 제도는 이 '평균적 정의'와 '배분적 정의'의 구성비율에 의해 좌우되었다고 해도 과언이 아니다. 대표적인 예로, '평균적 정의'만 강조하는 것은 공산주의이고, '배분적 정의'만 강조하는 것은 시장주의이다. 19세기까지는 이런 단순한 구분이 가능했으나, 19세기 이후 복잡한 사회가 구성되면서 Mill 등의 '공리주의적 정의'이나, Rawls의 '절차적 정의'와 같은 보안적 정의(正義)가 등장했다. '공리주의적 정의'는 "국가라는 막강한 권력 앞에 나약한 개인의 권리를 어떻게 보장할 수 있는가"라는 문제에서 출발하여 현대의 민권운동의 시작이 되었다. Rawls의 정의는 Aristotle의 '배분적 정의'에 대한 보완으로 '배분적 정의'가 업적 기준으로 강자의 논리라면, '절차적 정의'는 업적 기준으로 약자의 논리이다. 예를 들어 전쟁에 참가한 사람들 중 공이 많은 사람 순으로 연금을 지급한다면, 참전은 했으나 공이 없는 사람은 연금을 받을 수 없다. 이것은 Aristotle의 '분배적 정의'이다. 이럴 때, 공이 있는 사람은 공의 크기대로 연금을 배분 받더라도, 참전자는 모두 최소한의 연금을 보장받아야 한다는 것이 Rawls의 '절차적 정의'이다.

79) '일반적 정의'의 관점에서는 사회적 기업과 사기업이 같은 크기의 사회적 책임을 가져야 하지만, '분배적 정의'의 관점에서는 매출이 큰 쪽이 더 큰 책임을 갖는 것이 옳다. '분배적 정의'가 적용되어야 할 대상에 자발적이라는 이유로 더 큰 가치를 부여받음은 '일반적 정의'의 관점에서 옳지 않다. 예를 들어 전쟁 시 자원병에 대해 '일반적 정의'인 국민의 의무 그 이상의 의미를 부여하여 의무병(義務兵)과 다른 특별한 예우를 하지 않는 것과 같다. 이 점 역시 자발적 선행이라는 자발적 CSR이 윤리적 가치가 없는 이유 중 하나이다.

80) 책임과 의무는 사실상 같은 개념이라 할 수 있다. 흔히 책임은 권리에 대한 책임을 말하는데, 의무 역시 국민의 의무 등 조건부 지상명령이다. 두 개념 모두 법의 개념이 성립된 중세 이전인 고대부터 중요시 여겨진 개념이다. 법학적 관점에서는 자연법 개념에서 접근하여 원시자연법적 개념으로 법의 정신을 표현한 것이라 해석 할 수도 있다. 따라서 법에서 말하는 '국방의 의무' 등 성문법적 의무와 자연법적 의무로 구분할 수 있을 것이다. 이 부분에서 말하는 책임과 의무는 두 개념을 모두 말한다. 따라서 반드시 성문법적 조항이 없어도 책임과 의무는 성문법적 조항이 있는 것과 마찬가지 그 필요성과 실행의 당위성은 동등한 수준이어야 함을 중시한다.

할 수 있는 권리가 있다는 것은 아니기 때문이다.

다시 말하면 기업은 '불공정 지향적인' 의사결정과 행태를 가지고 있다. 이를 통해 효율을 증대하여 이익을 더 발생시켰으니, 어디선가는 '불공정'과 유관하게 '외부불경제'가 발생했을 것이다. 따라서 이 '외부불경제'가 수반한 '사회적 비용'에 대해서는 이익을 가져간 기업에게 '책임'이 있다. 이 '책임'이 곧 '기업의 사회적 책임'이다.

따라서 환경오염과 직원, 협력사 등에 대한 부당대우는 '불공정 지향성'에 해당하는 것이지 기업에게 주어진 권리가 아니다. 원칙적으로 기업은 '불공정 지향성'은 배제한 채 자원의 한계 안에서 어떻게 비교우위가 될 수 있을까에 대한 노력을 경주해야 한다. 이 선행조건을 누구나 지켜준다면 그 결과 환경수호와 상호인권존중과 같은 ISO 26000과 UNCG의 대부분이 수행가능한 것이다.

이상에서 보듯, ISO 26000이나 UNCG가 강제조항이 아니라는 이유로 의무적이 아니라는 해석은 기업의 '불공정 지향성'을 조장하는 해석이라 할 수 있다. 기업에게 애초부터 이익을 추구할 권리가 있었다면, 그 권리에는 '외부불경제'를 발생시키지 않을 자연법적이기는 하지만 의무와 책임이 있는 것이다. 즉 '불공정 지향성'을 지양할 의무가 있는 것이다.

문제는 이런 기본 조건마저 '불공정 지향성'에 의해 깨진다는 것이다. 처음부터 기업의 권리는 기업의 존재자체에서 나온 것이기 때문에 '불공정 지향성'의 폭주를 제제할 방법이 없다. 이에 대해 윤리경영 사건사고가 발생할 때 마다 법을 제정하고, 강화하며 재발 방지 차원에 머물러 왔다.

심지어 이런 노력마저도 현실에서는 또 다른 '불공정 지향성'에 기인한 기업의 로비 및 이해관계 때문에 쉽지 않은 것이 현실이다.[81] 이런 까닭에 원래 속성상

81) 최근 발생한 "정운호 게이트" 같은 경우가 이의 대표적인 예이다. 불공정하게 회사돈을 도박자금으로 사용하기 위한 '불공정 지향성'으로 배임 횡령을 저질렀다. 이것이 해외도박혐의로 체포되자, 네이처 리퍼블릭의 상장을 앞두고 자신의 구속을 막고자하는 또 다른 '불공정 지향성' 때문에 법조 브로커를 이용했다(나무위키, "정운호 게이트"). 또한 앞선 사례연구에서 언급한 바, 4월에 발생한 세월호 침몰 사건은 대법원 판결까지 완료되었는데, 같은 해 1월에 발생한 카드3사 정보유출사건은 대형로펌들이 대거 동원되면서 아직도 1심 재판 진행 중이다.

후행적인 법적 처리가 더더욱 미루어지고, 미흡하게 이루어지게 된다. 결국, 적발되는 이슈들만 뒤늦게 혹은 미흡하게 법적으로 규정이 제정되거나 할 뿐, 적발되지 않았거나, 문제시 되지 않은 비윤리적 이슈들은 무한히 반복되고 있는 것이다.

이런 문제들이 중요시 되는 이유는 이러한 때문에 시장경제 자본주의자체의 모순이 아님에도 경제체제에 대한 불신이 야기되고, 체제가 가지고 있는 장점에 대한 신뢰가 점점 훼손되기 때문이다. 이런 경제체제에 대한 오해와 불신은 우리가 예측하지 못하는 매우 심각한 문제의 창발을 야기할 수 있기 때문에 조속히 정상화시켜야 한다는 인식과 노력이 필요하다.

이상으로 윤리경영 선행연구에 대한 흐름과 본 연구의 관점에서 제기되는 이슈들을 제시하였다. 이어지는 파트에서는 본 연구에서 제시하고자 하는 윤리경영 연구가 이상의 문제와 앞서 비판한 이슈[82]들을 극복하고 해소할 수 있음을 설명한다.[83]

3.2 본 연구가 제시하는 이론적 특장점

(1) 응용윤리학으로서의 장점

윤리경영은 응용윤리학의 한 분야이므로, 응용윤리학의 기본 원칙인 Hybrid

---

82) p.40 제Ⅱ장 제3절 윤리경영의 오류 참조.

83) 작은 문제이지만, 앞에서 이미 언급한 바와 같이 기존의 윤리경영에 대한 연구방법은 사회조사방법론에 근거한 설문조사와 양적 검증이 99%에 해당한다. 그런데 과연 일반 기업에 종사하는 직장인을 대상으로 설문조사를 했을 때, 응답자들이 윤리경영에 대해 가지는 개념 상 불일치 문제는 어떻게 해소시켰을지도 의문이다. 앞에서 보듯이 직업윤리, Shareholder Theory, Stakeholder Theory, 자선적 CSR, 그리고 ISO 26000 등 다양한 윤리경영에 대해 어떤 이해를 가지고 있으며, 얼마나 이해하는지도 의문이란 것이다. 결국 응답자들이 생각하는 윤리경영이 모두 다를 수 있는 상황에서 설문이 전개되었을 수 있다는 의미이다. 이 직업윤리에 대한 연구와 중요성은 신뢰사회의 한 축으로서 사회에서 지속적으로 수용되고 있기 때문에 일반인들은 기업윤리도 윤리경영의 일부 혹은 전체로 생각할 수 있다. 기업들이 기부할 때마다 홍보성 기사를 내보내기 때문에 일반인들은 자선적 CSR도 윤리경영의 일부 혹은 전체라고 생각할 수 있다. 이런 윤리경영에 대한 인식의 문제도 윤리경영 연구의 중요한 주제이다.

적 학제간 연구의 수행은 필연적이다. 이에 따라 윤리경영은 p.30 〈그림 1〉의 규범윤리학의 부류 중 최소한 한 종류와 경영학을 융합함에 따라 Ⓐ, Ⓑ, Ⓒ 중 한 가지로 구성되어야만 한다. 이 구성의 기준은 본 연구의 목적과 연관이 있다. 본 연구의 목적은, 서론에서 제시한 대로, "자본주의 기업의 '불공정 지향성'를 포함한 기업이 이익을 추구하는 행태를 윤리적으로 설명하는 방법을 찾는 것이다. 그리고, 이러한 기업이 당연히 윤리경영을 해야 하는 이유를 연구하고, 이상을 이론화하는 것"이다.[84] 이 목적을 용이하게 설명하기 위하여 두 부분으로 나누어 살펴본다.

첫째, 기업의 이익지향적인 의사결정과 행태를 잘 설명할 수 있는 규범윤리학을 선택하고, 다시 그 규범윤리학의 윤리적 당위성과 '불공정 지향성'을 잘 설명하는 윤리적 구조 내부에 녹여넣어야 한다.

앞서 결과론에 대한 간략게 언급한 바, 결과론에도 공리주의적, Aristotle적 결과론 등 구분이 존재하지만, 고려해야 할 중요한 사항은 기업의 경영 상 발생하는 의사결정은 모두 기업의 이익만을 위한 이기적인 결정이라는 것과 매출을 지향하는 프로세스적이라는 것이다.[85] 이 두 가지 사항만 가지고도 공리적 결과주의 윤리학을 규범윤리학으로 삼아 기업의 '불공정 지향성'을 설명하기에는 부족함이 있음을 알 수 있다.

오히려 Aristotle적 결과론으로는 기업의 이익만을 위한 이기적인 결정과 매출을 지향하는 프로세스적이라는 특수성을 잘 설명할 수 있다. 따라서 "자본주의의 기업은 본원적으로 비윤리적인 선택을 선호하는 '불공정 지향성'을 가지고 있음을 인정"하기 위한 규범윤리학으로는 Aristotle의 윤리학이 적합하다고 할 수 있다.

따라서, 윤리경영에서의 규범윤리학을 응용윤리학의 구조에서 정리한 p.30

---

84) p.19 참조.

85) 이는 회계적인 구조를 말한다. "구매→생산→마케팅→판매→정산"의 구조처럼 상품가치와 교환가치, 그리고 부가가치의 프로세스적으로 정리되는 회계적 흐름에서 파악할 수 있다는 의미이다.

〈그림 1〉 Ⓐ, Ⓑ, Ⓒ 중 이러한 요구에 잘 부합할 수 있는 것은 오직 한 가지, Ⓐ인 결과론 기반 윤리경영이다.

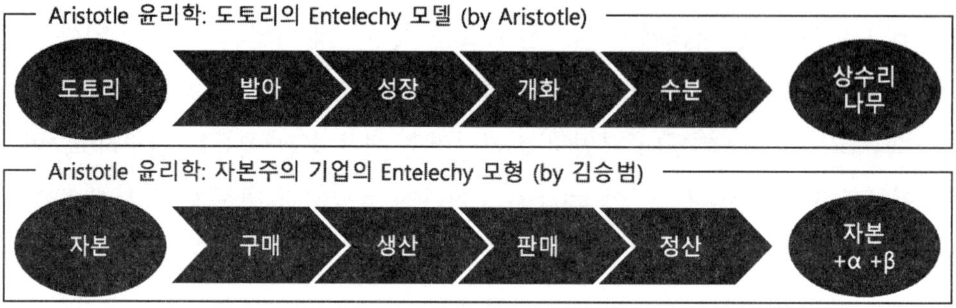

▌그림 8▐ Aristotle 윤리학인 Entelechy의 기업에 대한 적용

둘째, "기업들이 윤리경영을 해야 하는 당연한 이유"를 제시해야 한다. 그런데, 〈그림 8〉에서 보여지듯, 기업이 이익을 지향하는 그 자체와 과정이 윤리적일 뿐, 기업의 경영상황에서는 '불공정 지향성' 때문에 판단과 행태가 윤리적일 수 없다.[86] 따라서 기업의 윤리적 당위성은 자명하거나 내포된 것[87]이 아니라고 할 수 있다.[88]

이는 달리 말하자면, 외연적인, 즉 외생변수에 의한 강제적 조건에 의해 윤리

86) 비윤리적 방법에 의해 경쟁사 간의 경쟁상황이 한쪽에게 유리한 상황으로 전개될 경우 기업은 당연히 생존의 위협을 느끼게 된다. 생존을 위한 생물적 이기심은 모든 존재의 본원적 특성이기 때문에 이런 위기상황에는 생존을 위한 '불공정 지향성'이 발현될 것을 기대할 수 있다. 바꾸어 말하면, 경쟁이 없으면 '불공정 지향성'이 없다.

87) '자명하다' 함은 다른 논리의 도움없이 하나의 논리로 모든 것이 설명가능함을 말한다. '윤리적 당위성을 내포한다' 함은 필연적인 것이 아니라, 의무로 지워지거나 선택되는 사명임을 말한다.

88) 선행연구 중 일부는 이 논리 때문에 기업이 이익추구라는 목표를 추구하는 한 윤리적일 수 없다는 주장들이 있다. 그러나 이 논리는 앞의 Aristotle 윤리학을 근간으로 보았을 때, 윤리적이지만, 비윤리적일 때도 있는 모순적인 상황을 말하는 것이지, 그렇다고 윤리적이 아니라고 단언하는 것은 '윤리적 공백'의 개념 이전의 연구이거나, 이에 대한 이해가 필요한 경우일 수 있다. 예를 들어 기업과 윤리는 아무런 관련이 없다는 주장 중 철학자 드 조지(De George)가 강조한 "무도덕적 기업의 신화"에 근거하여 기업윤리가 모순어법이라는 입장이 있다(De George, 1986; 박정순, 2006, 재인용). 그러나 이 "무도덕적 기업의 신화"는 Jonas의 '윤리적 공백'(1986)에 대한 지적이 학계에 일반적으로 수용되기 전의 관점이다.

적 당위성이 성립된다고 할 수 있다. 이는 기업의 이익지향을 윤리적으로 설명할 수 있는 이론과 기업은 윤리적이어야 한다는 당위성을 설명할 수 있는 이론이 하나의 이론은 아니라는 의미이다. 다시 말하자면, Aristotle 윤리학을 전제로 하는 이상, Aristotle 윤리학만으로 전체를 설명하는 일원론적 설명은 불가능하다는 의미이다.

일반적인 '당위성'은 일원론의 관점에서 주장하기 때문에 다원론적 구조에 대한 기대보다 일원론에 대한 기대가 이수한 것이다.[89] 근본적으로는 두 개 이상의 전제로부터 결론을 도출하는 다원적 방법을 사용하는 추론 방식[90] 역시 문제가

---

89) 이 일원론은 대부분 중세유럽의 가톨릭의 영향이 강한 서양중세철학이나, 각 종교의 종교철학의 관점에서 많이 찾아볼 수 있다. 종교에서는 보편적 절대자(시간과 공간을 초월하여 항상 참이며 세상 모든 것의 원인인 것)를 전제하여 모든 현상에 대한 설명을 이로부터 시작하는 경우가 많기 때문에 구조적으로 쉽게 설명된다. 왜냐하면 모든 모순은 보편적 절대성을 담보할 수 없음에서 출발하는데, 이미 모든 모순을 절대자로써 설명하면, 즉 절대자의 뜻이나 의지 혹은 절대자의 일부 등으로 설명하게 되면, 현상의 모순은 모두 해결되므로 현상의 설명이 매우 쉽게 이루어진다. 단, 이 절대자의 존재는 중세 말 철학자이자 가톨릭 신학자인 Occam이 신의 존재증명에 대해 신앙과 과학을 분리한 이후 논리에 근거한 학문인 철학에서는 일원론은 사실 상 폐기 되었다. 신앙의 장점은 믿음(belief)로 모든 모순을 해결할 수 있다는 점이다. 따라서 이후 철학을 포함한 과학에서는 믿음(belief)가 아닌 증명(proof)을 하게 되었다.

90) 이렇게 다원론의 관점에서도 '당위성'을 설명함이 가능할지의 고찰이 필요하다. 앞서 '자연주의적 오류'에서 출발한 메타윤리학 전개를 고찰하며, 논리적 전개에 대해 집중적으로 살펴보았다. 하지만, 어떠한 경우에도 일원론이나 다원론에 대한 논의가 주장되지 않았다. 오히려 연역적 논증의 전통에 따라 3단 논법의 연역추론으로 '자연주의적 오류'에 대한 논의를 전개한 〈증명 1〉과 〈명제 2〉의 구성은 다음의 〈증명 3〉과 같다.

〈증명 3〉
대전제) A 는 B 이다 → 기존의 사실 1 ≡ 공리 1
소전제) B 는 C 이다 → 기존의 사실 2 ≡ 공리 2

결　론) A 는 C 이다 → 새로운 사실 1 ≡ 정리 1

연역추론은 이미 증명된 개별적 과학적 사실인 공리로부터 새로운 지식으로 도출하는 추론 방식이다. 그리고 도출된 결론 역시 논리적 오류가 없다면, 새로운 정리가 될 수 있다. 따라서 각 전제와 결론은 논리적 연관성이 있을 수 있지만 각 전제는 독립된 논리이어야 한다. 만약 같은 논리라면 동의어 반복이기 때문이다. 따라서 3단 논법의 최소한의 조건인 2개의 명제는 각각 독립적이라 할 수 있다. 이는 각각의 전제가 하나의 원칙으로 하나의 전제(원칙)에서 연역추론은 논리적으로는 동의어 반복만 가능하고, 두 개 이상의 전제(원칙)에서 새로

되지 않는다.

원론적으로 보자면 Aristotle 윤리학적 의사결정과 행태로부터 비윤리적인 결과가 도출될 수 없다. 문제는 결과론, 즉 p.80 〈그림 8〉 목적론적 윤리학에 포함되지 않은, 마치 여집합처럼 취급된 이기심의 문제[91]이다. 따라서 시장경제와 같이 다양한 경쟁자, 즉 의사결정자들이 각자의 목표달성을 위해 경주하는 상황에서는 이기심의 산물인 과정상의 문제들이 다수 발생할 수 있다. 이러한 문제의 탄생과정은 다분히 경쟁우위를 위한 의도적이지만, 문제는 모집합 전체인 시장경제와 시장 내 결정주체인 각 기업에 미칠 영향에 대해서는 정작 '불공정 지향성'의 주체인 기업의 입장에서도 예측되거나 계산된 것이 아니라는 것이다. 결론적으로 이 문제들은 Aristotle 윤리학적인 기업의 의사결정과 행태에 의해 창발되는 이슈라고 할 수 있다.

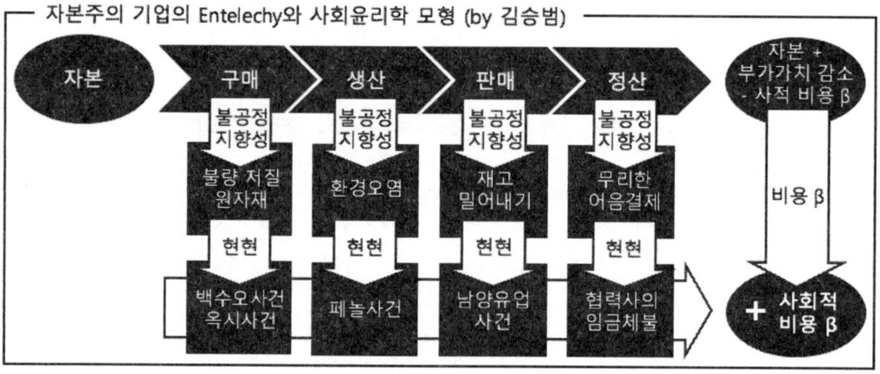

▌그림 9▐ Entelechy에 대한 윤리경영적 해석

본 연구에서는 이러한 다원론의 문제를 해결하기 위해 Aristotle 윤리학의 외연 역할을 하는 윤리학으로 '사회윤리학'을 제시하고 있다. 사회윤리학이 적합하

운 결론이 도출 된다는 것을 의미한다.

91) Aristotle의 목적론적 윤리학은 존재가 결과를 도출했을 때, 결과의 양과 질이 우월한 것이 열등한 것 보다 '좋다'는 의미이다. 따라서 주체의 입장에서 보다 좋은 결과에 도달하기 위해 고의적으로 발생시킬 수 있는 과정상의 문제는 결과의 중요성에 가려진다는 단점을 가지고 있다.

다고 생각되는 이유로는 두 가지 이유가 있다.

첫째, '사회윤리학'은 Aristotle의 윤리학 등 규범윤리학을 쉽게 수용할 수 있다는 점이다. p.71 〈그림 7〉에서 보듯이 '사회윤리학'은 모든 규범윤리학과 연관되어 설명가능하다. '사회윤리학'의 입장에서는 기존의 모든 규범윤리학을 '개인윤리적 방법론'이라고 할 수 있다. 그리고 규범윤리학적으로 해결되지 않는 문제를 해결하기 위한 장치로 '사회윤리학'이 요청된다. 예를 들어 규범윤리학만으로는 기업이 환경오염을 하다 적발되었음에도 지속적으로 환경오염을 반복할 경우 이를 어떻게 처리할 방법이 없다. 이 문제에 대해 현재 교육부의 공식적인 해결방법은 '사회윤리학'의 '사회윤리'적 방법인 법과 제도로 강화를 통해 잘못을 반복하는 기업을 처벌하고, 재발을 억제해야 한다는 것이다(김승범, 신호상, 2016b).

둘째, 사회윤리학의 관점은 위에서 제시된 목적론적 윤리학의 단점을 해결할 수 있다. 즉 Niebuhr(1932)는 "모든 개인이 도덕적으로 완전해질 수 있으나, 사회의 구성원으로서 개인은 사회의 목적을 위해 비윤리적인 개인이 될 수 있다"고 했다. 따라서 조직의 구성원 개인은 도덕적으로 완전할 수 있으나, 기업의 필요에 의해 비윤리적인 행동을 할 수 있다는 의미로 해석 가능하다. 따라서 원래 기업의 활동은 Aristotle적 윤리학에 의해 〈그림 9〉와 같이 설명 가능하지만, 그 구성원인 개인은 조직의 필요에 따라 비윤리적이 될 수 있으므로, 여기서 조직의 비윤리적인 활동이 나타난다. 이는 원래 Aristotle 윤리관에서는 의도된 바가 아니라 창발된 것으로 이것이 '불공정 지향성'의 창발이다. 이 '불공정 지향성'의 창발은 〈그림 9〉와 같이 Aristotle 윤리학에 근거한 '기업의 이익지향'에 대한 윤리적 해석과 비일비재하게 발생하는 비윤리적 행태에 대한 통합적 설명이 가능하게 된다. 이는 '불공정 지향성'이 기업의 기업성과 개선을 위해 기업의 의사결정과 행태에 의해 창발되는 이슈라는 구조와 일치한다.

따라서 사회윤리학은 목적론적 윤리학에서 창발되는 이슈, 즉 '불공정 지향성'을 견제하는 구조라고 할 수 있다. 동시에 '사회윤리적 방법'이라는 법과 제도의 강화를 통해 의사결정에 대한 책임을 묻거나, 규제를 가해 Aristotle 윤리학의 전개 과정상 창발 될 수 있는 '불공정 지향성'의 확산을 견제한다. 이러한 사회윤리학의 '사회윤리적 방법'은 Aristotle 윤리학의 전개방향을 견제하기 때문에 결과적으로 Aristotle 윤리학의 진행에 대해 re-Action을 유도한다고 볼 수 있다. 이 구조는 일종의 '피드백(Feedback) 구조'이다. 이 '피드백 구조'는 규범윤리학과 경영학을 묶어주는 응용윤리학에 사회윤리학까지 포함하여 하나로 묶어주는 역할을 한다. 이 구조는 본 연구에서 고찰하는 윤리경영 이론의 기본구조가 된다.

이상의 고찰을 통해 최종적으로 구성된 〈그림 10〉의 새로운 윤리경영 이론은 선행연구 중 기업과 윤리의 연관성에 대한 회의를 제거해준다. 예를 들어 기업의 목적과 윤리적 목적의 상충에 대한 이슈나 "기업윤리의 주체가 사람인가 기업인가" 등의 회의는 이상의 구조로 인해 그 회의가 다소간 해결된다. 이렇게 기존 선행연구에 대한 회의는 기본적인 윤리학 근간의 학제적 연구로 해결될 수 있다는 것을 보여준다.

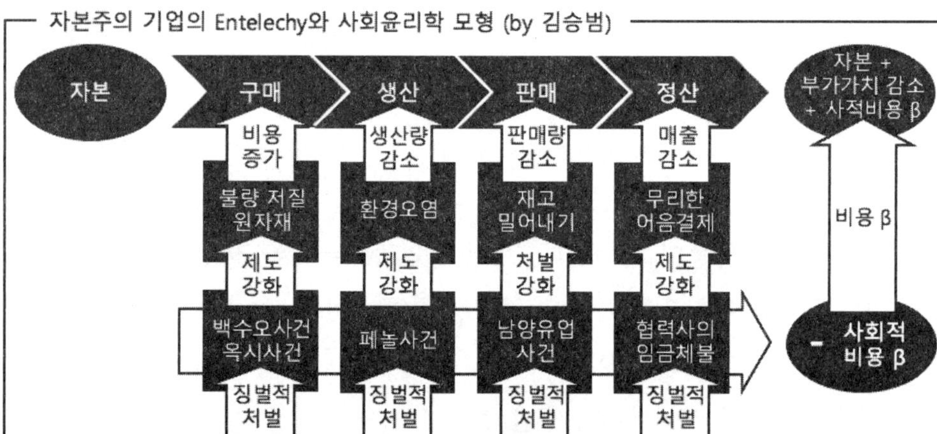

▌그림 10▐ Entelechy과 사회윤리학간 복합구조로서의 윤리경영

기존의 선행연구에서 윤리경영을 모순화법의 관점에서 바라보며 제기했던 회의들은 경영학적 특징을 윤리학적 특징으로 해석하려 했기 때문에 발생한 문제이다. 본 연구의 관점에서는 윤리학적 이론으로 기업 경영의 어떠한 내용도 관여하지 않는다. 단, 기업 경영의 특성상 어떠한 의사결정에도 비윤리적 결정을 할 가능성이 높다는 것과 그 결정이 무조건적으로 행동으로 옮겨지는 조직구조를 가지고 있다는 점을 중시한다. 이에 대해 학제적 Hybrid 구조인 응용윤리학을 제시한다.

기업에서 발생하는 의사결정에 대해 일단 Aristotle 윤리학을 기준으로 하고, 그 와중에 창발하는 비윤리적인 의사결정과 실행행동들에 대한 부분은 사회윤리학으로 구분하여 설명한다. 다시 말하면, 기존의 경영과 윤리의 충돌은 기업의 의사결정 전체를 윤리적으로 판단하고 행동해야한다는 주장에서 비롯되었다. 이는 기업도 선을 지향해야 한다는 전제에서 시작된다.

그러나 이는 근대까지의 단순한 사회에서 가능한 것이다. 응용윤리학의 등장 자체가 위와 같은 생각을 부정한다. 즉 현대사회에서는 여러 가지 이유로 윤리적 공백이 발생하는데, 그 중 한 가지가 바로 윤리적 의사결정이 규범윤리학에만 의존한 의사결정은 최선의 의사결정이기 어렵다는 점을 전제한다. 따라서 새로운 윤리경영 이론에서 기업은 자발적이며 당위적으로 최선만을 지향하기를 고집하는 것이 아니라, 최악을 방지하기 위하여 배타적, 그리고 타의적으로 최소한의 선을 수용하는 것으로 최선을 대신할 수도 있어야 한다.

(2) 학제적 연구로서의 특징

이상의 고찰을 통해 이론적으로만 제시되었던 경영학과 윤리학의 Hybrid 구조를 가진 응용윤리학으로서의 윤리경영에 대한 보다 구체적인 논의를 할 수 있는 기반을 갖추었다. 기업의 어떤 프로세스에도 p.82 〈그림 9〉와 p.84 〈그림 10〉과 같은 모형을 적용할 수 있기 때문이다. 문제는 이 Hybrid 구조가 얼마나 무의미한지, 즉 그 설명력이 얼마나 되는지의 문제이다.

기업의 윤리경영 문제는 이런 거시적인 구조의 문제뿐만 아니라, 성희롱, 인격모독, 욕설, 폭행 등 반복가능한 구체적이고 일상적이고 비윤리적 행태들, 횡령,

배임, 정보유출 등 직업윤리적 문제들, 갑질, 직권남용, 상납강요, 뇌물 등 관계상 문제들, 그리고 페놀방류 사건, 카드3사 정보유출사건, 세월호 침몰 사건, 옥시 살균제 사건, 정운호 게이트 등 현상적으로 발현된 윤리경영 사건들 등 매우 광범위한 분야에 대해 이야기 할 수 있다.

따라서 새로운 윤리경영 이론은 이 다양한 사건들에 대해 설명가능한 하나의 구조여야 한다. 그동안 선행연구들 중 사례연구의 경우 상기 사건사고들 중 개별적인 건에 대하여 설명하는 방식으로 진행되었다. 이는 실패한 윤리경영 사례뿐만 아니라, 모범적인 윤리경영 사례를 연구함에 한계를 제기한다. 즉, 성공한 윤리경영 사례에 대해 연구결과로 도출된 인과관계와 구조가 다른 윤리경영 사례를 이론적으로 설명하지 못하는 경우가 많다.

결국 모든 실패한 원인과 성공한 원인, 그리고 그 구조가 사례마다 다 다르다면 경영자는 모든 경우의 수를 다 살펴야 한다는 결론에 이르른다. 이는 경영의 효율을 증진시키고자 하는 경영학의 본래 취지에 부합되지 않는다. 따라서 규범윤리학과 경영학의 학제적 조합인 응용윤리로써의 윤리경영의 이론은 성공한 윤리경영 사례의 대부분과 실패한 윤리경영 사례의 대부분을 하나의 구조에서 설명가능해야 하는 것이다. 이러한 하나의 구조로서 Aristotle 윤리학과 사회윤리학으로 구성되는 구조를 제안했다. 그리고 모든 윤리경영 사건사고의 근본적 원동력으로써 '도덕적 추론'을 제시한다.

이 '도덕적 추론'은 모든 개인이 모든 판단 시 수행하는 것으로 진위를 판단하는 추론과정 중 도덕적 이슈가 있다고 여겨지면 '도덕적 추론' 과정을 거친다고 본다. 따라서 경영자나 피고용자나 모두 '도덕적 추론'을 수행한다. 예를 들어 어떤 선행연구의 통계모델은 경영자의 경영상 비윤리적 의사결정이 소비자의 구매의사에 영향을 미치는지 여부를 검증하고, 어떤 선행연구의 통계모델은 경영자의 의사결정이 조직구성원의 도덕적 추론에 영향을 미치는지 여부를 검증한다고 했을 때, 이 두 과정이 독립적인 것이 아니라, 동시에 발생한다는 것이다.

이렇게 여러 경로를 통한 다양한 영향을 주고 받게 되면, 너무나도 복잡한 구조가 구성되어 어떤 영향이 어떻게 각 조직구성원 개인에게 영향을 미치는지 우리의 사고만으로는 그 흐름을 추적할 수 없다. 사실 조직은 단 1명의 의사결정자와 다른 1명의 조직원이어도 심리상태등에 따라 그 관계는 복잡해지는데, 파트장, 팀장 등 하위(실행)간부와 일반 임원 등 중간간부, 그리고 C-Level의 의사결정자들까지 복수로 연결이 되면, 개인이 받는 영향의 구조는 엄청나게 복잡하게 된다. 이 복잡한 구조는 비단 이런 조직구성의 복잡성에서만 기인하는 것이 아니다.

첫째, 인간의 모든 행동은 먼저 판단 추론이 선행하고, 판단 추론에는 '도덕적 추론'을 포함하기 때문에 복잡성이 커지는 것이다. '도덕적 추론'의 수는 인구의 수와 행동의 수의 곱이라고 할 만큼 많이 발생한다.

둘째, 이렇게 많은 '도덕적 추론'에 영향을 미치고 '도덕적 추론'이 영향을 미치는 요인들 역시 여러 가지이기 때문에도 복잡성이 커진다.

이상과 같이 복잡한 '도덕적 추론'에 대하여 얼마나 복잡한지를 가시적으로 보기위해 〈그림 11〉의 관계도로 표현하였다.

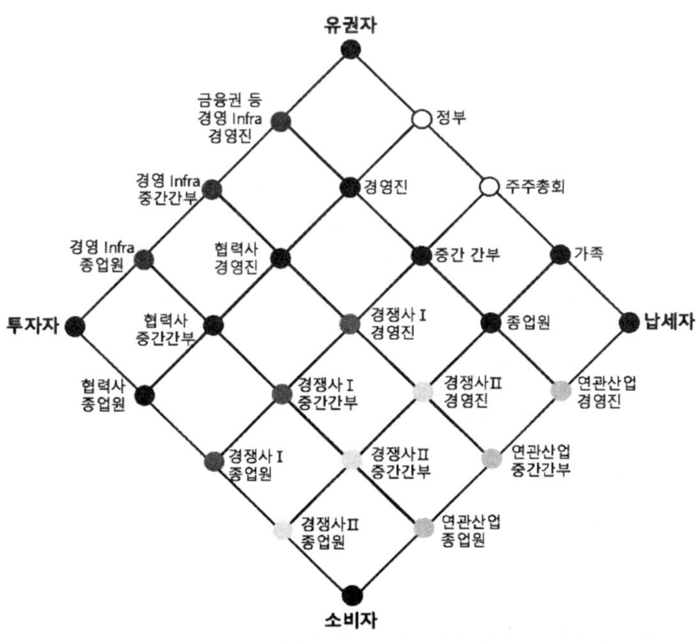

▌그림 11▐ '도덕적 추론'의 주체가 될 수 있는 기업 관계자의 관계 모형

심지어 도덕적 추론 과정에서 하나의 윤리적 기준이 작용하여 개인의 일정수준 이상의 도덕성이 환경적으로 보장되면, 조직의 도덕성에 오히려 도덕적 에너지를 넣어 줄 수 있는 구조가 될 수 있다. 이는 '도덕적 추론'을 훼손시킬 요인이 모두 제거되었을 경우 개인들은 이타심에 넘치는 등 타인에게 도덕적인 긍정의 영향을 제공할 수 있다.

그러나, p.60 〈그림 6〉에서 살펴본대로 윤리경영에서의 '도덕적 추론'은 원론적 형태와 다른 형태를 보일 것이라는 것이 본 연구의 관점이다. 따라서 기업경영에 대한 의사결정과 그에 따른 행동의 모든 주체는 각자 '도덕적 추론'을 가지고 있으며, 그 '도덕적 추론'은 〈그림 6〉과 같이 기껏해야 온전한 윤리성에 수렴할 뿐 그 이상으로 초월하지 않을 것이다. 따라서 '도덕적 추론'의 관점에서는 〈그림 6〉의 우측 그림처럼 기업의 도덕성이 수렴하기 때문에 기업의 도덕성이 사회에 긍정적인 영향을 미칠 가능성은 거의 없다.

이는, 노동관계 측면에서는 고용주와 피고용자는 고용계약 그 이상의 결과를 산출하지 않을 것이라는 의미이다. 이렇게 된다면, 경영전략의 자원이론의 관점에서 볼 때, 정확하게 예측된 경영목표의 초과달성을 인적 역량의 초인적인 힘에 기인한다고 볼 수는 없다는 의미이다. 이는 차라리 Hamel 등(1996)의 '창발적 성과'로 설명하는 것이 훨씬 용이하다.

결국 p.82 〈그림 9〉처럼 Aristotle 윤리학의 전개 과정상 유발될 수 있는 '불공정 지향성'의 산물들이 실제로 윤리경영의 원인으로 연결이 될 것이다. 그러나, 이 윤리경영의 원인이 되는 '불공정 지향성'의 산물들은 실제로 어떤 모습으로 사회에 현현할지 알 수 없다.

따라서 본 연구에서는 이러한 비윤리적 경영의 원인이 실질적인 윤리경영 문제로 연결되지 않도록 이를 추적 및 감시 감독할 수 있는 방법을 요구한다. 이를 설명하기 위해 학제적으로 도입된 선행연구가 바로 '구성의 오류'이다.

기업은 본연의 존재 목적인 이익 최대화의 과정에 존재하고, 이 목적 달성의 유기적 파트너인 내·외부이해관계자 역시 자신의 이익이 최대화되기를 원한다.

누구나 원하는 것이 같다고 해서, 현실에서의 결론도 모두에게 만족스럽지는 않다. 따라서 이 문제의 결론은 누군가가 만족하기 위해서는 누군가는 불만족이어야 하는, 완전한 만족의 균형상태는 없다는 '구성의 오류'로 종결된다.

이익 극대화하기 위해서는 급여 상승, 인센티브, 복리후생, 일반경비지원 등의 회계적 비용을 최대한 줄여야 한다. 이 비용을 줄이기 위해 간혹 기업은 갖은 방법[92]을 통해 내부이해관계자의 직·간접 경비의 발생 및 상승의 폭을 줄인다. 협력업체 등 외부이해관계자들은 계약관계에 있는 만큼 노동법 등으로 보호를 받는 내부이해관계자 보다 수월하게 비용절감을 시도한다.[93]

이렇게 경영적으로는 이익이나, 이해관계자에게는 불리한, 즉 '구성의 오류'에 해당하는 요구는 모두 기업 구성원 모두와 이해관계자 모두의 '도덕적 추론'에 부정적인 영향을 친다. 이와 같이 기업의 많은 행태 중 실제 회계적 비용과 관련

---

92) 진급 최소 연한의 장기화(최소 4년에서 최소 5년으로 변경 등), 승진 누락, 연봉 동결, 직급 분할(과장甲, 과장乙 등), 중간 직급 생성(부부장, 차장대우 등), 연간 급여 상승률의 제한 혹은 축소, 인센티브 지급 기준 평가 점수 변경(연초 목표 설정 때는 120% 달성 시 인센티브 지급을 약속했으나, 연말 평가 때는 130% 달성 이상만 지급한다고 말바꾸기 등), 영업지원금을 직급 연동 후 직급체계 변동으로 총 비용 감소시키기(핸드폰 통신비, 주차비, 톨게이트비, 차량 감가상각비 등 영업지원금을 과장 이상 지급하다가, 과장甲, 과장乙으로 과장 직급을 분할 한 후 과장甲 이상만 비용 지원 등), 제 2 외국어시험, 국사시험 등 직무와 직접 연관이 적은 시험을 고연령 고직급자에게 갑자기 적용함 (50대 부장에게 30년 동안 없던 영어 TOEFL과 중국어 HSK의 일정 수준을 획득한 후 성적표를 제출해야 승진심사 대상자에 참여시키는 등) 등 각종 방법이 실제 기업에서 사용되고 있다.

93) 남양유업 사태와 같이 대리점에게 재고 밀어내기를 강요하거나, 대형 유통사에서 납품업체에게 협력을 요청하는 등(매대 진열을 유통사의 비용으로 해야하지만, 입점업체 직원들에게 은근히 요구하거나, 뒷정리라는 명분으로 청소 및 재고 정리를 요청하고, 유통업체의 1+1 행사 상품 포장 등 마케팅 준비를 납품업체에게 요구하는 등), 추석 등 명절에 협력사에게 갑의 제품을 구매하여 직원들에게 제공하도록 은근히 부추기기(추석선물세트, 상품권 등), 온라인 유통사의 입점비 요구(상품 등록비, 상품 정보처리비 등 자신의 직원의 업무에 의해 발생하는 비용을 입점업체에게 요청하기 등), 보증금 요구(납품 후 골판지 박스를 처리하기 위한 환경미화 용역회사에게 골판지 박스 정리 구역을 책정해주고 자릿세로 보증금을 요구함), 자사 제품 강매(컨설팅 등 단기간 용역으로 사무실 내부에서 근무하는 타사 직원의 의복, 컴퓨터, 핸드폰, 시계, 자동차, 가방 등이 자사 제품이 아니라는 이유로 인력교환, 비용절감, 상품 구매 등을 요청함), 통행료 요구(유통업체 입점 시 특정 벤더를 통해 입점할 것을 요구하여 중간 마진 취득 등), 계열사 이용 요구(물류나 창고 등 사용 시 갑의 계열사와 계약할 것을 요구) 등 각종 명목으로 외부이해관계자 특히 협력 업체에게 비용을 전가하거나, 사실상 부당 이득을 챙긴다.

된 이슈들을 이 '구성의 오류'로 분류할 수 있다.

결국 '구성의 오류'는 기업의 관점에서는 본질의 구현인 이익 극대화를 위한 노력이므로 Aristotle 윤리학적 관점으로 윤리적 행동으로 이해할 수 있다. 그러나, 동시에 이 '구성의 오류'는 이해관계자의 시각에서는 지속적인 불만족 축적의 원인이 된다. 이 불만족은 직접 윤리경영 사건사고의 발생가능성에 영향을 미칠수도 있고, 내·외부이해관계자 개인들의 '도덕적 추론'에 부정적인 영향을 미쳐 간접적으로 윤리경영 사건사고 발생가능성에 영향을 미칠 수도 있다.

결국 이상과 같이 윤리경영에 대한 학제적 연구 내용 중 '도덕적 추론'에 악영향을 미치는 것은 총체적으로 '기업의 경영활동'이라 할 수 있다. 간혹 윤리경영의 선행연구 중에 경영진과 피고용자를 구분하여 영향력자와 피영향력자로 이해하는 경우가 있다. 기본적으로는 경영진도 피고용자이므로 주주의 이익을 위한 행동들은 모두 '기업의 경영활동'이라는 추상적인 개념으로 정리할 수 있다. 그리고, 경영진이나 피고용자 모두 이 '기업의 경영활동에게는 똑같은 관리대상일 뿐인 것이다. 이 관계를 보다 넓게 고민해보면 p.87 〈그림 11〉과 같은 결론에 도달하게 된다.

IV ArcheType 윤리경영 인과지도

계속 살펴온 바와 같이 본 연구는 다양한 학제적 연구를 통해 기존의 윤리경영 연구들이 가지고 있는 이슈를 밝혀 대안을 제시하고, 한계를 극복하고자 함이다. 윤리경영은 p.82 〈그림 9〉, p.84 〈그림 10〉, 그리고 p.87 〈그림 11〉 등에서 보듯이 복잡한 구조를 가지고 있다. 현실에서는 이 〈그림 10〉과 〈그림 11〉이 하나의 구조로서 모든 개인이 매 판단 시 마다 작동을 하는 상황이다. 따라서 인간의 생각으로는 이를 계산하거나 예측하는 것은 불가능에 가깝다.

과학이 현상을 설명하는 이유는 원인을 밝혀 예측을 통해 재난과 피해를 예방하기 위함이다. 인간의 뇌와 직관으로 해결할 수 없는 범위에 대한 인과관계를 밝히고 예측할 수 있는 모델링이 가능해 진 것은 데이터 관리기법과 컴퓨팅의 발전 때문이다. 분석기법이 발전하면서, 매우 복잡한형태의 모델링과 분석도 가능하게 되었다.

p.87 〈그림 11〉에서 보듯이 윤리경영의 기본 단위는 하나의 윤리경영 사건사고가 아니라 사회구성원 전체가 각자의 입장에서 매번 판단의 순간에 '도덕적 추론'을 하는 하나하나의 판단이 그 기본 단위이다. 더욱이 사회가 복잡해짐에 따라 서론과 〈그림 11〉에서 밝힌 바와 같이 윤리경영 사건사고가 발생하게 되면, 투자자이자 소비자이자, 납세자이자, 유권자인 개인이 피해자가 되는 구조이다. 따라서 윤리경영은 최소한 납세와 참정의 의무와 권리가 있는 성인이라면 누구나 하루에 수십 번씩 반복하는 윤리적 판단과 관련있는 매우 복잡한 문제이다.

사회구성원 모두의 입장에서 만족할 만큼 윤리경영 문제를 해결한다는 것은 복잡한 다양성의 문제가 되는 것이다. 기업의 선과 사회의 선이 충돌함에 개인의 관점에서 유불리를 판단하는 측면, 그리고 기업의 내부와 외부의 이익배분의 측면 등 다차원 구조를 가지고 있다. 이러한 윤리경영의 복잡한 다원·다차원적 구조 문제를 해결하기 위해서는 데이터와 컴퓨팅에 의존할 수 밖에 없다. 이를 위해서는 모델링을 하는 것이 선행과제이므로 다원·다차원적 구조를 설명하기에 용이한 복잡계 사상을 도입하여 모델을 구성하여 본 문제의 해결에 다가가고자 한다. 본 장은 이상의 내용을 총 3 절로 정리한다.

제1절에서는 이론적으로는 이상과 같이 다양한 이론을 학제적으로 종합한 응용윤리학은 이미 그 다원·다차원적 성격 때문에 사고와 직관으로 이해할 수 있는 구도가 아니다. 따라서, 이 다원·다차원적 구조는 가시적인 윤리경영 모델로 전환을 통해 시각화하여 연구할 필요가 있다. 이에 윤리경영의 다원·다차원적 구조의 특징을 고려하여 이러한 조건에 적합한 복잡계 사상과 시스템다이내믹스 이론을 설명한다.

제2절에서는 시스템다이내믹스 방법론에 따라 윤리경영 이론을 시스템다이내믹스 모델로 설계하는 작업을 진행한다. 이 작업의 목표는 새로운 윤리경영 이론을 가시적인 표준 모델로 구현하는 것이다. 따라서 이 과정에서는 앞에서 제기된 6가지 학제적 선행연구들이 시스템다이내믹스 방법론에 의해 각각 인과지도를 설계되고, 이들을 결합한 최종적인 ArcheType 윤리경영 인과지도를 도출한다.

제3절에서는 위와 같이 구성된 윤리경영 인과지도가 앞에서 제기된 기존 윤리경영 연구의 이슈를 어떻게 해결하고 있는지, 그리고 '자연주의적 오류' 등 메타윤리학적 기준을 만족시키고 있는지, 이를 통해 엄정한 윤리학의 기준에 부합하는 윤리경영 이론으로 자격이 있는지를 살펴보고자 한다.

제1절 연구 방법론: 복잡계 사고와 시스템다이내믹스

시스템다이내믹스 방법론은 1961년 MIT대학의 J. Forrester(1961)에 의해서 창안된 컴퓨터 시뮬레이션 방법론으로서 시스템의 구조적 특성과 시스템을 통제·관리하기 위한 정책분석, 그리고 시스템의 미래 행태를 예측하는데 분석의 목적이 있는 기법이다(하원규 외, 2000)

시스템다이내믹스 방법론의 특징은 시간의 경과에 따른 시스템의 동태적인 행태 변화(성장, 쇠퇴, 파동 등) 파악과 변수간의 피드백 구조에 의해 순환적 인과관계로 연결된 시스템의 동태적인 미래상태 변화를 설명하는데 있다(김도훈, 김동환, 문태훈, 1998).

이는 시스템다이내믹스가 사회시스템을 다중고리 비선형 피드백 시스템(multi-loop nonlinear feedback system)으로 파악하기 때문이다(Forrester, 1995). 이로서 시스템다이내믹스는 동태적 과정에서 발생할 수 있는 예기치 못한 변화과정을 사전적인 모델링으로 의사결정에 도움을 줄 뿐 아니라 단선적 사고에 바탕을 둔 의사결정의 오류를 극복하는데 지대한 공헌을 해 왔다(고길곤, 2000). 이런 시스템다이내믹스의 특징은 앞서 살펴본 윤리경영 선행연구의 통계검증의 이슈[94]와 맞물려있고, 이 이슈를 해결하기에 좋은 대안이 된다.

시스템다이내믹스의 또 하나의 장점은 시스템 사고를 잘 묘사할 수 있다는 점이다. 초기의 시스템 사고인 Bertalanffy의 일반 시스템 이론(GST: General System Theory)[95] 같은 경우는 시스템 사고가 구체적이지 못하다는 비판을 받

94) p.40 제Ⅱ장 제3절 윤리경영의 오류 참조.

95) Bertalanffy에 의해 주창된 통합지향 종합적 과학(integral science)을 만들고자 하는 시도에서 비롯된 개념이다. 처음에는 살아있는 유기체의 열역학과 엔트로피 법칙으로 칭해지는 열역학 제 2 법칙 사이의 모순을 해결하는 데에서 시작이 되었다. 이것이 개발 시스템과 폐쇄 시스템의 차이의 구분에 대한 통찰에 기반하는 것으로서 살아있는 시스템은 동태적인 상호작용을 하는 구성요소들로 이루어져 있다는 점을 지적하면서 과학은 시스템의 부분들(parts)와 과정(process)의 패턴을 통제하는 어떠한 법칙을 발견하는데 관심을 기울여야 한다고 주장했다. 이러한 주장은 사이버네틱스, 시스템다이내믹스, 복잡성과학에 이르는 현대의 시스템이론에 핵심이 되었다(고길곤, 2000).

는다(Berlinski, 1976). 시스템 사고가 구체적이지 못하다는 의미는 '사실적 사고(operating thinking)'를 묘사할 수 있는 방법론이 부족하다는 것이다.

'사실적 사고'란 시스템의 요소를 관계성으로 직시할 때에만 시스템을 이해하고 조절할 수 있다는 사고방식으로서, 변화가 실제적으로 어떻게 해서 일어나는가에 초점을 맞추는 사고이다. 시스템다이내믹스는 GST가 철학적 이론적 논의에 치중하는 것과 달리, 수학적 모델과 시뮬레이션 기법을 활용하여 '사실적 사고'를 구현하기 위해 노력을 한다(고길곤, 2000).

다양한 학제적 연구의 결과 다양한 이론이 복잡하게 연결된 본 연구와 같은 경우 그 복잡성 때문에 직관적이지 못하다는 단점이 있는데, 시스템다이내믹스의 경우 이렇게 복잡한 이론을 시스템의 요소와 관계성으로 변환하여 가시적인 모델로 구현할 수 있다는 것이 장점이다. 따라서 앞서 살펴 본 다양한 이론들을 이하에서는 시스템다이내믹스를 통해 가시적이고 직관적인 모델로 표현할 수 있다.

시스템 사고에 있어서 시스템에 대한 이해는 그 구조(structure)에 대한 이해와 행태(behavior)에 대한 이해로 구성된다. 그리고 시스템의 구조로부터 어떠한 행태가 발생되는가를 이해함으로써, 또한 시스템의 행태로 인해 시스템의 구조가 어떻게 변화되는지를 이해함으로써 시스템에 대한 이해는 완성된다(김동환, 2000a).

시스템다이내믹스에 있어서 이런 시스템의 구조와 행태를 연결시키는 전통적 분석도구는 시뮬레이션 모델로 일반적으로 저량/유량(stock/flow) 모델[96]로 불린다. 복잡한 시스템에 있어서 구조로부터 행태를 추론하는 것은 인간의 직관이나 수리적 방법론으로는 불가능하며, 따라서 컴퓨터 시뮬레이션 방법을 사용할 수밖에 없다(Sterman, 1991).

---

96) 저량은 축적되는 변수이며, 유량은 흐르는 변수이다. 예를 들어 댐은 저량이며, 댐으로 유입되는 물이나 방출되는 물은 유량이다. 댐은 시스템의 상태(State)를 기억하는 역할을 하며, 유량은 시스템을 변화(change)시키는 기능을 한다. 기억과 변화는 시스템이 자체적으로 움직이기 위한 가장 기본적인 조건이며, 시스템다이내믹스에서는 이를 저량과 유량으로 구분하는 것이다. 종종 시스템다이내믹스 학자들은 유량을 의사결정에 비유하곤 한다. 의사결정은 근본적으로 시스템의 변화와 관련되기 때문이다(김동환, 2000a).

초기에는 인과지도는 시뮬레이션 모델링의 전단계로 이해하는 경향이 있었으나, 최근에는 모델링의 전단계 뿐만 아니라 시스템에 대한 직관적 이해의 도구로 활용할 수 있다는 주장이 강해지고 있다(김동환, 2000a). 그리고, 추상적인 인과지도를 저량/유량 모델로 전환하여 시뮬레이션 하는 데에도 의구심이 제기되곤 했다. 오히려 인과지도를 무리하게 저량/유량 모델로 전환하여 시뮬레이션하기 보다는 그 자체로써 시스템의 작동 방식에 대한 직관적인 이해를 구하는 것이 보다 현명할 것이라는 지적이 제기되곤 하였다(Coyle, 1998; 1999).

이러한 재인식은 1990년대 들어 급격히 확산되었으며, 시스템다이내믹스를 시스템 사고와 시뮬레이션으로 이원화시키고 시스템 사고도 중요한 요소로 부각되었다. 이에 시스템다이내믹스 모델링은 객관적인 시스템을 정확하게 묘사하는 데 초점을 두기 보다는 시스템을 구성하는 의사결정자들의 행태를 묘사[97]하는데 초점을 두어야 한다는 생각이다(Morecroft, 1985).

인과지도는 Meadow(1982)는 컴퓨터 시뮬레이션 모델 못지않게 시스템을 바라보는 관점이 중요하다는 점을 주장하였다. Senge(1990)는 시스템다이내믹스 모델 원형을 제시했고, Kim(1992)은 이를 시스템 사고의 도구로 제시했다. 이들은 시스템 사고를 수행하는 도구로써 제시한 시스템 원형은 인과지도로만 구성되어 있으며, 일반인들의 혼돈을 피하기 위하여 시뮬레이션 모델은 제시하지 않았다. 이로 인해 인과지도는 시스템 사고의 핵심적인 분석 도구로 자리잡게 되었다(김동환, 2000a).

Coyle과 Wostenholm은 컴퓨터 시뮬레이션의 도움없이 인과지도만으로도 시스템 분석을 수행할 수 있는 경우가 많다고 주장하면서 기존의 시뮬레이션으로 대표되는 Quantitative System Dynamics(양적 시스템다이내믹스)와 대비되는 Qualitative System Dynamics(질적 시스템다이내믹스)를 주장한다(Wostenholm, Coyle, 1983; Coyle, 1998; 1999, Eden, 1994). 이런 과정을 거치면서 시스템

97) 심지어 이런 연구들을 행태적 시뮬레이션 모델(behavioral simulation model)이라고 부르기도 하여, 시뮬레이션 없는 시뮬레이션을 말하기도 한다(Morecroft, 1985; 1988).

사고 및 인과지도는 시스템다이내믹스의 중요한 구성요소로 등장하였으며, 더 나아가서 시스템 사고와 인과지도 자체가 일련의 중요한 분석도구로 등장하고 있다(김동환, 2000a).

한편으로는 의사결정자들이 인과지도의 피드백 루프의 특성을 이해하지 못하며 따라서 잘못된 의사결정을 하여 시스템의 안정된 운영에 실패한다는 것을 증명하였다(Sterman, 1987). 즉 인과지도가 도출하는 문제만 잘 인식하고 해결해도 기업의 안정된 운영에 기여한다는 것이다.

이에 따라 본 연구에서도 다양한 선행연구의 다차원구조를 인과지도에 반영하는 질적 시스템다이내믹스 방법론을 선택하여 모델링을 수행한다. 이하에서는 선행연구를 시스템사고 방법론을 통해 문제를 도출해 낼 수 있는 ArcheType을 구성한다. 이 ArcheType으로 대표적인 윤리경영 사건사고를 조명, 원인 도출과 관리를 통해 ArcheType의 시스템 사고와 피드백 구조를 잘 이해하는 것이 윤리경영과 지속가능경영에 기여하기를 기대한다.

제2절 윤리경영의 ArcheType 설계

앞선 선행연구에 대한 탐색적 연구에서 보듯, 새로 구성할 ArcheType 윤리경영 인과지도는 경영현장에서 발생하는 기업의 현상적 이슈들을 경영학적 기준으로 반영할 수 있어야 하며, 동시에 이 현상에 대한 대안과 해법을 규범윤리학으로 도출하는 것이다. 그리고 경영학과 규범윤리학만으로 부족한 설명은 유관학문의 성과를 학제적으로 연결하여 보완하는 응용윤리학의 조건에 부합하는 Hybrid 모델이다.

윤리경영 이슈의 발생과 해결과정 설명에는 발생관련한 설명, 윤리경영 사건사고의 진행과정에 관한 설명, 그리고 윤리경영 사건사고가 창발된 후의 해결방법 등이 포함된다. 따라서 구조적으로 사건사고로의 진행과정없이 즉각 사건서

고의 발생으로 이어지는 경우를 생각해도 최소한 발생과 해결을 설명하기 위한 두 가지 이론이 필요하다. 따라서 무조건 다차원적 이론의 묶음이 발생하며 이 다원·다차원은 동시다발적으로 구성된다.

통계모델은 현실적으로 이러한 다원·다차원 구성과 설명이 어려우므로 이 문제를 해결하기 위해 복잡계 사고를 도입한다.[98] 복잡계 사고는 다수의 피드백 구조가 동시에 얽혀서 다원·다차원 구조를 만들어 현상을 설명하는 사고방식이다. 이를 가시적으로 모델링하기 위해 시스템다이내믹스 방법론을 활용한다.

시스템다이내믹스 모델에서 다차원 구조를 구성하는, 본 연구의 주체 중 하나는 이해관계자 개인이고, 하나는 기업의 경영자이다. 이 두 주체는 주주의 이익을 대변하기 위한 의사결정그룹의 가장 경계인에 해당하는 경영자와 이 의사결정을 수행하는 복잡한 조직 구조의 대표자로서 이해관계자이다. p.87 〈그림 11〉에서 보듯이 이 두 주체는 매우 복잡한 조화와 화합 그리고 반응의 조합과 예측불가능한 불규칙한 조합의 결과를 가진다. 이것이 새로 제안하는 윤리경영의 다원·다차원성에서 도출되는 결론으로서의 특징이다.[99] 이하에서는 이러한 특성을 창발이라는 운동형태로 표현할 수 있는 복잡계 사고를 통해 모델을 구성함으로써 시각화한다.

---

98) 다중회귀모델처럼 다원화할 수 있으나, 다차원으로 구성하기 위해서는 조절변수도 독립변수화 되야 한다. 또한 하나의 변수가 동시에 다수의 함수의 공통적 변수가 되는 모델을 구성할 수 없다. 본 연구는 윤리경영 문제를 야기하는 다수의 가설 중 어느 것이 지지되는가를 이해하거나, 어느 가설이 더 큰 영향을 미치는 가 등을 보는 것이 아니라, 다수의 원인이 서로 유기적으로 결합되어 동시다발적으로 서로 영향을 미치며 창발이 일어나 윤리경영 사건 사고가 유발된다는 다차원적 설명을 시도하므로 통계모델로는 모델링이 어렵다.

99) 어떤 피드백 구조에서는 이해관계자는 부(−)의 영향을, 동시에 경영자는 정(+)의 영향을 받을 수도 있고, 어떤 피드백 구조에서는 이해관계자는 정(+)의 영향을, 동시에 경영자도 정(+)의 영향을 받을 수도 있다.

2.1 정상적인 기업의 모델(R1)

기업의 경영활동 중 경쟁과 경제적 이기심의 영향, 즉 '불평등 지향성'이 없다면 완전히 윤리적인 경영이 가능할 수 있다. 모든 윤리적 문제는 경쟁과 경제적 이기심을 비롯한 외부요인들이 경영자와 이해관계자의 '도덕적 추론'에 영향을 주기 때문에 발생한다. 따라서 윤리적 문제가 발생하는 요인들을 전개하기 위해서는 경쟁과 경제적 이기심의 영향이 없는 순수한 기업경영모델을 전제로 하고, 이 피드백 구조과 다양한 외부요인들의 관계를 복잡계 사상을 바탕으로 전개할 수 있다. 〈그림 12〉은 순수한 기업경영 상태를 시스템다이내믹스 방법론으로 모델링을 한 것이다.

④기업의 경영은 ①매출증대와 이익증대를 목적으로 한다. 이렇게 획득된 ②이익 중 일부는 다시 경영성과 증대를 목적으로 ③재투자 된다. 이 R1은 유일하게 기업의 이익관점만 존재하는 단일 피드백 구조 모델이다. 즉 주주를 제외한 이해관계자의 만족이라는 요인이 포함되지 않아 기업과 이해관계자의 이중 주체에 대한 해석이 필요없는 단순한 모델이다.

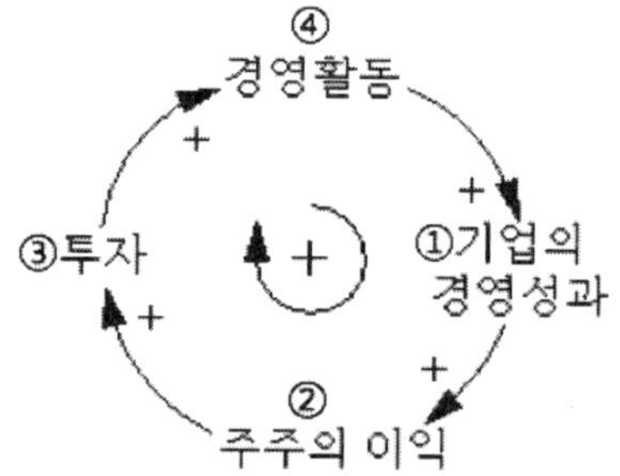

┃그림 12┃ 정상적으로 운영되는 기업의 가상 인과지도(R1)

R1은 경쟁이나 경제적 이기심 등 외부요인이 없는 상태를 가정했다. 심지어 '한계 효용' 마저 적용되지 않기 때문에 산술적으로 지속성장하는 기업의 형태이다. 따라서 강화루프로 형성된다.

아울러 아무런 문제가 일어나지 않는다는 점에서 이 상태를 비윤리적이라고 말할 이유도 없다. 그러므로, 이 상태는 Aristotle의 이상이 반영된 상태, 즉 기업의 Entelechy가 잘 구현되고 있는 윤리적인 상태의 단일 피드백 구조라고 볼 수 있다.

2.2 '구성의 오류'의 모델링(R2)

기업의 생존을 위한 필수조건(윤석철, 1991)인 ⑥⑧이해관계자 희생의 당위성에 대해 박헌준 등(2004)은 조직 전체의 입장에서는 ⑤⑦'거래비용'으로 인식되어 제거해야 할 요소로 귀결되는 것이다. 따라서 경영자의 기회주의적인 행동을 줄이기 위해서 의식적으로 통제 메커니즘을 조작할 필요가 있다고 한다(박헌준, 김상준, 2004).

이 거래비용은 항상 기업 입장에서는 최소화 시켜야 효율적인 것이다. 단, 대부분의 경우 ①기업 운영에 필요하지만, 철저하게 비용의 관점에서 절감을 위한 것이므로 이런 절감행위가 이해관계자에게는 업무상 불편을 야기하거나, 위험을 증가시키거나, 기회비용을 대체하기 위해 이해관계자 개인의 '사적 사회적 비용'을 발생시킨다.

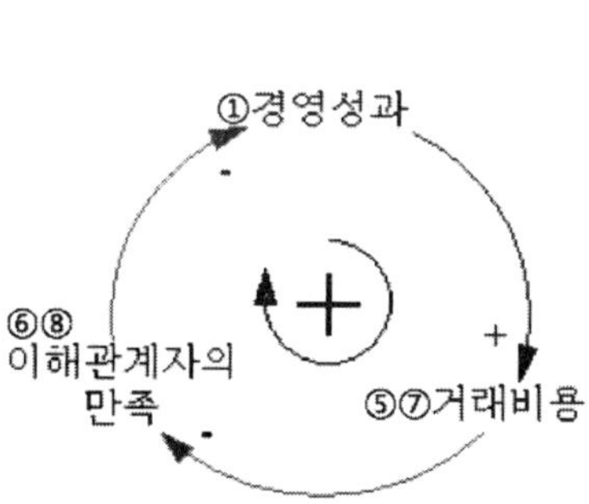

▌그림 13▐ '구성의 오류'의 인과지도(R2)

따라서, 인과지도 R2 자체는 경영성과를 시작점으로 보면 한 사이클을 완성할 때마다 계속 정(+)의 영향이 증가하는 피드백 구조인 강화루프이다. 이렇게 경영성과가 지속적으로 증가할 때 이해관계자를 시작점으로 계속해서 부(−)의 영향이 증가하는 감쇄루프의 피드백 구조를 가진다. 인과지도 R2는 기업(경영자)과 이해관계자라는 두 주체의 상반되는 이해관계를 유기적으로 설명한다.

2.3 '윤리 지출'(R3)

Paine(2000)의 '윤리지출'이 제시하는 윤리경영 상 특징은 첫째, 윤리경영을 위한 비용을 'Ethics Pays'라고 개념화한 점, 둘째 '윤리지출'이 경영성과에 미치는 긍정적인 효과의 검증에만 오랜시간 많은 연구가 이루어졌지만, 부정적인 측면에 대한 완전히 새로운 이해관계를 도출해 낸 점을 거론할 수 있다.

'윤리지출의 긍정적 측면'이란, ⑨CSR활동 및 기업 내 윤리교육 등 윤리지출이 발생하면 ⑩기대대로 효과가 발생하여 ⑫윤리경영 사건사고가 감소하고, 이들이 ①경영성과에 긍정적인 영향을 주는 강화루프가 이루어지는 것이다.

'윤리지출의 부정적 측면'이란, 첫째 ⑨CSR활동 및 기업 내 윤리교육 등을 위해서는 ⑥개인의 시간, 노력 등 개인 자원을 기업이 기업의 필요에 의해 무상으로 사용하는 것, 둘째 이것이 개인들의 불만을 야기하여 ⑫윤리경영 사건사고가 발생할 가능성을 증가시키고, 셋째 이 점이 ①경영성과에 부정적인 영향을 미치게 되는 감쇄루프가 이루어지는 것이다.

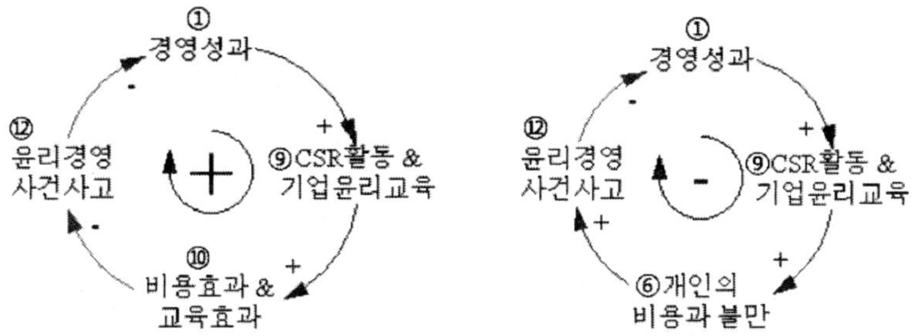

▮그림 14▮ '윤리지출의 긍정적 측면' 모델(R3)(左)과 '윤리지출의 부정적 측면' 모델(B3)(右)

'윤리지출의 부정적 측면'의 개인의 자원을 회사가 이용함은 이해관계자 개인의 '도덕적 추론'에 영향을 미치고, '사적 사회적 비용'과도 관련된다.

2.4 사회적 비용(R4)

기업이 경영과정에서 '사회적 비용'을 발생시키면, 사회의 '부(-)의 경제'만큼 기업은 재무적 이익이 발생한다. 그러므로 기업은 '사회적 비용'을 선호하고, 사회는 '사회적 비용'을 혐오한다.

⑮경쟁은 기업으로 하여금 윤리적 선택을 하도록 한다. 다양한 기업의 전략과 경영기법에도 불구하고 최종적인 선택, 즉 ★손해 감수, 담합, 과점, 비리, 협력업체에 대한 부당한 압박 등이 ⑯'사회적 비용'을 증가시킴으로 자사의 경쟁력을 강화시키는 것은 불행한 선택이다.100)

심지어 ⑥'윤리지출'의 부정적 측면처럼 부지불식간에 집행되는 ⑭'사적 사회적 비용'도 적지 않으므로 기업의 '사회적 비용' 발생은 주시해야 한다.

100) '사회적 비용'이 비단 경쟁에 의해서만 발생하는 것은 아니지만, 경쟁도 없는 상태에서 '사회적 비용'을 발생시킬 만큼 파렴치한은 기업가 정신 자체가 없는 자로 간주하여 윤리학적 논의의 대상에서 제외해야 한다.

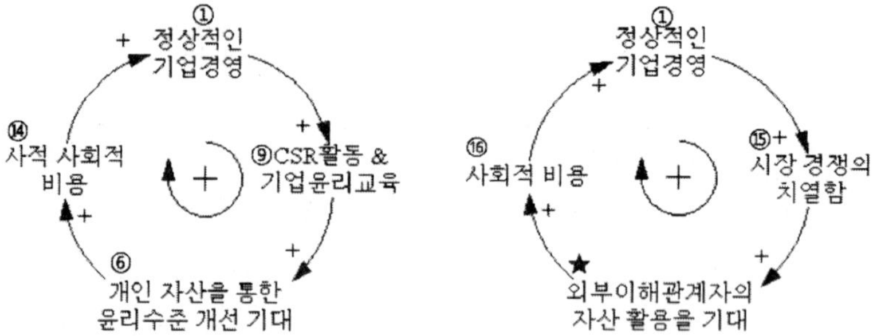

▌그림 15▐ '사적 사회적 비용' 인과지도(R4)와 '사회적 비용' 인과지도(R4)

2.5 사회윤리학(B7)

사회윤리학의 '개인윤리'적 방법은 대표적으로 기업윤리교육이나, 윤리경영시스템 구축 등을 의미하는 ⑨'CSR & 기업윤리교육'을 비롯하여 이미 R2부터 R5의 루프에 이미 반영되어 있다고 간주한다. 반면, 사회윤리학의 '사회윤리'적 방법은 ⑲징벌적 벌금, 영업정지, 사업취소 등 강력한 제제를 의미하며 기업의 입장에서는 폐업을 우려해야 하는 상황까지 포함한다.

문제는 경영학적인 입장에서 즉, 지속가능한 기업의 실현을 연구하는 입장에서 이점은 매우 큰 위험이다. 특히 징벌적 판결에 대한 사회적 공감대가 형성되어 있는 미국의 사례[101]를 보면 일단 사회적 이슈가 된 기업이 법 제도의 처벌을 받으면 ①사실상 기업이 사라지는 경우도 많다. 그러므로 이 내용을 인과지도로 표현하면 기업이 지속가능하기 위한 앞선 수 많은 노력에 대해 이 사회윤리학은 기업의 존망을 위협하는 감쇄루프에 해당한다.

---

101) p.66. 각주 67) Ford Pinto 사례 참고.

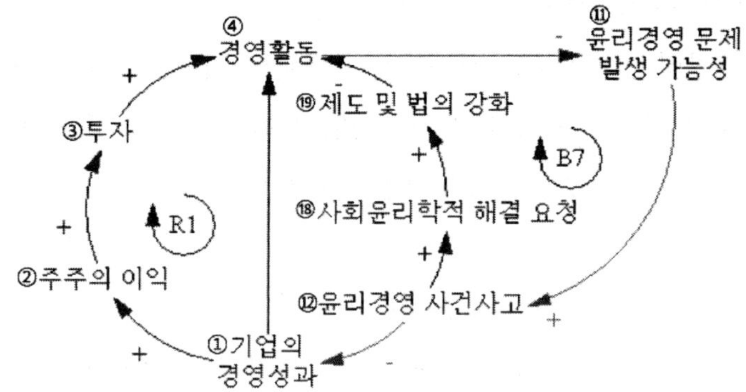

▌그림 16▐ '사회윤리학' 모델 인과지도(B7)

사회윤리학이 요청되는 상황이 발생하지 않는 것이 기업의 존망에 유리한 상태이다. 이러한 사회윤리학적 견제가 기업을 더욱 건전하고 윤리적인 경영의 길로 이끌 수 있는 장치에 해당한다 할 수 있다. 윤리학 및 윤리교육학에서 사회윤리학의 의의는 기업이 이해관계자들에게 불이익을 끼쳤을 때 이를 해소하기 위해 적극적으로 요청되는 방법이다. 환경오염을 일으키는 기업에 대해 어떠한 윤리적 방법을 적용해야 하는가는 질문에 기업인의 반성이 아닌, 사회윤리학적 방법을 적용해야 한다고 한다(김승범, 신호상, 2016b).

제3절 통합적 윤리경영 ArcheType: '윤리경영 인과지도'

기존의 윤리경영 연구는 대부분 통계적 모델에 근거하여 논의가 전개된다. 따라서 윤리·도덕적인 현상적 행태들이 독립변수로 제시되고, 기업의 경영성과가 종속변수로 적용되는 모델에 대해 설문조사를 통한 통계적 검증에 의해 가설과 모델이 지지되면, 인사·조직학적인 측면의 이론화가 이루어진다. 선행연구들은 기업의 경영성과에 대한 윤리경영적 행태들의 상관관계나 인과관계로 설명되는 파편적인 설명들[102]이라 할 수 있다. 본 연구는 이러한 파편적인 한계를 극복하

102) 그러나 통계모델이 가지는 가치는 시스템다이내믹스 방법론에 비해 상대적으로 미시적인

기 위한 거시적 관계모델을 지향하고 있다.

동시에 윤리경영 인과지도는 이해관계자 이론의 지적을 수용하여 기업의 행동의 범위는 공리주의에서 제시한 '사회구성원 전체의 최대의 효용'을 지향해야 한다. 이 상태가 유지되고 있는 한 그 기업은 윤리적인 기업이라고 할 수 있다(김승범, 신호상, 2015).

그래서 본 연구에서는 어떤 특성이나 한두 가지 인과관계가 아닌, 동태적이며 순환적인 피드백 구조 안에서 계속 변동성이 유지되는 상태에 주목하고 이런 시스템다이내믹스 구조로 본 연구의 결과를 모델로 제시한다. 이렇게 동태적인 피드백 구조 안에서 윤리경영 사건사고가 발생하지 않는다면 윤리적인 기업이라고 볼 수 있다(김승범, 신호상, 2015).

이상의 내용을 이 절에서 정리하기 위하여, 제1절에서 살펴본 다양한 학제적 연구성과에 대하여 제2절에서 살펴본 시스템 사고와 시스템다이내믹스의 인과지도를 통한 질적 시스템다이내믹스 분석의 준비를 위해 각각의 선행연구의 인과지도를 구성하였다. 이상의 내용을 모두 통합한 윤리경영 인과지도는 p.104 〈그림 17〉와 같다.

본 절에서는 새로운 윤리경영 이론이 이러한 논리적 일관성과 윤리학적 엄정함을 위한 기준을 통과하는 지에 대한 논의를 진행한다. 이를 진행하기 위한 방법으로는 앞서 고찰한 Kohlberg에 대한 연구를 활용한다.[103] Kohlberg의 '도덕발달이론'은 1903년 '자연주의적 오류'로부터 자연주의 논쟁이 시작된 이래 메타윤리학의 전성시대인 1950-60년대에 등장한 도덕심리학 이론이다. 메타윤리학이 기존의 선행연구들에 대해 대부분 '자연주의적 오류'를 범했다는 낙인을 찍고 있을 때, '도덕발달이론'은 그 비판을 회피하고 '자연주의적 오류'를 극복한 이론으로 자리매김한다. 이에 Kohlberg의 이론에서 메타윤리학의 엄준한 기준을 넘어설 기제를 찾을 수 있을 것이다.

분석에 유리하다.

103) p.48 제Ⅲ장 제1절 참조.

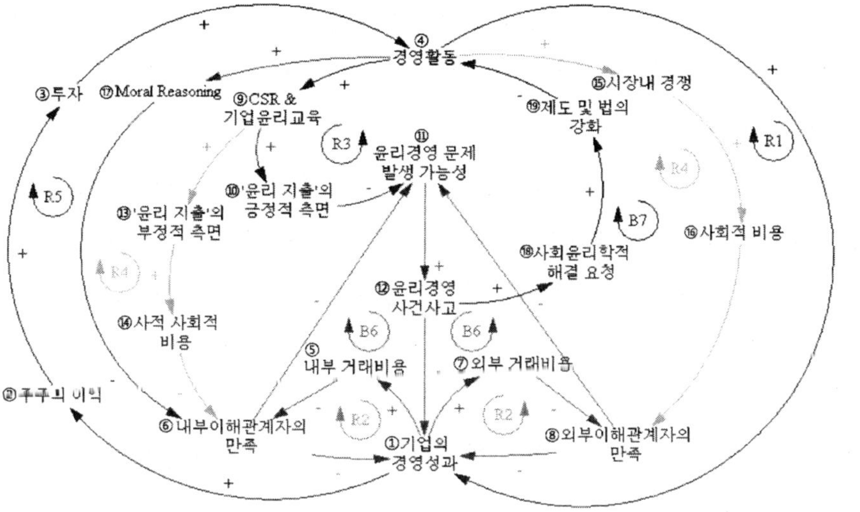

▌그림 17▐ ArcheType 윤리경영 인과지도(김승범, 신호상, 2015)

마지막으로 본 장에서는 앞서 각각의 선행연구를 기반으로 구성된 학제적 선행연구의 인과지도들을 통합한 거시적 관점의 인과지도인 〈그림 17〉의 의미를 살펴보는 과정을 수행한다. 이에 따라 본 절은 두 부분으로 구성된다.

첫째, ArcheType 윤리경영 인과지도의 경영학적 의미해석을 수행한다. 앞서 p.24 〈표 1〉에서 다양하게 제기된 윤리경영의 개념정의부터 시작하여 다양한 지적들을 이어왔다. 이 내용에 대하여 본 윤리경영 인과지도는 어떻게 극복하는지를 고찰한다.

둘째, 이 ArcheType 윤리경영 인과지도가 엄정한 윤리학을 위한 메타윤리학의 기준에 부합하는지를 살펴보고자 한다. 이 기준을 통과하는 것이 연구자 스스로 선행연구의 이슈로 지적한 문제를 극복한 새로운 이론의 가치를 증명하는 길이다.

3.1 학제적 관점에서의 윤리경영 인과지도의 의의

p.104 〈그림 17〉 ArcheType 윤리경영 인과지도 좌측은 기업 내부, 우측은

기업 외부를 나타낸다. 중앙의 윤리경영 이슈들은 내부, 외부에서 공히 발생할 수 있으며, 그 영향도 내·외부 구분없이 사회전체에 미치게 된다는 의미의 디자인이다(김승범, 신호상, 2015).

윤리학적 관점에서는 B7-사회윤리학 영역을 제외하고는 모두 Aristotle의 목적론적 윤리관에 근거하여 해석한다. 기업은 이윤 추구를 목표로 하는 집단이다. Aristotle의 목적론적 윤리학의 관점에서는 이윤추구를 위한 행동은 p.80 〈그림 8〉 기업의 Entelechy 상의 Energeia라고 이해하면 제반 경영활동은 윤리적이라고 할 수 있다.

이 점에 대해서는 p.82 〈그림 9〉를 중심으로 이미 자세한 설명을 하였다. 이를 근거로 R1-R5까지 <u>①'기업의 경영성과'</u>를 기준으로 봤을 때 강화루프를 형성하는 루프들의 결과는 모두 Aristotle 윤리학으로 설명가능하다.

특히 R1만 보자면, 윤리적인 이슈가 전혀 드러나지 않기 때문에 윤리적이라 할 수 있을 것이며, 기업의 이러한 상태가 지속가능하다면, 윤리경영에 대한 논의가 필요없을 것이다. 이런 지속가능성은 다른 표현을 사용하면 '건전한 시장'이라고 할 수 있다. 즉 경쟁이 합법적이며 윤리적인 상태를 말한다.[104)]

그러나 '불공정 지향성'이 영향을 미치기 시작되면 R1에 영향을 미친다. 이 R1에 영향을 미치는 '불공정 지향성'으로는 R2-R5가 대표적이다. 이 R2-R5는 경영주체나 지시자가 볼 때는 기업의 본연의 목표인 매출과 이익 증대를 위한 의지의 표현으로 윤리경영적으로 전혀 문제가 없어보인다.

---

104) 이는 경쟁, 한계효용 체감, 대체재의 등장 등에 따른 매출감소와 비용감소라는 일반적인 상품의 생애주기를 반영하지 않았기 때문이다. 이론적으로 기업의 매출은 표준적인 생애주기를 가진 상품으로 설명할 때 상품의 생애주기가 하향곡선을 그리기 전에 새로운 대체재를 시장에 출시함으로써 성공적인 매출유지가 가능하다. 기업이 하나의 상품에서만 매출을 기대한다면, 기업의 생애주기는 상품의 생애주기에 의존할 수 밖에 없으나, 관련다각화와 비관련다각화를 통한 상품의 포트폴리오 관리를 통해 상품의 종류와 개수를 늘리면서 기업의 매출은 지속적 증가를 기대한다. 시스템다이내믹스에서 이 문제는 필요할 경우, 즉 기업의 시계열적 상황(경영사적 관점)이나, 상품의 생애주기와 관견된 윤리경영 이슈가 도출될 경우 기술적으로 시뮬레이션에 함수를 반영하여 해결할 수 있다. 그러나 인과지도에서는 생애주기에 따른 매출관계를 도출하는 것이 목적이 아니기 때문에 이 부분은 무시하고 진행한다.

그러나 '불공정 지향성'에 의해, ⑫'윤리경영 사건사고'가 창발하면, ⑱'사회윤리학적 해결 요청'이 도래한다. 사실 이 흐름은 경영학의 관점에서는 생소하고 발생할 이유가 없는 요인이다.

그러므로 앞서 선행연구에서 밝혀진 바와 같이 R2 '구성의 오류'의 경우 누구나 본인의 이익이 최우선이라는 점을 간과하는 순간, 개인의 불만은 쌓이기 시작한다. 모두가 최적상태가 되는 모두의 만족상태는 불가능하기 때문에 결국 기업을 위해, 그리고 기업에 의해 희생되는 개인을 개인 스스로도 납득할 수 없다. 동시에 기업은 그렇게 구성원의 만족을 희생시켜서라도 기업의 매출과 이익을 극대화시키려는 고용주와 피고용인간의 계약서에 존재하지 않는 양보와 희생을 요구한다. 이것들은 모두 '불공정 지향성'이 발현된 것이다.

사실 이 관점의 차이는 윤리경영을 이해하기 위해 매우 중요한데, 기업은 매출과 이익의 측면에서 최선에 도달하기 위한 노력이므로 윤리적인 것이고 Aristotle적 설명이 가능한 것이다. 그러나 이 노력은 구성원 개인에게는 희생을 강요하는 것이다. 사실, 이것은 대단한 반전이다.

이 반전은 개인의 입장에서는 개인과 조직의 관계로 이해할 수 있지만, p.87 〈그림 11〉의 도덕적 추론의 관계도에서 볼 수 있듯이 조직은 다수의 개인과 다양한 관계를 가지고 있다. 때문에 개인과 조직의 관계는 다수의 다양성 안에서 다수의 반전이 발생할 수 있다.

그러나, 본 연구는 p.87 〈그림 11〉에서 보듯이 개인은 다양한 사람들과 다양한 관계를 맺는다는 점을 주목한다. 이에 따라 때로는 갑이 되기도, 때로는 을이 되기도 하면서 때로는 타인의 '도덕적 추론'에 부정적 영향을 주기도 하고, 때로는 타인으로부터 본인의 '도덕적 추론'에 부정적 영향을 받기도 한다.

심지어 현대에는 기업이 경영상 사고를 유발하면, 개인들이 이래저래 피해자가 되는 경우가 많다, 하지만, 그 개인이 최종적으로는 투자자로서 주주가 되어 기업의 주인이자, 소비자로서 기업의 매출의 원천이자, 납세자로서 공적자금의 발원지이자, 유권자로서 공적자금 투입결정권자의 직위를 결정하는 자이기 때문에 사회적 약자라고 할 수도 없다.

오히려 p.87 〈그림 11〉에 의하면 각각의 주체들이 서로 영향을 주고 받음에 따라 어느 누구의 어떤 영향이 누구의 '도덕적 추론'에 영향을 주는지 알 수가 없다. 이런 까닭에 거시적 관점에서 보게 되면, '도덕적 추론'은 창발에 가까이 가게 된다.

이와 같이 R1-R5까지 ①'기업의 경영성과'를 기준으로 봤을때 모두 강화루프이지만, ⑥'내부이해관계자의 만족'과 ⑧'외부이해관계자의 만족'입장에서는 R2-R5까지 루프가 모두 감쇄루프이다. 이 감쇄루프가 ⑪'윤리경영 상 문제 발생 가능성'을 지향하기 때문에 어느 순간 ⑫'윤리경영 사건사고'가 발생하게 되는 것이다.

이 역동성에 대해서는 p.82 〈그림 9〉와 p.84 〈그림 10〉에서 설명한 바 있다. Aristotle 윤리학 입장에서는 Entelechy의 일부일 뿐, Entelechy의 목적을 위한 과정에서 아무런 문제가 되지 않는 것, 즉 '불공정 지향성'이 전체의 거시적 관점에서는 수 많은 '도덕적 추론'에 부정적 영향을 미쳐 어떤 윤리경영 사건사고의 원인으로 작용되고 있다. 그리고 이로 인해 발생하는 '사회적 비용'이 기업에게는 비용 절감 등 이익의 측면으로 계상된다는 것까지 p.82 〈그림 9〉로 설명되었다.

그러다가 사고가 발생하면, 제도의 개선 및 법적 처벌을 통해 이해관계자들의 불만은 일정 부분은 구조적으로 해소되지만, 기업입장에서는 벌금 등 법적 처벌과 제도의 강화에 따른 비용상승을 고스란히 경영환경 악화로 수용해야 한다. 심지어 징벌적 처벌이 가해지는 경우 기업의 지속가능성이 크게 위험해질 수 있다(김승범, 신호상, 2015).

이런 상황을 원하는 기업이 없다는 점에서 이런 사회의 시스템화가 되면 지속가능성을 강화하기 위해 기업은 자발적으로 윤리경영 의지를 강화할 것이라는 관점에서 사회윤리학적 방법론을 윤리경영 문제의 해결책으로 보고, p.84 〈그림 10〉처럼 전체 구성의 일부가 되었다.

ArcheType 윤리경영 인과지도에서 이 사회윤리학적 결론이 발동하면 모든 피드백 구조의 역동성의 방향이 정(+)은 부(−)로, 부(−)는 정(+)으로 모두 반대로 바뀌게 되어 기업으로 하여금 경영활동의 어려움이 발생하게 되었다. 이는 기업의 비윤리적 사건사고로 사회에 '사회적 비용'을 발생기키게 되면, 처벌과 동시에 재발방지를 위한 강력한 규제가 이루어져야만 다른 기업이 경각심을 갖는다는 의미로 사회윤리학의 '사회윤리'적 방법에 해당한다.

이 점에 대해서 p.107 〈그림 17〉 ArcheType 윤리경영 인과지도에서는 '불공정 지향성'과 연결하여 기업이 외부이해관계자의 이익을 기업 자신만의 이이으로 전환하여 증가시키면, ⑯'사회적 비용'이 증가하고, ⑪'윤리경영 상 문제 발생 가능성'의 증가가 발생한다고 본다. 마찬가지로 내부이해관계자들에게 비윤리적인 의사결정을 강요하는 행위는 ⑰'잘못된 도덕적 추론'과 ⑪'윤리경영 상 문제 발생 가능성'을 강화시킨다(김승범, 신호상, 2015).

거래비용 절감을 위한 요구 등도 ⑪'윤리경영 상 문제 발생 가능성'를 강화시킨다. 이런 다양한 원인이 동시에 발생할 수 있고, 각각 발생할 수도 있지만, 기업이 ⑪'윤리경영 상 문제 발생 가능성'이 강화됨을 인지하지 못하고 계속해서 이슈를 야기시킨다면, ⑫'윤리경영 사건사고'가 창발하고 경영상 부정적 영향이 발생한다(김승범, 신호상, 2015).

그 과정에서 내·외부이해관계자의 윤리적 판단은 다양한 방법으로 훼손당한다. 기업의 경영성과 최대화를 위한 이해관계자들의 이익 희생(구성의 오류), 기업이 부담해야할 '사적 비용'의 사회적 비용화에 따른 경제적 부담(사적 사회적 비용), 부도덕의 강요(도덕적 추론) 등이 예이다(김승범, 신호상, 2015).

하지만, ⑫'윤리경영 사건사고'가 발생하면, 이를 해결하는 과정에서 ⑯'사회적 비용'이 해결 비용으로 발생한다. 이는 앞서 서론에서 거론한 바대로 구제자금 같은 경우에 납세자이며 유권자인 소비자의 비용이다. 결국 ⑯'사회적 비용'은 소비자의 비용이고, ⑱'사회윤리학적 해결 요청'은 유권자로서 정치적인 영향력을 발휘한 것이다.

결국 이런 정치적 영향력으로 이어지기 때문에 Niebuhr(1932)가 이를 '정치적 방법'이라고 칭한 것이다. 이는 Niebuhr가 '개인윤리'적 방법인 개인의 성찰과 반성이 윤리적 문제를 해결하지 못하면 사회윤리적 방법인 제도의 개선과 강화를 통해 해결해야 한다고 한 것과도 정확하게 일치한다. 윤리경영 인과지도에서 '개인윤리'적 방법은 Aristotle의 윤리학에 입각한다. 기업의 이익 지향의 기업활동을 Entelechy로 이해하고, 이를 윤리적이라고 했다. 그러나, Aristotle의 윤리학만으로는 '불공정 지향성'에 기인한 기업의 윤리경영 문제를 지속적으로 발생시킬 수밖에 없는 구조를 용인한 셈이다. 이런 의미에서는 기업에 대한 윤리적 성격을 다루는 윤리경영은 처음부터 사회윤리학을 필요로 했다고 볼 수 있다.

윤리경영적 사건사고가 발생하면 바로 사회윤리학적 방법론이 작동해서 법과 제도의 강화 규제 적용, 심하게는 징벌적 벌금 등 결국은 기업의 생존에 위협을 줄 수 있는 상황에까지 이를 수 있다. 경영자와 이해관계자들이 이를 주지하고 경영활동을 한다면, 사회윤리학적 방법론은 기업이 윤리적인 상태를 억지로라도 유지하게 하는 이유가 될 것이다. 그런 의미에서 이러한 동태적 피드백 모델이 사회윤리학적 방법론이 윤리경영에 가장 적합한 윤리학이라는 윤리학 및 윤리교육학 등 관련 학계의 주장을 잘 반영하는 모델이다(김승범, 신호상, 2015).

3.2 '윤리경영 인과지도'의 메타윤리학적 검증

앞서 '자연주의적 오류' 등 메타윤리학적 비판을 고찰하며, 윤리경영 논의들이 윤리적 가치를 지녔는지 확인하기 위한 검증과정과 기존 연구에 대한 비판 등을 확인했다. '자연주의적 오류'는 엄정한 윤리경영을 위한 시도이다. 따라서 '자연주의적 오류'가 논리적 오류인가의 문제는 논란의 여지는 있으나, 내용상 오류라고 인정되고 있다.[105] 이런 의미에서 윤리경영 인과지도 역시 윤리적으로 유의미하다는 점을 확인할 필요가 있다. 따라서, 윤리경영 인과지도 모델이 학제적 연구의 중요한 요소 중 하나인 '자연주의적 오류'의 회피 문제를 검토해야 한다.

---

105) p.37 주석 33) 참조.

이를 위해 다음에서는 아래와 같은 세가지 내용을 다룬다.

첫째 '자연주의적 오류'는 엄정한 윤리학을 위해 즉, 윤리적 논의가 아닌 것 혹은 잘못된 윤리논의를 변별하는 기준이라 할 수 있다. 이 검증을 통과하지 하면 윤리적으로 문제 있는 논의일 수 있다.

둘재, Hare의 3대 기준인 '규정성', '보편화 가능성', '우선성'은 윤리적 논의인지 아닌지를 가리기 위한 조건이라 할 수 있다. 따라서 이 점에 대한 검증역시 필요하다 할 수 있다.

셋째, Kohlberg의 '도덕발달이론'이 자연주의적 오류를 회피함에 있어서 결정적인 역할을 했던 '도덕적 추론'이 새로운 윤리경영 이론에서는 어떤 역할을 하는지 고찰해보고자 한다.

이상을 통해 선행연구의 단점과 이슈에 대해 새로운 윤리경영 이론과 ArcheType 윤리경영 인과지도가 가지는 장점을 제시할 수 있을 것이다.

(1) 자연주의적 오류에 대한 검증

앞서 살펴본 대로 '자연주의적 오류'를 성공적으로 회피한 이론으로는 Kohlberg의 '도덕발달이론'이 있다(김승범, 신호상, 2016c). '도덕발달이론'이 '자연주의적 오류'를 회피할 수 있었던 원인은 앞서 확인한 바처럼 몇 가지로 정리할 수 있다.

가장 중요한 점은 각 단계의 정의를 정의하는 과정에 있어서 다른 자연적인 어떤 것에 의존하지 않았다는 것이다.[106] 즉, Kohlberg(1981)는 "도덕 판단이란 당연히 무엇이어야 한다는 것에 관한 모든 개념은 그것이 무엇인가에 관한 적절한 개념 위에 성립한다고 주장하는 오류인데, 나 자신도 이 오류를 범하고 있다" 라고 자인했다. 그러나 이점은 무해한 '자연주의적 오류'를 범했거나(Alston, 1971), Hare의 보편화 가능성에 의해 해소되었다거나(부성희, 1992), 심리학적 '사실'과 규범적 '당위' 사이에 동형적 관계를 이끌어 냈을 뿐, 하나를 다른 하나

106) p.53-p.54 참조.

로 환원시킨 것은 아니므로 '자연주의적 오류'를 피했다(Lapsley, 1996)라고 옹호되었다.

윤리경영 인과지도는 좋은 기업에 대한 정의를 내리지 않는다. 다시 말하면 '자연주의적 오류'로부터 기업이 이익을 창출하기 위해 수행하는 경영 활동들을 Aristotle의 Entelechy를 구성하는 Energeia로 이해하기 때문에 그 과정 하나 하나에 대한 선악판단을 하지 않는다. 즉, p.82 〈그림 9〉에서 "정산과정 후에 기부에 대한 프로세스가 있으면 좋은 기업이다" 등 Energeia의 상태나 유무 혹은 속성으로 정의를 내리지 않는다는 의미이다. 결론적으로 윤리경영 인과지도상 '좋은 기업'을 ⑪'윤리경영 사건사고 발생 가능성'에 영향을 미치는 다양한 요인들의 관계인 모델로는 가시화할 수 있지만 이것을 언어적 수사로 정의하지 않으므로[107] Kohlberg가 자인한 "도덕 판단이란 당연히 무엇이어야 한다는 것에 관한 모든 개념은 그것이 무엇인가에 관한 적절한 개념 위에 성립한다고 주장하는 오류인데, 나 자신도 이 오류를 범하고 있다"는 이슈는 극복했다고 본다.

(2) Hare의 3대 기준

'자연주의적 오류'를 범하지 않았더라도 선에 대한 규범적 논의여야 윤리적 논의일 수 있다. 애시당초 자연과학적 논의과 같은 기술적(Descriptive) 논의들은 '자연주의적 오류'의 대상이 판단대상이 아니기 때문에 '자연주의적 오류'를 항상 범하지 않는다. 따라서 선에 대한 논의의 정의가 필요했던 것이고, 이 작업은

107) ⑪'윤리경영 사건사고 발생 가능성'에 영향을 미치는 요인들 즉, '구성의 오류', '윤리 지출의 부정적 측면', '도덕적 추론', '사회적 비용' 등 요인으로 정의를 내리 수 없다는 의미이다. 첫째, "좋은 기업은 사회적 비용을 적게 발생 시키는 기업이다"라는 하나의 요인만으로 정의를 내리기에는 설명력이 낮고, 요인들을 모두 묶어서 설명해도 전체는 부분의 합보다 작기 때문에(위키피디아, "창발") 모든 요인을 수용하는 정의를 도출해도 모델 전체를 설명할 수 없다. 따라서 정의가 불가능하다. 모든 요인을 수용하는 정의란 다음과 같은 형태를 말한다.
[증명6] 좋은 기업의 집합론적 정의
전체집합 A ≡ {구성의 오류, 윤리 지출의 긍정·부정적 측면, 도덕적 추론, 사회적 비용}
좋은 기업 B ≡ {구성의 오류, 윤리 지출의 긍정·부정적 측면, 도덕적 추론, 사회적 비용}
$A \neq B$

Hare의 세 가지 기준인 '규정성', '보편화 가능성', '우선성'에 의해 제시되었다.[108]

그래서 Kohlberg 역시 '도덕발달이론'이 '자연주의적 오류'를 회피함을 증명하여 윤리학적으로 문제가 없음을 규명함과 동시에 윤리학적 논의라는 점을 입증하기 위하여 '규정성'과 '보편화 가능성'에 집착했던 것이다.[109] 본 연구 역시 최종 산출물에 해당하는 새로운 윤리경영 이론과 ArcheType 윤리경영 인과지도가 윤리학적으로 유의미한 논의라는 점을 입증하기 위하여 '규정성'과 '보편화 가능성', 그리고 '우선성' 여부를 검토한다.[110]

첫째, '규정성'에 대하여, Hare(1952)는 '도덕판단'의 본질적 기능은 '행동을 지시하는 것'이라고 하였다. 단지 '이것이 선이다'라고 선언적으로 기술한 후 하던지 말던지 하는 경우는 도덕판단이나 도덕적 논의라고 할 수 없다는 의미이다. 그래서 규정성은 당위성과 연관된다. 문제는 기술적(descriptive) 명제들은 '규정성'이 없고, 이 때문에 이에 역으로 Hare는 규범적 명제들을 변별하기 위한 방법으로 규정성을 언급한 것이다. 학제적 연구를 도식화 한 p.83 〈그림 10〉을 보면 기업이 매출과 이익의 발생과정에 발생한 '불공정 지향성'이 어떤 윤리경영 사건사고를 유발했을 때 이를 사회윤리학적 방법으로 해결함을 보여주고 있다. 그에 따라 제도와 법이 강화되어 기업의 경영환경은 열악해진다. 이런 상황에서 같은 사건사고를 재발하는 것은 기업으로서는 곧 시장에서의 퇴출을 의미하기 때문에 당연히 재발방지에 힘쓸 수밖에 없다.[111] 이런 일련의 과정은 기업의 매출과 이익은 감소할 수밖에 없는 상황이 됨을 보여준다. 그럼에도 불구하고 기업은 생존을 위해서는 이렇게 새로 강화된 규칙과 법을 준수할 수밖에 없다. 물론

108) Hare(1981)는 '해야 한다'와 같은 도덕적 단어를 포함하는 '도덕판단'은 'Prescriptivity(규정성)', 'Universalizability(보편화 가능성)', 'Overridingness(우선성)'의 논리적 특징을 가진다고 한다. p.38 참조.

109) p.52 참조.

110) p.38 참조.

111) 그럼에도 불구하고 간혹 같은 불법사항을 반복하여 위반해서 재범으로 입건되는 경우가 있다. 이 재범 발생에 대하여 대검찰청에서 통계분석을 통해 유형과 패턴 분석을 수행 중이다. 연구성과가 공유되면 이 부분 역시 시뮬레이션 등에 반영할 수 있다.

이는 생물적 이기심이 경제적 이기심보다 원초적이고 우월하기 때문이다. 그러나 어떤 이유에서건 새롭게 제시되는 윤리경영 이론으로서 사회윤리학적 방법에 의해 기업에게 적용되는 정치적 방법은 '규정성'을 지닌다. 따라서 학제적 응용윤리학 연구와 이를 가시적 모델로 구성한 ArcheType 윤리경영 인과지도는 '규정성'을 포함하므로 윤리적 논의, 혹은 윤리판단이라고 할 수 있다.

둘째, '보편화 가능성'을 입증하기 위하여 본 연구는 윤리경영에 대한 학제적 연구 및 이를 시각화한 ArcheType 윤리경영 인과지도에 근거한 다양한 사례연구를 시도한다. 이하의 제 V 장에서 제시되는 2014년 1월 발생한 '카드3사 정보유출사건'과 제 VI 장에서 제시되는 2014년 4월에 발생한 '세월호 침몰 사건' 사례를 ArcheType 윤리경영 인과지도라는 하나의 분석틀에 근거하여 각각 '카드3사 정보유출사건' 인과지도와 '세월호 침몰 사건' 인과지도를 도출한다. 이 '카드3사 인과지도'와 '세월호 사건 인과지도'의 경우 모델적용연구이기 때문에 현상적으로 드러난 윤리경영 이슈들과 원인들 그리고, 그들이 발현한 사건의 전말은 모두 다르다. 따라서 인과지도를 구성하는 인과관계의 요인들로 지적된 사실이나 근거자료도 전혀 일치하지 않는다. 그럼에도 불구하고 두 사건의 윤리경영 사건사고로서의 전말에 대해서 ArcheType 윤리경영 인과지도를 기준으로 설명했다. 단 두 사례를 근거로 모든 윤리경영 사건을 ArcheType 윤리경영 인과지도로 설명할 수 있다고 주장하는 것은 무리일 수 있지만, 가능성 제시로는 충분하다고 생각한다. 따라서 '보편화 가능성'에 적합하다고 생각한다.

셋째, '우선성'이란 다양한 가치들이 갈등할 경우 도덕 원리를 우선적으로 적용해야 한다는 것이다. 앞서 살펴본 바, 기업이 가장 주요시 여기는 것은 매출과 이익 창출이다. 이 점이 곧 기업의 목표이자 존재이유이자, 가치이기 때문이다. 따라서 누차 이야기 한 것처럼 원론적으로 기업이 추구하는 최고 가치는 인간과 달라서 윤리학적 가치와 같은 일상에서 이야기 하는 이타적인 의미의 선은 아니다.[112] 이는 Aristotle 윤리학에 입각하여 Entelechy로 설명가능한 것이다. 문

112) 이 점도 기업 혹은 경영의 개념과 윤리의 개념이 상충한다고 생각하는 지점이 될 수 있다.

제는 이 Entelechy 만으로는 도덕 원리가 모든 것에 대해 우선적으로 적용될 수 없다는 점이다. 그래서 이를 해결하기 위해 사회윤리학적 방법이 적용되었다. 앞서 '규정성'에서도 언급한 바 Entelechy의 과정 속에서 창발된 '불공정 지향성'이 윤리경영 사건사고를 유발하고 이를 사회윤리적 방법으로 처리하면 기업은 강화된 법과 제도를 경외시할 수 밖에 없다. 이 때 기업은 새로 강화된 법과 제도를 그 어떤 무엇보다도 우선시하며, 기업은 이를 수행하기 위해 프로세스와 업무방식 모두를 새로운 법과 제도에 맞춰 개편할 것이다. 따라서 학제적 윤리경영 연구와 ArcheType 윤리경영 인과지도이 적용되면 기업에게 이들은 '우선성'을 가진다.[113] 이에 따라 새로운 윤리경영 이론과 ArcheType 윤리경영 인과지도는 윤리적 논의 혹은 윤리판단이라고 할 수 있다.

이상과 같이 Hare가 제시한 규범적 명제, 즉 윤리적 논의가 되기 위한 조건인 '규정성', '보편화 가능성', '우선성'에 대해 본 연구가 제시하는 응용윤리학으로서 Hybrid적인 학제적 연구 및 ArcheType 윤리경영 인과지도는 모두 나름대로 규명되었다고 할 수 있다. 이에 따라 새로운 윤리경영 이론과 ArcheType 윤리경영 인과지도는 윤리적 논의라고 할 수 있다.

(3) '도덕적 추론'의 역할에 대한 이해[114]

Kohlberg는 '도덕발달이론'을 통해 '도덕적 추론'의 발전에 기여를 했다. '도덕적 추론'이 가질 수 있는 단점들에 대해 나름대로 정립화 한 것이다. 이때 간과해서는 안되는 것이 있다. 이거랑(2015)에 의하면, Kohlberg는 자신의 이론에 대한 각 단계간의 상대적 평가를 원하지 않았다. 이를 위해 미리 3단계로 구성된 '수준'으로 고정해 놓은 것이다.[115] 이로써 '도덕적 추론'의 내용적 측면, 도덕적

이는 일종의 F. Bacon이 말한 시장의 우상(Idol of Market place)이라 할 수 있다(Bacon, 1620). 즉 습관적으로 사용하는 일상 언어의 비엄밀성이 때문에 개념의 혼란이 생긴 것이다.

113) 간혹 이런 의도를 무시하고, 똑같은 불법을 저질러 재범으로 입건되는 경우도 있다.

114) p.50 참조.

115) 이는 상대적 평가에 따른 정의(definition)의 유발을 우려한 것이다.

문제가 발생한 상황이나 행위자의 개인차 등과 같은 맥락이 무시된다(이거랑, 2015).

하나의 Framework로서 '도덕발달이론'의 특징이다. 왜냐하면 개별적인 현실의 도덕판단 주체 간에는 매번 '도덕적 추론'이 발생할 때마다 당연히 '도덕적 추론'의 내용적 측면, 문제가 발생한 상황이나 행위자의 개인차 등과 같은 맥락의 차이가 발생하기 때문이다. 단지, 누구에게 어떤 상황이 발생했을 때 그 상황에 따라 '도덕적 추론'의 내용은 모두 다르다면, 이는 기술적(descriptive)인 명제로서 '도덕적 추론'이다. 상황과 맥락과 관계없이 규정적, 보편적, 우선적으로 적용될 수 있으면, 규범적(normative)인 '도덕적 추론'이라고 볼 수 있다.[116)]

본 연구의 이론연구 측면과 ArcheType 윤리경영 인과지도 모델링에서도 이러한 측면이 재현된다. 개별적인 경영사례에 적용하면, 사례별 인과지도는 다양한 Fact 간의 인과관계로 구성되겠지만, 그 다양한 인과관계가 하나의 범주에 묶여 Grouping 혹은 Categorizing 될 수 있다. 따라서 ArcheType 윤리경영 인과지도 역시 하나의 Framework으로서 이해할 때, '도덕적 추론'의 내용적 측면, 문제가 발생한 상황이나 행위자의 개인차 등과 같은 맥락의 차이가 극복될 수 있다.

즉, '도덕적 추론'의 부정적 영향을 미치는 것들은 '구성의 오류'에 해당하는 설명가능한 문제, '윤리지출이 부정적 영향'으로 설명가능한 문제, 혹은 잘못된 조직의 지시 등이다. 이렇게 Kohlberg의 '도덕발달이론'과 ArcheType 윤리경영 인과지도 간 '도덕적 추론'은 구조적 공통점을 가지고 있다. Kohlberg의 이론에서 '도덕적 추론'이 측정대상인 객체의 역할을 하지 않고, 3 수준, 6 단계로 지표화 됨으로서 상대성 논란을 피할 수 있었다. 즉 주관성을 배제시켜 판단과 의지를 분리시킴으로써 상대성 논란에서 벗어난 것이다. 윤리경영 인과지도 역시

116) 하루 세끼 밥을 먹지만, 밥이 쌀로 만든 공기밥을 말한다면, 기술적 표현이고, 쌀밥, 라면, 떡볶이 등 식사를 말한다면, 보편적 표현이다. 비록 식사가 윤리·도덕적 규범 명제가 아니기 때문에 규범성과 우선성을 적용하기는 어렵지만, 본 맥락에서 구별하고자 하는 구분은 일반명사와 대표명사와 같은 차이성에 윤리적 논의인 윤리판단이란 점까지 포함된 사항을 표현하는 바이다.

Flow Chart처럼 Yes, No로 경로를 분류하는 형태의 구조를 가졌으면, '도덕적 추론'을 의지에 따른 판단으로 이해할 수 있어 개인마다 상대적 차이가 있다 할 것이다. 그러나, 윤리경영 인과지도에서는 인과관계에 따른 무조건적 반응으로 표현되기 때문에 Kohlberg의 '도덕발달이론'과 마찬가지로 의지와 판단의 분리가 가능했던 것이다. 또한 상대성을 벗어남을 통해 '도덕적 추론'이 개개인의 판단이 아닌 하나의 보편적인 표준지표화 될 수 있기 때문에 '도덕발달이론'과 마찬가지로 '보편화 가능성'을 갖게 된 것이며, 동시에 이름하기를 'ArcheType' 윤리경영 인과지도라고 한 것이다.

단, '도덕발달이론'과 윤리경영의 학제적 이론 연구에 대한 '도덕적 추론'의 역할은 다르다. '도덕발달이론'의 '도덕적 추론'은 앞서 밝힌 바와 같이 3 수준 6 단계의 지표로 구분되어 사용된다. 즉 '도덕적 추론' 자체는 어느 단계에서나 질적 차이가 없다. 단지 판단자의 수준이나, 지식, 의지 등 도덕적 추론 이외의 것이 문제가 되는 것이다. 그러나, p.59 〈그림 6〉처럼 이 '도덕적 추론'은 6 단계에 이르게 되면 앞서 언급한 대로 윤리경영 인과지도에서는 기업이라는 이익집단의 특성 상 나타날 수 없는 완전에 가까운 도덕성을 보여준다. 즉, '도덕발달이론'에서의 '도덕적 추론'은 어떠한 의도도 포함되어 있지 않은 순수한 판단 프로세스 그 자체라고 할 수 있지만, 윤리경영 연구에서의 '도덕발달이론'은 '대리인이론'을 포함하고 있는 한계가 있는 판단 구조를 가지고 있다. 따라서 기업이 아무리 완벽한 윤리경영을 구현하려고 해도, 내부·외부이해관계자가 완벽한 윤리경영을 수렴할 뿐 지지하지 않기 때문에 항상 윤리경영 사건사고가 발생할 가능성이 있는 상태를 유지하게 되는 것이다. 이 점이 본 연구에서 제시하는 윤리경영 이론의 독특한 역할이다. 이에 따라 만약 p.60 〈그림 6〉의 우측 윤리경영의 '도덕적 추론' 형태가 좌측의 오리지널 '도덕적 추론'과 동일한 형태를 갖는다면, p.104 〈그림 17〉에서 다음과 같은 상황의 발생을 수용해야 한다.

가치 〉 원가 ≧ 가격

▌그림 18▐ 이타적인 기업의 생존부등식

왜냐하면, 생산자가 이타적이라면, 기업은 절대로 제품을 원가보다 비싸게 팔아서는 안되기 때문이다. 이와 같은 경우는 기업이 이익을 획득할 수 없기 때문에 생존할 수가 없다. 윤석철(1991)에 의하면, 기업의 생존을 위한 필수 조건인 〈그림 19〉의 생존부등식을 만족시켜야 한다.

가치 〉 가격 〉 원가

▌그림 19▐ 기업의 생존부등식(윤석철, 1991)

이를 위해서 '도덕적 추론'이 언제나 이타적이어서는 안 되기 때문에 이타적인 지점에 수렴하는 형태, 즉 p.60 〈그림 6〉의 우측과 같은 형태여야만 한다.

이렇게 '도덕발달이론'과 달리 윤리경영 이론에서는 '도덕적 추론'이 반전의 축이기도 하지만, 동시에 기업의 경영 행태가 일정한 가이드라인을 넘지 못하게 하는 역할도 하고 있다. 이것이 본 연구가 제시하는 윤리경영에서의 '도덕적 추론'에 발생하는 학제적 의미이다.

V 사례연구 Ⅰ: 카드3사 정보유출사건

이상의 과정에서 윤리경영 선행연구가 가지는 이슈들을 극복하기 위하여 본 연구는 다양한 학제적 선행연구를 통해 고찰했고, 이들을 응용윤리학의 관점에 근거하여 시스템 사고와 시스템다이내믹스 인과지도로 구성하여 윤리경영 인과지도를 도출하였다. 이 윤리경영 인과지도는 이론적으로는 학제적 선행연구에서 연역적으로 추론한 내용들과 연구자의 경험과 직관에 근거한 내용의 결합을 통해 구성할 수 있다. 그러나, 실제 p.104 〈그림 17〉의 ArcheType 윤리경영 인과지도에서는 연구자의 경험과 직관에 기인한 내용은 거의 없이 연역적 추론으로 구성된 연역논증이다.

본 Ⅳ장과 다음 Ⅴ장에서는 이러한 연역적 ArcheType이 얼마나 설명가능한지 살펴보기 위하여 사례연구를 진행한다. 본 장에서는 아직 1심 재판 중인 카드3사 정보유출사건(이하 '본 사건')을 ArcheType 윤리경영 인과지도를 통해 고찰함으로써 ArcheType 윤리경영 인과지도가 실제적으로 설명력이 있음과 다차원 분석을 통한 사건에 대한 거시적이고 다양한 원인 분석이 가능함을 증명하여, 시사점 도출을 통해 윤리경영 연구에 도움을 기대한다.[117)]

117) 본 장은 (김승범, 신호상, 2016a)를 바탕으로 구성하였다.

제1절 사건 개요

2013년 2월과 5월, 메리츠화재 사내에서 16만 4천 건의 개인정보가 유출되었고, 5월에는 한화손해보험의 직원이 15만 8천 건의 개인정보를 유출했다. 메리츠화재는 개인정보에 암호화 솔루션을 구축하고도 데이터에 암호화를 적용하지 않았다.[iv] 동년 12월 12일 창원지검은 고객정보를 유출한 씨티은행 직원과 한국스탠다드차타드은행(이하 SC은행)의 외주업체 직원을 구속 기소했다.[v] 계속되는 사고에 금융감독원은 동년 12월 19일 보험사와 카드사의 개인정보보호체계를 자체 조사하여 징계하였다. 이미 5월에 발생한 메리츠화재 사고의 징계가 포함되고, 하나SK카드, 우리아비바생명 등도 주의를 받았다.[vi]

2014년 1월 8일, 창원지검은 전년 12월에 기소된 씨티은행과 SC은행 자료유출 용의자를 수사하던 중 두 은행의 자료가 아닌 출처미상의 대규모 고객정보가 발견하였다. 용의자가 두 은행의 개인정보를 유출했고 추가로 대형 신용카드사에서 약 1억 건의 개인 정보를 유출했다는 내용을 발표했다.[vii] 이 정보는 KB국민카드(이하 K사), NH카드(이하 N사), 그리고 롯데카드(이하 L사) 등 카드사 3사(이하 카드3사)에서 불법 유출된 것이다.

당일 오후, 비로소 유출상황을 인지한 카드3사의 사장단은 대국민사과 기자회견을 열었다.[viii] 용의자는 코리아크레딧뷰로(이하 KCB)의 직원 P씨로 카드 도난·분실, 위·변조 탐지 시스템인 Fraud Detecting System(이하 FDS) 개발 총괄이었다. KCB는 2012년 5월부터 2013년 12월까지 FDS 프로젝트를 진행했다. 그 중 N사는 2012년 10~12월, K사는 2013년 6월, L사는 2013년 12월 등 프로젝트 계약 기간 내에 각각 개인정보를 빼냈다. 유출된 정보는 약 1억 400만 건[118] 이라고 보도되었다.[ix] KCB의 대표이사도 당일 기자회견을 통해 대국민사과를 하였다.[x]

---

118) 인용되는 수치는 중복 허용된 값이 많으므로, 개별적인(unique) 값의 경우에는 별도 표기한다.

2주차에 금융당국은 전 금융권을 대상으로 추가 정보 유출 여부를 조사했다. 언론은 전 금융권에서 광범위한 정보유출이 있을 수 있다는 보도를 하고 피해범위와 피해규모도 예측할 수 없는 수준이라고 하였다.[xi]

1월 19일, 금융당국은 16개 금융사에서 127만 건의 개인정보가 유출되었음을 밝혔다. 문제는 카드3사에서 유출된 정보에는 카드번호와 유효기간 등 결제에 필요한 정보가 포함되어 있다는 점이었다. 그럼에도 유관기관은 유출된 정보는 예금인출이나 카드복제 등 직접적인 피해는 없을 것이라고 하였다[xii]

기관의 안일함과 달리 언론들은 2차 피해에 대한 각종 시나리오들을 보도하였다. 해외결제, 보이스피싱, 스미싱 등 다양한 방법으로 2차 피해를 일으킬 수 있다는 분석이 나왔고[xiii] 기술적으로는 스미싱 등을 막을 수 없다는 전문가의 분석도 보도되었다.[xiv] 해외에서 800$가 자신도 모르게 결제되었다는 인터뷰도 보도되었고[xv] K사에서 유출된 정보에 KB국민은행의 정보가 포함된 것이 확인되었다.[xvi]

이에 따라 2차 피해의 공포가 확산되었고 결국 1월 20일 오전에만 15만 명이 신용카드 재발급을 요청하는 등 혼란이 일어났고, 이는 21일 화요일 오전에는 115만 명[xvii], 24일 금요일에는 400만 명[xviii], 26일 일요일에는 500만 명에 이르렀다.[xix]

제2절 윤리경영 인과지도 관점의 분석

이 절에서는 윤리경영 인과지도의 학제적 이론 연구를 근간으로 본 사건의 분석모델을 설계한다. 사건의 내용들을 신문기사, 정부발표 등을 통해 수집하여 인과관계를 도출하여, 사건의 원인을 규명하고 경영학적 의미를 도출하고자 한다,

2.1 R2: 구성의 오류

'구성의 오류'의 관점에서 본 사건의 두 요인에 주목한다. 첫째, ⑤내부이해관계자에 대한 처우 문제이다. L사 직원들의 평균 연봉은 2014년 기준 3,600만원으로 업계에서 가장 낮다. 평균 근속연수도 6.3년으로 짧을 정도로 직원들의 업계 최저대우에 대한 불만이 많았다고 한다.xx)

둘째, '구성의 오류'의 관점에서 또 다른 이슈는 ⑨"5.5.7 전자금융 감독 규정(이하, 5.5.7 규정)"의 형식적 이행이다. 5.5.7 규정은 금융권의 잦은 정보유출사건 때문에 만들어졌다. 본 사건 이전, 금융권에서 2011년 이후 280만 건의 정보가 유출되었는데 이는 〈표 5〉와 같다(김승범, 신호상, 2016a).

표 5 금융기관의 개인정보 유출 수 및 경로

시기	사고 금융사	유출 개인정보 수	유출 경로
2011년 4월	현대캐피탈	1,750,000 건	해킹
4월	솔로몬신용정보	751 건	해킹
5월	한화손해보험	158,000 건	해킹
5월	리딩투자증권	13,000 건	해킹
5월	솔로몬투자증권	32 건	해킹
6월	NH투자증권	15,000 건	내부오류
7월	하나SK카드	97,000 건	내부직원
2012년 1월	나이스신용평가	317 건	-
1월	삼성카드	470,000 건	내부직원
2월	하나SK카드	51,723 건	-
2월	SC은행	103,000 건	외주직원
3월	IBK캐피탈	5,800 건	내부직원
4월	한국씨티은행	34,000 건	내부직원
2013년 5월	메리츠화재해상보험	160,000 건	내부직원
12월	K사, N사, L사	160,000,000 건	외주직원

*출처: 조선일보, 2014a; 아주경제, 2014; 한국경제, 2014, 연구자 재정리

정부는 2011년 한화손해보험, 현대캐피탈 등 연속적인 4건의 정보유출 사건 발생 후, 금융권은 전체직원의 5%를 IT인력으로 채용하고, IT인력의 5%는 보안 인력으로, 또 IT예산의 7%를 정보보호예산으로 편성하도록 하는 5.5.7 규정을 마련하였다. 또, 2013년 해킹신고를 24시간 이내 해야 하고 위반 시 과태료를 부과하는 내용의 '정보통신망이용촉진및정보보호등에관한법률 일부 개정안'을 발의했다.[xxi]

그러나 국정조사 과정에서 카드3사는 ⑩5.5.7 규정을 형식적으로만 지킨 것으로 밝혀졌다. IT예산 중 7%를 정보보호에 쓰도록 하였는데, 2012년 예산 중 L사는 7.1%, K사는 7.2%이었다. 그 중 ⑩L사와 K사는 실제 예산 사용액이 각각 55.6%와 42.4%였는데 이는 5.5.7 규정이 예산책정만 규정하고 실제집행은 규정하지 않음을 악용한 것이었다. 전문가들은 숫자만큼 내용도 중요한데 5.5.7 규정을 형식적으로 지켰다고 지적했다.[xxii] 5.5.7 규정을 겨우 준수하는 수준으로 운영하였기 때문에 ⑪보안업무는 과중되고 ⑥해당 업무담당자의 회사에 대한 불만이 증가했다.

2.2 R3: 윤리지출

김승범 등(2016a)는 '윤리 지출'의 영향을 검토하기 위해 개인정보가 유출된 카드3사와 정보유출이 되지 않은 카드사들의 ⑭결제 프로세스, ⑮보안수준, 그리고 ⑯교육 체계 등을 비교했다.

김승범 등(2016a)은 이를 위해 카드3사 중 한 회사인 A사의 직원과 정보유출이 되지 않은 카드사 중 한 회사인 B사의 직원과의 인터뷰를 진행하였다. 개인정보를 취급할 시 관련 품의를 득해야 하며 결제 프로세스에 개인정보담당부서의 합의가 필요한 점 등의 프로세스는 A사와 B사가 거의 유사했으나, 정보의 암호화나 컴퓨터 기능의 통제 등 물리적인 측면에서는 A사의 제도가 허술하였다.

정보보호에 관한 교육 및 윤리경영에 관한 교육 등 정보유출과 관련된 일상 교육의 내용을 비교한 결과 역시 B사는 정기적인 보안 및 윤리 교육 체계를 갖춘 반면 A사는 교육을 하지 않은 것으로 진술되었다(김승범, 신호상, 2016a).

이상과 같이 정보가 유출된 회사와 그렇지 않은 회사의 관리적인 측면인 ⑭결제 프로세스, 물리적인 측면인 ⑮보안수준, 그리고 교육적인 측면의 ⑯교육 체계 등의 비교 결과, 외견상만 유사하고, 질적인 측면에서 차이가 있었다. 이는 카드3사에게서 ⑬⑰'윤리 지출'의 긍정적 효과는 크지 않았다는 의미이다(김승범, 신호상, 2016a).

이런 결과는 실제로 KCB의 FDS 프로젝트를 범인 P씨가 담당했던 신한카드에서 사실로 드러난다. 금융감독원에 의하면, 신한카드의 경우 2013년 4월 P씨가 프로젝트를 진행할 때 USB 사용, 인터넷 개통, 원본데이터 요구 등 보안상 금지된 사항을 요구했고, 이에 신한카드 직원들은 P씨의 교체를 요구했고, 결국 2013년 7월 P씨는 교체되었다고 한다. 평소에 보안교육이 잘 이루어지고 보안규정이 잘 준수되던 신한카드는 직원들의 윤리지출의 긍정적 효과가 잘 나타난 전형적인 경우라고 할 수 있다. 이에 비해 L사 직원들은 같은 상황에서 P씨를 교체하거나 보안 규정에 어긋난 요구를 거절하지 않고 모두 수용해 주었다.[xxiii] 이는 L사 직원들에게는 '윤리지출'의 긍정적인 영향이 아닌 부정적인 영향이 나타났다고 할 수 있다(김승범, 신호상, 2016a).

⑫CSR의 측면을 살펴보기 위해 각사의 홈페이지를 분석한 결과 모두 CSR 행사들을 진행하고 있었다. 비록 CSR 활동과 기업 경영 성과와의 관계에 대해서는 이를 긍정적으로 바라본 기존 연구의 결과를 수용 한다고 해도, ⑬카드3사가 CSR활동을 활발히 한다고 해서 본 사건의 피해로부터 소비자의 시선을 돌릴 수 있거나, 혹평을 감소시킬 수 있는 수준의 것이 아니다. 이상은 '윤리지출'의 긍정적인 효과는 기업의 윤리수준을 높인다고 보는 관점에 부합한다고 할 수 있다(김승범, 신호상, 2016a).

2.3 B4: 도덕적 추론

카드사의 지속적으로 ⑲반복되는 불법적인 경영행태를 '도덕적 추론' 관점에서 보면 심각한 문제로 이해할 수 있다. 시스템 사고에서 봤을 때, 2014년의 카드3사 정보유출사건은 일회성 사고가 아니다. 공공의 이익을 무시한 카드사의 반복적인 위법행위가 본 사건의 원인 중 하나라는 의미이다(김승범, 신호상, 2016a).

L사의 경우, 매출은 2011년~2013년 3년간 각각 1.53조원, 1,67조원, 1.69조원이다.[xxiv] L사의 제재횟수는 같은 기간 0회, 1회, 7회이고, 과태료 총액은 740만원, 500만원, 1,820만원이다.[xxv] 문제는 이 위법행위의 내용이 기업의 전결규정상 실무진이 임의로 진행하기 어려운 내용들이기에 불법행위는 경영진의 의지로 봐야 한다는 점이다.[119] 그 방증으로 해가 지날수록 경영진에 대한 제재가 늘어났다.

따라서 이 불법행위는 경영활동의 일부로 봐야 한다. 또한 매출, 제재횟수, 과태로가 모두 증가추세에 있음으로 보아 조직적인 비윤리적 경영이 경영성과 개선, 특히 매출증대에 일조했다. 따라서 카드사의 불법 행위들은 점점 강도와 횟수가 증가하며, 결국 경영진이 ⑳조직 구성원의 '잘못된 도덕적 추론'을 유도했다(김승범, 신호상, 2016a).

K사 역시 2013년 신용카드 모집인의 회원모집 시 금지행위 위반으로 과태료

119) L사는 2009년부터 2012년까지 사망자에게 신용카드를 신규 발급했다. 처음에는 본인확인을 생략한 채 일괄발행 중 발생한 일이었다. 그러나 규제를 받고 재발방지를 위해 사망자 정보가 제공되도록 제도가 바뀐 후에도 2011년부터 2012년 사이에 또 사망자 4명에게 신규 발급했다. 또한 연회비의 10%를 초과하는 경품을 제공할 수 없다는 규정을 무시하고 제공하다 징계를 받았다. 2013년에는 채무변제·유예서비스(DCDS)에 가입한 회원일부가 상담원에게서 해지 및 재가입에 관해 잘못된 안내를 받았으나, 관리의 책임이 있는 L사는 내용을 인지하지 못했다. 2010년 부터 2012년 까지는 이사회 진행 시 일부 이사가 불참했음에도 참석한 것으로 처리하였다. 그 중에는 만장일치가 필요한 1,200억 원 규모의 투자에 대한 불법적 승인도 포함되었다. 2010년에는 사외이사요건에 맞지 않는 사외이사를 임명하고 재임용까지 하였다가 제재를 받았다. 2013년에는 방카슈랑스 룰을 어기고 특정보험사 상품을 집중적으로 75%나 판매하다 적발되어 관련기관으로부터 경영유의 조치를 받았다.

120만원, 2014년 직원 주의, 기관경고, 경영유의 2건, 과태료 500만원, 250만원, 1,000만원, 2,200만원 등의 제제를 받았다.[xxvi]

⑲L사와 K사가 다년간 반복되는 불법 행동을 한 점은 주주중심주의의 폐단인, 이익을 위해서는 어떤 행동도 가능하다는 잘못된 인식이 영향을 미치고 있다. 그리고 ⑳지속적인 '잘못된 도덕적 추론'으로 잦은 반복적 위법행위를 하게 되었다(김승범, 신호상, 2016a).[120]

보안전문가 조돈섭(2014)은 편리성의 관점에서 문제를 지적하며, 최소한의 규율만 지키거나, 좀 더 편하게 사용하자는 관리 소홀의 문제라고 했다.[xxvii] 본 사건에서는 이 ⑳'잘못된 도덕적 추론'이 업무 상 ⑰개인정보를 FDS시스템 테스트에 이용할 때 암호화하거나, 테스트용 모의 정보를 생성시켜야 하는 귀찮음을 무시하고 안일함과 편안함을 선택하는 잘못된 판단의 근거가 된 것이다(김승범, 신호상, 2016a).

심지어 ⑮L사는 보안교육을 하지도 않았다.[xxviii] 보안교육을 하지 않는 것은 잘못된 것이라는 점을 알면서도 문제시 하지 않는 것도 이미 ⑳'잘못된 도덕적 추론'이 조직전체에 만연하고 전반적인 영향을 미치고 있는 방증이다(김승범, 신호상, 2016a).

여기서 한 가지 추가로 조명되는 점은 이 사건에 대한 카드사의 책임소재 여부이다. 사건 전개 초반에는 금융감독원은 카드사의 책임이라고 주장하고, 카드사는 KCB의 책임이라고 주장하는 등 책임의 주체에 대해 이견이 컸다.[xxix] 그러나 수사기관은 카드3사를 기소하며 "세 회사가 각각 개인정보 유출 방지 매뉴얼을 수립·시행하고 있었지만 전혀 지켜지지 않은 것으로 조사됐다"며, "회사 측의 과실 책임이 크다"고 발표했다.[xxx] 따라서, 아직 재판중인 사건이나, 본 사건의

120) 카드3사의 경영진은 다년간 지속된 위법행위를 통해 개인에게 비도덕적 판단과 행동을 강요했다. 이는 개인의 '잘못된 도덕적 추론'을 강화되는 루프로 표현된다. 이 '잘못된 도덕적 추론'은 시스템다이내믹스의 특성상 구분된 것으로 본질적으로 '건전한 도덕적 추론'과 같고 속성이 다른 것이기 때문에 '잘못된 도덕적 추론'에서 시작되는 경로는 '건전한 도덕적 추론'과 같다.

주요 원인이 카드사 측에 있다는 본 연구의 주장은, 검찰의 관점과 일치한다(김승범, 신호상, 2016a).

또 다른 각도의 해석도 가능하다. p.120 〈표 5〉의 내용을 유출주체에 따라 구분해보면, 2011년 5월 솔로몬투자증권의 32건 정보유출까지는 사업장 외부 해커들의 침투에 따른 것이고 2011년 6월 NH투자증권 1만 5천 건 유출 이후 본 사건까지는 모두 사업장 내부 이슈이다.

그러나 해킹으로 인한 2011년 현대캐피탈의 경우 ⑳⑮⑰개인의 편의를 위해 암호화를 안했기 때문이다. 2011년 NH투자증권, 리딩투자증권 등의 사고도 암호화 등 보안을 적용하면 프로그램이 느려지는 것을 우려하여 ⑳⑮⑰보안시스템 적용을 꺼렸던 업무상 편의 때문이다. 2012년 삼성카드, 2013년 SC제일은행 등도 ⑳⑮⑰관리소홀과 규정을 준수하지 않음이 원인이다.[xxxi] 해킹도 ⑳⑮⑰내부의 편리성 추구가 원인이다.

2.4 B5: 사회윤리학

본 사건에 대한 카드3사의 개인윤리 차원인 개인윤리적 반성과 성찰 차원의 노력은 없었다. 이는 ㉑'사회적 비용'의 발생과, ⑧지속적인 위법행위만 봐도 알 수 있고 사후 대처 역시 무성의했다. 사건 발표 첫날, 대표이사의 사과와 카드3사는 실질적으로 고객보상이나 피해방지를 위한 노력을 거의 보여주지 못했다. 국민의 동요와 불만, 책임자 사퇴요구가 커지자 국무총리가 나서 2014년 1월 20일 10시 경 "유출자에 대한 형사처벌을 대폭 강화하고 징벌적 과징금을 부과하는 등 국민이 납득할 수 있는 대책을 수립하라"고 직접 주문하였다.[xxxii]

이에 카드3사는 피해액 전액 보상, 정신적 피해 보상의 검토를 발표했다. K사는 피해자 개별 통보, 상품의 통신 판매 중단을, L사는 콜센터 인력 2배 증가, 컨설팅을 통한 외주인력 감시, 내부 전문인력 지속적 증가를, 그리고 N사는 보안

업무부서 격상, 개인정보 취급 제한, 외주인력 보안 강화를 발표했다.[xxxiii]

그럼에도 금융위원장과 금융위원장은 ㉚징벌적 책임과 ㉕책임자 처벌을 언급하고, 특히 CEO의 책임을 강조했다.[xxxiv] 이에 17시 경에 N사 대표이사가, 이어 KB국민은행의 임원 전원이, 심야에 L사 임원 전원과 KCB 임원 전원도 사직을 했다. 언론은 사의표명으로 무마하려 한다며 책임의 진정성에 의문을 표했다.[xxxv]

그러나 ㉖카드취소·재발급 대란이 발생함에 따라 카드사 경영진의 상담체제와 대응체계 강화의 약속이 지켜지지 않았다. 재발급을 하려도 공급이 원활하지 않았다. 카드 재발급까지는 ㉒적지 않은 시간이 소요될 것이 예상되었다.[xxxvi]

이런 상황에서 사건의 원인이 KCB의 관리소홀이라는 카드3사의 주장은 카드3사가 유발한 '사회적 비용'은 없고, KCB가 유발한 '사회적 비용'만 있다는 의미다. 2015년 7월로 ㉙첫 공판이 매우 늦어지게 된 원인도, 카드3사가 자신들을 기소한 20여만 명이 변호사를 위임한 증거를 제시하라고 한 요구한 아주 사소한 이유 때문이다.[xxxvii] 심지어, 한 대표이사는 유관기관의 사건의 최종 책임은 대표이사에게 있다는 판단에 반발하기도 했다.[xxxviii] 카드3사 대표이사들이 사직하며 모든 법적 책임을 지고, 고객의 정신적 피해까지 보상하겠다던 사과와 크게 다른 것이다. 이상과 같이 사회윤리학 차원에서 카드3사의 개인윤리적 대응은 본 사건 이전에도 당시에도 없었다(김승범, 신호상, 2016a).

개인윤리적 방법으로 해결되지 않으면 사회윤리적 방법을 사용해야 한다. 정부는 카드취소 및 재발급 요구 등의 혼란과 유출된 정보의 악용 등의 대책을 고민했다. 2014년 1월 유출된 정보의 암시장 내 유통 뉴스가 보도되었다.[xxxix] 이에 정부는 2014년 1월 27일부터 ㉗금융회사의 Tele-Marketing(전화영업, 이하 TM)을 3월말까지 금지[121]하는 대책을 내놓는다. 이에 ㉘Tele-Marketer(전화영업사원, 이하 TMer)들이 생계에 위협을 받자, 국회 앞 농성 등으로 영업정지

121) 매출의 70% 이상을 TM에 의존하는 6개 손해보험사와 1개 생명보험사는 예외로 영업을 허용했다.

해제를 요구했다. 정부는 다시 ㉑규제를 완화하여 보험사는 2월 10일 부터 영업 재개를 허용하고, 카드사는 3월 1일부터 TM영업이 재개 되었다.[xl]

금융당국은 유출된 개인정보의 악용을 막기 위한 조치 이후 ㉕카드3사에 대해 본격적인 제재에 시행했다. 제재는 총 두 가지로 진행됐다.

첫째, ㉕카드사에 대한 제재이다. 금융감독원은 카드3사에 3개월 영업정지처분을 내렸다. 이에 따라 2월 17일부터 5월 16일까지 ⑭카드한도 증액이나 카드론 증액 등이 불가능하게 되었다.[xli] 이는 또 다른 고객 불편을 야기하여[xlii], ⑩사회적 비용의 창발로 이어졌다.[122] 2015년 2월, KB국민은행은 기관경고를, K사는 과태로 2,200만원 처분을 받았다.[xliii]

둘째, ㉕카드사 임직원에 대한 제재이다. 2014년 10월 금융감독원은 카드3사와 SC은행, 씨티은행 경영진에 대한 징계를 결정하였다. L사 CEO와 CISO는 해임권고, N사 CEO는 3개월 직무정지, NH농협은행장과 SC은행장, 씨티은행장은 주의적 경고 처분을, 임원과 부서장 등 40여명을 중징계했다.[xliv] K사는 CEO를 해임권고하였다.[xlv] 그리고 이후 금융사의 개인정보 유출에 대한 ㉚징벌적 처벌을 도입했다.[123] 이상의 내용은 사회윤리학의 사회윤리적 방법에 해당한다 할 수 있다(김승범, 신호상, 2016a).

---

122) 대금결제 필요상 한도증액이 필요한 경우나, 연말정산에서 체크카드 결제액에 대한 공제를 기대하고 체크카드 발급을 요청한 경우들이 카드3사 영업정지 내용에 해당하므로 요청이 거부당하여 일상생활에서 손해와 불편을 갖게 된 것이다. 이들은 잘못은 카드사가 했는데, 왜 불편은 고객의 몫이냐는 불만을 갖게 되었다.

123) 국회는 2014년 4월 "신용정보유출방지법"의 정무소위 통과 후, 2015년 2월 국회본회의를 통과 당해 연도 9월부터 적용되었다. 이 법은 금융사의 개인정보가 유출로 피해가 발생하면, 실제손해액의 3배 이내에서 손해배상액을 부과할 수 있도록 해 징벌적 처벌을 도입하였다. 또한 별도의 구체적 손해액 증명 없이도 법원판결로 300만원 이내의 보상을 받을 수 있는 법정 손해배상 제도도 도입되었다. 금융사의 불법정보유출과 유통행위에 대해서는 매출액의 3%를 과징금으로 부과할 수 있는 징벌적 과징금 제도를 도입하는 등 개인정보의 유출방지를 위한 징벌적 처벌이 대거 포함되었다. 또한 2015년 3월 금융위원회는 신용카드사가 개인정보 유출 등 대형 사고를 일으키면 영업정지 6개월, 과징금 1억 원에 처할 수 있도록 처벌을 2배 강화했다(김승범, 신호상, 2016a).

제3절 윤리경영 인과지도 관점의 카드3사 사건 인과지도

이상의 ArcheType 윤리경영 인과지도를 구성하는 6가지 학제적 이론에 근거한 본 사건의 인과관계를 모델링한 인과지도가 〈그림 20〉의 카드3사 정보유출사건 인과지도이다.

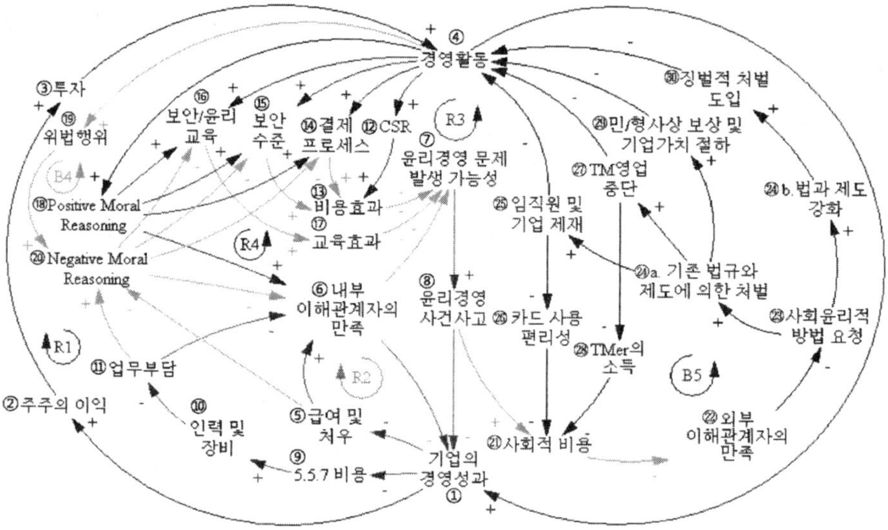

▌그림 20▌ '카드3사 정보유출사건' 인과지도(김승범, 신호상, 2016a)

김승범 등(2016a)에 의하면, 본 사건의 인과지도는 좌측반구에 해당하는 기업 내부와 내부이해관계자 영역의 요인과 관계가 매우 다양하게 전개된다는 것이 특징이다. 즉, 본 사건이 발생함에 있어 내부 이슈가 외부 이슈보다 더 많은 원인을 제공했다는 것을 알 수 있다. 그리고 '사회적 비용'의 발생경로가 카드3사 경쟁력 강화를 위해 외부이해관계자의 자원을 활용한 것이 아니라, 사건 발생에 따른 외부이해관계자의 피해가 사회적 비용으로 간주된다. 외부 원인 없이 내부 원인으로만 윤리경영 사건이 발생한 전형적인 사례로서, 최고경영자부터 담당자까지 모두 보안과 자신의 역할에 대한 불성실과 불법을 자행할 정도의 무책임함에 비롯된 전사적 '도덕적 해이'가 본 사건의 원인이다(김승범, 신호상, 2016a).

p.128 <그림 20>을 도출하기 위한 대부분의 자료는 신문기사에서 수집되었기 때문에, 이미 밝혀지고 알려진 사실들을 종합한 점은 새로울 것이 없다. 하지만 단순히 사실들이 어딘가에 흩어져 있는 것과 분석 모델이라는 프레임 안에서 기준대로 정리되는 사례연구를 통해 흩어져 있던 사실간의 인과관계를 학제적 연구를 통해 추정할 수 있었다. 이를 통해 본 사건이 법리적으로는 현재 1심 재판에서 카드3사가 주장하듯 단순한 정보유출 사건으로 모든 책임은 용의자와 용의자에 대한 관리부실인 소속사에 있을지라도, 윤리경영 측면에서는 CEO 이하 말단의 담당자까지의 도덕적 해이가 원인이다. 특히 그렇게 되기까지 다년간 불법을 자행하고, 법을 악용하면서까지 경영을 하여 전사의 기강을 해이하게 만든 CEO의 책임이 크다(김승범, 신호상, 2016a).

p.128 <그림 20>의 본 사건 인과지도가 다원·다차원적으로 본 사건의 주원인에 대한 복잡한 인과관계를 잘 규명해준다. 이러한 사건의 원인과 과정을 고려해 볼 때, 원인 중 많은 부분을 차지하는 카드3사 경영진과 카드사에 징벌적 처벌을 가하여 다시는 유사한 사례가 사회 전체에 큰 손해를 발생시키지 않도록 하는 '사회윤리'적 방법을 사용해야 한다.

그리하여 '불공정 지향성'에 의해 '사회적 비용'을 발생시킨만큼 징벌적 처벌을 통해 충분한 보상을 지불하게 하고, 경각심을 불러 일으킬 수 있다. 이 경각심은 향후 같은 사건의 재발방지에 큰 기여할 것이다. 인과지도상에서는 이러한 처벌 과정을 거친 후 전체는 다시 강화루프로 변한다.

왜냐하면, '사회윤리'적 방법이 작동하여 기업 내부와 외부의 부정적 요소들이 모두 제거되기 때문이다. 이를 통해 기업의 건전성은 강화되고 성과는 비록 감소한 상태로 재출발 하지만, 다시 건전한 경영활동을 통해 시장에서 경쟁력을 회복하고 지속적인 건전한 경영을 지향하는 기업으로 탈바꿈하게 된다. 이것이 p.104 <그림 17>의 ArcheType 윤리경영 인과지도가 지향하는 윤리경영의 흐름이다.

실제로 기업에 '사회윤리'적 방법에 의해 제재가 가해진 후 카드3사도 건전한 경영환경으로 개선되며 과거의 부실요소를 정리하였다. L사의 경우, 과거 ⑯'보안교육'을 하지 않았었지만, 본 사건 후 2014년 1년 동안 12,684명에게 178회의 교육을 진행했다. ⑨'5.5.7' 규정에 겨우 맞추던 정보보호 예산은 2013년 25억원에서 2014년 160억원, 2015년 180억원으로 크게 증가했다. ⑩'정보보호인력'도 4명에서 20명으로 대거 확대했다.

K사도 ⑨'5.5.7' 규정에 맞추던 정보보호예산을 2014년에 5배 확충, ⑩'정보보호인력'도 10명에서 2배 가까이 늘렸다. ⑯'정보보호교육'도 10,400시간 시행하고, 정보보호대학원 석사과정에 매년 5명씩을 입학시켜 내부전문가를 양성할 계획이다.[xlvi]

이외에도 위법사항의 감소 등이 발생했는데 이런 점이 B5의 '사회윤리학'의 '사회윤리적 방법'에 의해 ⑳'잘못된 도덕적 추론'의 흐름이 약화 혹은 제거되고, ⑱'긍정적 윤리적 추론'의 흐름이 강해지는 결과, 조직의 건전성이 증가한 것으로 볼 수 있는 것이다. 또한 이로 인해 '윤리 지출'의 긍정적 영향이 다시 강화되는 구조인 것이다.

마지막으로, 카드3사 정보유출사건의 사회윤리적 방법론을 통한 처리과정 중 발생한 2가지 후유증 즉, ㉗'보험사 TM 영업정지' 때문에 ㉘'TMer들의 직면했던 생계의 위협'과 카드사 영업정지로 인한 ㉖'카드사용자들의 불편'에 대한 문제에 대한 이슈이다. 이 점은 사회윤리학적 측면의 이슈이다. 즉, 법과 제도의 강화는 정말 선한 사람이 있어서 그가 판단할 때 동의할 수 있는 방법이어야 한다는 점이다(최경수 외, 2015a). 따라서 ㉗'TM활동제한'은 이런 관점에서 지나친 적용이라는 이슈가 있으므로, 이번 경우는 '사회윤리'적 방법의 과도한 적용이 또 다른 이슈가 창발할 수 있음으로 보여주는 사례라 할 수 있다.

VI 사례연구 II: 세월호 침몰 사건

세월호 침몰 사건(이하 '본 사건')은 앞 장의 카드3사 정보유출사건과 달리 형사재판은 대법원 판결까지 완료된 사건이다. 본 연구의 목적은 조사기록 및 신문기사 등을 참조로 사건을 재조명함을 통해 새로운 사실을 발견하고자 함이 아니다. ArcheType 윤리경영 인과지도를 통해 재난사건을 조망할 경우, 내재되어있는 윤리경영적 이슈들을 명시적으로 도출할 수 있고, 그 인과관계도 가시화 할 수 있음을 증명하고자 함이다. 윤리경영의 다차원적 인과관계를 가시화된 모델을 통해 제시하여 통제가능한 부분에서 통제하지 안한 경영 상의 윤리적 과오가 거대한 '사회적 비용'을 유발한다는 윤리경영 기본 문제의식의 사례를 발굴하고자 함이다.

그리고 결과론적인 이야기지만, p.128 카드3사 정보유출사건의 인과지도를 보면 좌반구가 복잡하게 구성되어있다. 이는 기업 내부이슈가 많다는 방증이다. 그러나 본 사건의 경우 최종 인과지도가 우반구가 복잡하게 도출되었다. 이는 기업 외부이슈가 많다는 의미이다. 이렇게 인과지도의 디자인만 봐도 사건사고의 특징과 원인의 분포 등을 직관적으로 알 수 있다. 이런 점 등을 제시하기 위해 시스템 사고와 시스템다이내믹스 방법론의 또하나의 예로써 ArcheType 윤리경영 인과지도를 적용한 사례검증을 수행했다.

장운재 등(2004)에 의하면, 해상사고의 원인은 ISM법에 근거 기상/해상조건, 항로조건, 선박조건, 교통조건, 운행자조건 등 5가지의 큰 원인과 30가지의 작은 원인이 있다. 30여 가지 작은 원인 중 바람, 폭풍, 파랑 등 인력으로 통제되지 않는 영역은 어쩔 수 없지만, 5가지 큰 원인 중 선박조건과 운행자조건의 세부조건[124]의 내용은 인력으로 통제 가능한 요인들로 구성되어있으므로 이 부분만을 고려한다면, 인력 및 인력 통제와 관련한 윤리경영적 접근이 가능하다.

또한 본 사고에 대한 윤리경영 관점의 연구로는 직업윤리의 입장에서 연구한 최문기(2015)의 연구가 있다. 본 연구는 최문기(2015)의 연구성과에 대체로 동의하며, 이를 참고하여 추가로 각종 언론의 자료로 사실을 보충하고, 이를 거시적인 분석틀인 김승범 등(2015)이 제시한 윤리경영 인과지도의 거시적인 관점을 활용함으로써 선행 연구의 미시적인 관점의 성과는 더 심화 연구하고, 한계는 극복하고자 한다.

제1절 사건 개요

세월호는 인천-제주항로를 운항하던 청해진해운 소속 연안여객선이다. 2014년 4월 15일 오후 9시 인천항을 출발하여 16일 오전 8시 50분 경 전라남도 진도군 조도면 부근 해상에서 침몰하였고, 18일 완전 침몰하였다. 이 사고로 탑승인원 476명 중 295명이 사망했다(위키피디아, "세월호 침몰 사건").

이 사고의 특징은 침몰의 원인이 12시간의 운항과정에서 발생한 운항상의 실수나 천재지변에 의한 것이 아니라, 출항 이전, 그리고 과거에서부터 지속되어 온 비정상적인 운항과 이를 둘러싼 청해진해운의 경영상의 문제, 그리고 유관기관의 문제, 또 침몰 시작 이후 구조과정에서 발생한 문제 등이 총체적으로 사고의 원인과 피해 확대의 원인이라는 점이다. 그리고 이 사건으로 인해 한국 경제는 약 반년간 침체하게 되고, 정부는 경기부양을 위한 추경예산까지 투입했다. 따라서 단순히 침몰 사고만 조망하는 미시적인 관점으로는 사고에 대해 이해하

124) 선체의 강도, 선형, 선체의 재질, 선박 자체의 진동, 선박·기관의 정비상태, 각종 비품·항해용구의 정비상태, 운행자의 조선 숙련도, 운행자의 안전의식, 운행상의 부주의, 화기 취급의 부주의 등 총 9개 항목이다.

게 되는 범위가 제한적이라 할 수 있어서, 거시적인 관점의 조망이 필요하다.

제2절 윤리경영 인과지도로 구성한 '세월호 사고'

조직성과는 조직몰입 및 직무만족과 관계가 있다(Cohen, Ledford, 1994). 직무만족 및 조직 몰입 수준과 관련이 있다. 직무만족은 직무와 관련된 여러 측면에서 얻는 정서적 반응을 일컫는데, 봉급, 감독 등에 대한 만족을 말한다(Chen, Francesco, 2000). 또한 조직 몰입 수준이 높은 개인은 성과제고를 통해 보수, 수당, 승진 등 보상을 받고, 이는 업무성과 향상과 근무태도 및 생산성을 높일 수 있다(윤태익 외, 2007). 또한 기본적으로 윤리경영과 구성원의 직무몰입에 유의한 관련성이 있다. 이와 반대로 직원들에 대한 부실한 처우는 직원들의 업무상 도덕적 판단과정에 부정적 영향을 미치게 된다. 윤리경영에 있어서 조직론적 측면은 이러한 논리로 설명될 수 있다. 세월호 사건도 마찬가지이다.

2.1 R1: 정상적으로 경영되는 기업 모델

청해진해운의 세월호 도입은 2009년 실시된 해운법 시행규칙 개정으로 규제가 완화되어 여객선 선령제한이 20년에서 30년으로 대폭 완화되었기 때문에 가능했다. 청해진해운은 이 법을 근거로 2013년 일본에서 운항 중이던 선령 18년의 ③"페리 나미노우에"를 인수한 것이다. 중고선을 수입해서 사업의 초기에 발생하는 고정비를 낮추는 것은 재무적으로 현명한 판단이라 할 수 있다. 그런 까닭에 R1의 인과지도대로 청해진해운은 ④긍정적인 경영성과를 보여줄 수 있었다. 일부에선 해운법 시행규칙 개정이 본 사고의 원인 중 하나라고 하지만, 선령과 사고와는 통계적 유의성이 없다(장운재, 금종수, 2004).

2.2 R2: '구성의 오류'

시간이 지나며 청해진 해운은 순이익율을 높이기 위해 인건비와 관리비 낮추기 시작했다. ⑤선장의 경우 촉탁직으로 1년단위로 계약을 맺었다. 통상 배 한척당 두명의 담당선장이 할당돼 교대로 운항하지만 인건비 문제로 청해진 해운은 ⑤한사람을 두배의 교대선장으로 등록했다. 인천-제주항로의 또 다른 선박 오하마나호의 ⑤교대선장을 겸직했다.

또한 당시 선장은 월 270여만원의 급여를 받는데, 그를 포함하여 항해사, 기관장, 기관사등이 ⑤다른 선사의 60~70% 수준에 불과하다.[xlvii] 이를 통해 청해진 해운의 경영성과는 계속 개선되었지만, 내부이해관계자의 만족은 지속적으로 감소했다.

2.3 R3: '윤리 지출의 긍정적 영향'

세월호 관련 자료상 윤리 지출은 전혀 보이지 않고, 따라서 긍정적인 영향은 기대하기 어렵다. 이는 ⑨선원들에 대한 안전교육도 운항에 방해된다는 이유로 못하게 한 점, ⑨세월호가 출항할 때도 안전점검 보고서를 허위로 적은 것을 묵인하고 심지어 조작하기도 한 점 등을 통해 방증할 수 있다.

2.4 B4: 내부이해관계자의 '도덕적 추론'과 '윤리지출의 부정적 영향'

도덕적으로 이기적인 인간에게 도덕적 관리가 부족하면 도덕적 해이는 필연적으로 수반된다(김승범, 신호상, 2016a). 세월호 선원들도 청해진 해운이 비용절감과 이익증대를 목적으로 불법적이고 비합리적인 행동을 지시하고 묵인하는 것에 대해 직원으로서 자신들만 귀찮고 번거롭게 합법적이고 합리적으로 행동할 이유를 찾지 못하는 것은 당연하다. 이런 검사관들의 행동을 저지하거나 잘못을 시정하도록 노력하지 않음을 통해 알 수 있다.

금융감독원은 청해진해운 관계사 70개와 유병언 일가 관계인 90명 등이 42개 금융회사에서 3,747억 원 대출을 받았다고 중간 검사 결과를 발표했다. 금감원이 이들의 여신 취급과 사후관리, 외환거래, 회계처리 및 보험계약의 적정성 관련 검사를 실시한 결과 ⑩특혜 대출 등 문제점이 드러났다. 또한 특수관계자에 대한 급여, 컨설팅비용 과다 지급 등을 통해 ⑩회계분식을 한 혐의가 있고, 관계사 간 부당한 거액 자금이 지원되는 등 ⑩부당한 자금 흐름도 적발되었다.[xlviii]

해운조합은 과적을 지적하면 묵인하고 오히려 신고자를 인사조치시키고, ⑮선원들에 대한 안전교육도 운항에 방해된다는 이유로 못하게 했다. ⑨세월호가 출발할 때도 안전점검 보고서를 허위로 적은 것을 묵인하고 심지어 조작하기도 한 것으로 검찰 수사 결과 밝혀졌다.[xlix] 국정감사 과정에서 유사시에 대비한 훈련을 받은 적이 있는가는 질문에 세월호 선원은 ⑨선장에게 교육받은 바 있지만 소화 훈련 빼고는 다 말로만 교육받았다고 증언했다.[l]

세월호와 같은 대형 선박 구명장비의 안전 점검은 15일 가량 이루어짐에 비해 세월호의 장비는 이틀만에 완료됐다. 그리고 ⑦실제로는 검사가 이루어지지도 않은 장비에 대해 보고서에 '양호'로 허위기재했다. ⑦구명복 등은 전수조사하지 않고, 일부 장비는 전혀 검사하지 않았다. 정비기록부는 ⑦2012년의 내용을 그대로 옮겨 적었다. 심지어 본 사건 이후 수사가 시작되자, 검사 담당자들은 ⑦다른 선박의 정비 모습을 찍은 사진을 첨부하는 조작을 시도했다.[li]

전임선장과 인천항만 등은 세월호의 항해과정에서 진동이 너무 심하고 소리가 나는 등 ⑮이상 징후에 대하여 개조과정의 문제점을 지적하였으나, 청해진해운 등은 이를 번번히 묵살하고 심지어 협박하기도 했다.[lii]

이러한 결과 세월호의 선상관리는 최악으로 변질되었을 것이다. 이런 내부적인 문제들이 내부이해관계자들의 조직과 직무에 대한 만족을 매우 악화시키는 원인이 된 것이다.

2.5 B4: 외부이해관계자의 '부적절 행위'와 '관행적 도덕적 해이'

(1) ⑬외부 부적절 행위로 유발된 외부이해관계자의 부정적 영향

검찰의 공식적인 침몰원인도 이 ⑭과적에서 시작된다. 검찰에 의하면 세월호는 수리·증축에 따라 총 239톤이 늘었고 좌우 불균형도 생겼다.[liii] 세월호는 개조 당시 한국선급이 조건부 승인을 하였다. 화물량은 3,981t에서 987t으로 줄이고, 여객은 88t에서 83t으로 축소하고, 평형수는 1023t에서 2,030t으로 늘려야 복원성이 유지된다고 적시했으나, 세월호는 제안량인 987t의 화물보다 ⑭3배 많은 자동차 180대 포함, 화물을 3698t을 실었다. 이 화물은 ⑮고박을 제대로 하지 않았기에 매우 흔들렸다. 그러므로 평행추의 무게만큼 화물을 더 실었다고 해도 이 화물이 평형수 역할을 해주지 못한 것이다.[liv]

해양수산부 세월호특별보고서에서도 ⑮잦은 개조로 선체 복원력이 대폭 약화된 상태에서 선박검사기관의 승인 조건보다 ⑭화물을 더 싣고 ⑭평형수는 적게 실어 부적절한 조타에 복원력을 상실해 침몰했다고 했다.[lv] 재판에서도 ⑮개조·수리 상의 적절성, ⑭과적의 문제, ⑦운항상의 문제가 직접적인 원인으로 지적되고 있다.[lvi]

배의 수리·증축의 결과에 대한 안전성의 평가는 '한국선급'에서 진행한다.[125] 검사의 적정성에 대해서는 본 사고 이후 2014년 5월부터 진행된 해양수산부의 정기종합감사 결과, 본 사고의 주요 원인으로 지목된 연안여객선 복원서 계산서 승인 부적정, 선박 검사 부적정, 차량 및 화물 고박 배치도 승인을 위한 선급규정 미비, 국내항행선박의 기국 통제 업무처리 절차서 부재 및 관리 소홀, 부실선박 검사자에 대한 징계관련 규정 부적정 등 ⑬전방위로 부실이 지적됐다.[lvii] 본 사건에서 한국선급이 과연 정확한 개조를 이행했는가의 문제에 대해 법원은 1심과

---

125) 한국선급은 민법 제32조에 근거하여 설립된 비영리 사단법인으로써 해상에서의 인명과 안전을 도모하고 조선해운 및 해양에 관한 기술을 진흥시키기 위해 설립된 대한민국 유일의 국제선박검사기관이다(위키피디아, "한국선급").

2심에서 무죄판결을 내렸다.126)lviii)

⑭출항 시 화물과적이나 ⑮고박상태를 점검하는 것은 한국해운조합의 역할이다. 해운조합은 해운조합법에 의해 독점적 지위를 보장받고 있다. 문제는 해운조합이 2,000여개 해운선사가 조합원으로 참여하는 선사들의 이익단체라는 점이다. 따라서 ⑬규제의 대상이 규제의 주체가 된 셈이다.lix)

이 점에 대해서는 앞서 밝힌 바와 같이 두 조직의 존재 형태부터가 문제제기가 되고 있다. 존재가 원천적인 부분부터 의심스러우면 업무 등은 당연히 문제가 있었을 것으로 사료되어 수사가 이루어졌고, 실제로 ⑮세월호의 고박은 원칙이 지켜지지 않은 채 허술하게 이루어져 침몰의 원인 중 하나임이 밝혀졌다(민주사회를 위한 변호사 모임, 2015).

화물 선적과 고박에 관한 실제 업무는 하청업체인 우련통운이 진행했다. 우련통운은 청해진해운의 갑을관계 상 ⑬갑질 압박이 너무 심해 평소에 과적과 허술한 고박이 반복되었다고 진술했다.lx) 재판과정에서 ⑮세월호는 사고 당시 컨테이너와 자동차 등 모든 화물을 규정대로 고박하지 않았다는 점이 밝혀졌다.127)lxi)

(2) ㉔'관행적 도덕적 해이'로 유발된 외부이해관계자의 부정적 영향

1) ㉖'진도 VTS 근무의 적극성'

해상에서 발생하는 모든 사고의 구조·구난은 해양경찰청(이하, 해경)의 소관(위키피디아, "대한민국 해양경찰청")이고, 사고에 대한 예방과 사고 발생시 초동 대응 및 전파를 담당하는 곳은 해경 소속의 해상교통관제센터(VTS)이다.lxii) VTS는 항만 또는 연안해역의 선박교통안전과 효율성을 확보하고 해양환경을 보호하기 위하여 관제구역 내 통항선박의 동정을 관찰하고 이에 필요한 정보를 교

---

126) 재판의 본질은 세월호 선원이나, 다른 관련자들의 형사재판과 다른 양상의 재판이었다. 왜냐하면 검찰이 해당 직원을 직무유기로 소속사에 피해를 끼쳤다는 취지로 업무방해죄로 기소했기 때문이다. 재판 과정에서 원고인 한국선급은 피고인 직원의 어떠한 형사적 처벌도 원하지 않는다는 타원을 수차례 제기했다. 현재 이 재판은 대법원에 계류 중이다.

127) 우련통운은 고박과 세월호 침몰간의 상관관계는 입증되지 않는다고 관련재판에서 무죄를 주장했다.

환하는 정보체계이다. 주요업무에는 해양사고 예방하기 위한 선박교통관제와 사고 및 비상상황 발생시 신속한 초동조치 및 전파이다.[lxiii]

세월호의 침몰 사실이 최초 신고된 후 진도VTS의 직접관제가 실시 된 것은 14분 후인 오전 9시 6분이었다. 오전 9시 7분에는 진도VTS와의 교신을 접한 유조선 둘라에이스호가 세월호를 육안으로 확인하고, 세월호에서도 9시 29분 구조를 위해 근처에 대기하고 있는 둘라에이스호를 발견했다.[lxiv]

민간 어선도 9시 3분 구조요청을 듣고 10시 30분 경 사고현장에 도착해 27명을 구조하였다.[lxv] 해경과 해군 등 국가기관에 의한 구조작업은 사고 당일 오전 9시 27분 해경 헬기가 도착하며 시작되었다. 해경 경비함 123정은 9시 32분 경 도착했다.[lxvi]

본 사건에 대하여 진도VTS 관계자들이 이상과 같은 업무에 부실한 근무를 한 혐의로 기소를 당했다. 대법원에서는 VTS 센터장 등에 대해 직무유기에 대해서는 무죄를 확정했다. 다른 12명의 직원에게는 이들은 직무유기가 아니라, p.141 〈표 6〉과 같이 ㉖교신일지를 허위로 작성한 혐의로 벌금형이 확정되었다.[lxvii]

법원의 판결과 별개로 이들이 ㉖야간 2인 1조 근무 규칙을 어기고 1명만 근무하는 등 변칙근무를 했고, 변칙근무를 하는 동안에도 성실하지 않게 근무하는 등 부실한 근무를 한 점은 사실이다. 따라서 이 점은 ㉔장시간 지속된 관행적인 '도덕적 해이'로 볼 수 있다.

2) ㉗'해경구조의 적극성'

해경 경비정 123정 정장은 2015년 2월 11일 1심에서 업무상 과실치사 등 혐의로 기소되어 징역 4년을 선고받고 구속되고, 대법원 판결에서 징역 3년이 확정되었다. 처음 도착하여 ㉗현장 지휘관으로서 선내 승객 상황 확인, 123정 승조원과 해경 헬기의 구조활동 지휘, 승객 퇴선 안내·유도조치 등을 소홀히 해 승객들이 숨지거나 다치게 한 혐의이다. 뿐만 아니라 ㉗퇴선방송을 하지 않고도, 퇴선방송을 했다는 기자회견을 열고 ㉗각종 보고서를 허위로 작성하고 일부 서류를 훼손한 협의를 받고 있다.[lxviii] ㉗123정 정장은 상급자의 '승객의 퇴선을 유도하라'는 지시를 네 차례 받고도 무시하였다.[lxix]

이상의 ㉗VTS와 ㉘해경 등 외부이해관계자들의 행태는 ㉔대부분 평소에 하던 대로 했던 것이 특징이다. 따라서 평소의 관습이 비상시에 문제의 원인이 된 것으로 이해할 수 있다. 이런 부분은 역시 책임자들은 정상적인 일상생활을 통해 정상적인 '도덕적 추론2'으로 직무에 충실해야 했으나, 책임자들의 잘못된 일상 습관이 ㉕'도덕적 추론2'에 부정적인 영향을 미쳐 직무를 소홀이 하는 판단을 한 것으로 이해된다. 결국 이런 행동은 ㉘'초기대응 미비'라는 결과를 야기했다.

(3) ⑰'사회적 비용'

세월호 사건이 2014년 한국에서 가장 커다란 영향으로 남은 것은 장기간에 지속되던 불경기와 안전불감증의 문제에 순간적으로 큰 파급력을 미쳤다는 점을 들 수 있다. 세월호 사건의 ⑰사회적 비용은 2014년 5월 기준 5,548억원으로 추산되고 있다.[lxx] p.140 〈표 6〉은 정부 추산 세월호 사건 관련 사회적 비용에 대한 내용이다.

(4) ㉚'경기침체 및 사회적 불안 증가'

사회적 비용에 '세월호 사건'의 여파로 인한 경기감소 및 사회적 분위기 저하, 그리고 이들로부터 유발된 손실은 제외되어 있다. 애도 속 자제분위기는 민간소비를 약화시키는 결과를 가져왔다. 현대경제연구소 이준협박사는 "세월호 충격으로 ㉚약 1조 8천억원 정도의 민간소비가 줄어든 것으로 판단된다"고 했다.[lxxi]

민간소비의 감소는 ⑧'초기대응 미비'라는 요인에 의해 사망자가 증가함에 더욱 가속화 되었다. 만약 사고 발생 후 적극적인 구조가 이루어져 국민이 공감할 수 있는 수준의 최소한의 ㉙사망자가 발생했다면 ㉚'경기침체 강도와 기간'의 문제도 최소화 되었으리라 생각한다. 이에 따라 ㉙사망자 증가는 ⑰'사회적 비용'에 정(+)의 관계가 됨으로 ⑯'세월호 침몰'이라는 요인 때문에 발생한 ⑰'사회적 비용'이 강화됨을 확인할 수 있다.

▌표 6▌ 세월호 사건의 사회적 비용 상세항목('15년 4월 기준)[lxxii]

대항목	상세항목	비용
실종자 수습 등 수색 구조비용		1,116억 원
	잠수부인건비 · 조명탄	488억 원
	유류비	416억 원
	수색 참여 어선 지원금	212억 원
사고수습비용		250억 원
	선체인양컨설팅	5억 원
	해양오염방제	35억 원
	대책본부운영	104억 원
	분양소 운영·소송비	106억 원
피해자 지원금		342억 원
	수업료 등 교육지원금	99억 원
	심리상담치료비	94억 원
	휴직·휴업 지원	40억 원
	장례비	75억 원
	구조승객 치료비	9억 원
선체 인양 비용		1,205억 원
수색 참여 어선 지원금 및 장비 사용료		123억 원
심리상담 · 교육 · 긴급복지 · 휴직		356억 원
배상·보상비용		1,731억 원
	인명 피해	1,428억 원
	화물·유류·오염 피해	130억 원
	어업인 피해	160억 원

일반 국민들의 소비경향에 대한 구체적인 증감은 2013년 최초로 연간 관객 2억 명 돌파로 고조된 영화계의 2014년 자료를 통해 가늠할 수 있다. 5~6월에 상영 예정 영화들이 사회분위기 때문에 상영을 연기하고, 심지어 영화제목마저 바꾸는 상황이 발생했다.[128)]

기업들의 판촉 자제 분위기는 광고매출 저하로 그 추이를 가늠할 수 있다. 단일규모로는 국내 최대 옥외광고 매체인 CJ CGV의 스크린광고는 본 사고 발생 이후 광고물량이 급감하며, 사전예약 및 연간구매로 선구매하여 매월 광고집행을 하기로 계약한 기업들마저 광고집행을 줄였다. 그리고, 선구매 이외에 일반 영업 물량은 거래가 없었다. 이에 2/4분기에는 예년의 60% 수준으로 급감하였다.[129)]

2.6 B5: '사회윤리학' 처벌 그리고 재발 방지를 위한 제도 강화

(1) ⑲a.'기존 법규와 법에 의한 처벌'의 전개

사회윤리학의 기본구조는 개인의 성찰과 반성만으로 윤리적이지 못하면 법과

---

128) 2013년 개봉 한국영화는 '세월호 사건' 직후인 4월 30일에 개봉된 천만 배우의 유승룡 주연의 "표적"과 국민배우 현빈의 전역 복귀작 "역린"은 결과가 기대에 못 미쳤다. 원래 제목이 "무덤까지 간다"였던 "끝까지 간다"는 예정보다 늦게 5월 29일에 개봉하며 제목까지 바꾸었으나 결과는 좋지 않았다. 예정된 대작들 중 바다와 관련된 영화가 많아 더욱 민감했다. 예년보다 한달 늦은 7월 23일 천만 배우 하정우 주연의 "군도: 민란의 시대"가 예측이 불가능해진 시장에 첫 도전을 하여 첫 주에, 300만 명 입장의 신기록을 세웠다. 경기회복의 신호로 받아들여져, 30일 "명량"이 개봉을 하며, 12일만에 천만 명을 돌파하는 기록을 세웠다. 8월 6일, "해적: 바다로 간 산적"의 경우 개봉 첫 주에 100만 명이 입장하며 주춤하였으나, 곧 회복했다. 13일에 개봉한 "해무"는 '세월호 사건'은 출연 배우가 당시 40여일 째 단식 중이던 세월호 유가족을 비난한 인터넷 게시물에 네티즌들이 "해무" 보이콧을 했기 때문이다. 결국 "해무"는 147만명이라는 저조한 성적으로 마감했다. "군도: 민란의 시대"도 총 477만 명 입장에 머문다. 결론적으로 "명량"의 1,660만과 "해적: 바다로 간 산적"의 867만 관객동원은 절반의 성공으로 8월까지는 아직 시장경기가 돌아왔다고 보기 어렵다 할 수 있다.

129) CJ CGV 및 CGV 스크린광고 대행사 재산커뮤니케이션즈의 내부 자료 참고.

제도의 힘으로 규제해야한다는 것이다(고범서, 1992). 유병언 등 청해진 해운의 경영진은 정부가 제도완화를 통해 기업이 더 큰 이익을 창출할 수 있는 고정비 절감의 기회를 제공해줬음에도 앞서 살펴본 바와 같이 이익증대를 위해 각종 편법과 불법으로 경영을 했다. 이는 '불공정 지향성'의 발로로 볼 수 있으며, 이로 인해 엄청난 사회적 비용이 유발 되었다. 이렇게 윤리적이지 못한 경영활동을 하는 경영자는 법으로 규제해야하며, 특히 징벌적 책임을 묻는 것이 최근의 추세이다.

이에 따라 사회윤리적 방법을 실현하는 한 가지로 본 사건에 ⑲a.기존 법규와 법에 의한 처벌로 11월 12일 대법원 전원합의체에서 세월호 선원에 대한 최종대법원판결이 선고되었다. p.141 〈표 7〉과 같이 선원들을 처벌하였고, 세월호 특별법을 제정하여 유병언의 재산 1,200억 원을 국가가 묶어두었다. 또한 향후에 재발방지를 위해 이상 연안여객선 안전관리 혁신대책을 발표하였다. 이는 법·제도의 개선과 강화를 통해 사회 전체의 안녕을 보상받고자 하는 전형적인 ⑱b.'법과 제도의 강화'이다.

┃표 7┃ 세월호 사건의 책임자들에 대한 형사재판 최종 판결

소속	직위	최종판결	최종 판결 사유
청해진해운	세월호 선장	무기징역	승객을 방치, 선장으로서 아무런 역할도 수행하지 않아 죽음에 이르게 했음. 심지어 선원들만 데리고 먼저 탈출
	1등 항해사	징역 12년	최상급 선원으로서 별다른 구호조치를 이행하지 않았음. 세월호에서 탈출한 이후 승객 구조 활동을 적극적으로 돕지 않았음
	기관장	징역 10년	고급 간부임에도 선원들을 인솔하여 가장 먼저 세월호를 탈출. 탈출 이후에도 승객 구조 활동을 적극적으로 돕지 않았음
	항해사	징역 7년	조타실 방송 장치의 스위치를 잘못 조작하여 선내방송을 하지 못함. 다만 해경 123정에 남아서 승객들을 구조
	3등 항해사	징역 5년	
	조타수		
	1등 기관사	징역 3년	
	3등 기관사		
	조기수 3명		
	조타수 2명	징역 2년	
	1등 항해사	징역1.6년	
	조기장		
목포 해경	123정 정장	징역 3년	현장지휘관으로서 선내 승객상황확인, 구조대 지휘, 승객 퇴선안내·유도 조치를 소홀히 함
국토 해양부	진도VTS 센터장	무죄	직무를 소홀히 했지만 의식적인 포기로 보기는 어렵다
	센터팀장 3명	벌금 300만원	직무유기가 아니라 교신일지를 허위로 작성한 혐의
	센터관제사 9명	벌금 200만원	

*출처: 경향신문(2015), 오마이뉴스(2015), 연합뉴스(2015), 저자 재편집[lxxiii]

그러나 현재 진행중인 ㉑민사재판의 경우 정부가 1,878억원의 구상금 청구소송 진행 중에 청해진해운, 고박업체, 세월호 선원들은 모두 본 사건의 책임을 부인했다.[lxxiv]

⑳세월호 선원에 대한 형사재판의 최종판결 및 경비정 선원, VTS 직원 등 관련자들에 대한 형사재판 최종 결과는 p.142 〈표 7〉과 같다. 이상은 현행법을 기준으로 사회적 비용을 발생시킨 것에 대한 처벌로써, ⑲a.기존 법규와 법에 의한 처벌에 대한 항목에 해당된다.

(2) ⑱b.'법과 제도의 강화'의 전개

본 사건이 발생한 후 140일이 지난 후 국무회의에서 해양수산부는 '연안여객선 안전관리 혁신대책'을 내놓았다. 주요내용은 〈표 8〉과 같다.[lxxv]

| 표 8 | 연안여객선 안전관리 혁신대책

연안여객선 안전관리 혁신대책
1. 적자항로에 공영제 도입
2. 이차보전사업 등을 통한 선박 현대화
3. 수송수요 기준 폐지해 새 사업자 진출 허용
4. 카페리 선령 20년으로 제한, 최대 5년 연장만 허용
5. 안전규정 위반시 과징금 10억 원으로 상향

혁신대책의 1번은 사업성이 담보되는 곳만 민영화한다는 의미로 시장주의에 어긋날 수 있지만, 국민의 안전이 담보된 상태에서는 논의 가능한 제도이다. 2~4번 안은 기존 사업자에게 비용측면에서 부담을 주는 견제장치이다. ⑱5번 안은 제도를 강화하여 불법적이고 비윤리적인 행동을 억제하는 징벌적 처벌안이다. 이상 5개 안은 법·제도의 개선과 강화를 통해 사회 전체의 안녕을 보상받고자 하는 전형적인 ⑲b.'사회윤리적' 방법론이다.

제3절 윤리경영 인과지도 관점의 세월호 사건 인과지도

이상의 요인들을 윤리경영 인과지도에 따라 구성하면 다음 〈그림 21〉와 같다.[130)]

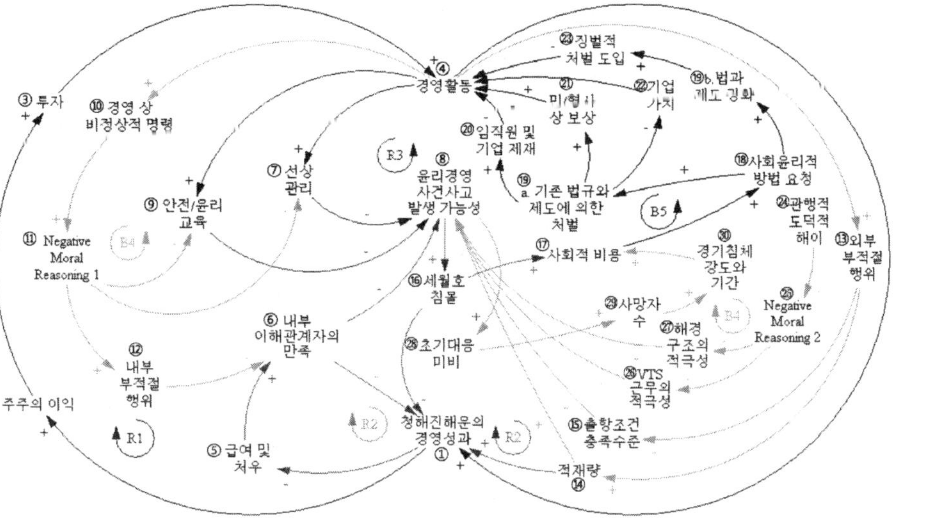

┃그림 21┃ 세월호 사건 인과지도

본 사건은 두 개의 윤리경영 사건사고로 구성되어있다. 앞서 살펴본 바와 같은 다양한 원인으로 ⑧윤리경영 사건사고 가능성이 증가하여, ⑯'세월호 침몰'이 발생했다. 이 것이 본 사건의 첫 번째 윤리경영 사건사고이다. 그 결과 ⑱'사회윤리적 방법'을 요청하여, ①'청해진해운의 경영성과'에 부정적인 영향을 미치고, 관련 법규가 강화되어 동일 산업 내 경영 환경이 악화되는 결과를 낳았다.

그리고, ⑬'외부이해관계자들의 부적절한 행동들'과 ㉔'관행적 도덕적 해이'로 인해 ⑧윤리경영 사건사고 가능성이 증가하여 ㉘초기대응 미비라는 두 번째 윤리경영사고를 유발했다. 이 요인은 ⑰'사회적 비용'을 강화하여 다시 ⑱'사회윤

---

130) 각 항목의 요인간의 관계와 개별 루프에 관한 설명은 본문 끝 별첨의 [경로표]에 모든 요인과 루프를 상세히 기술하였다.

리적 방법'을 요청했다. 이 루프 역시 ㉙사망자의 증가 등을 야기 했으므로 피해 배상이 증가하여 ④청해진해운의 보상 비용을 증가시켜 ①경영성과에 부정적인 영향을 미쳤다.[131)]

ArcheType 윤리경영 인과지도를 본 사건에 적용하여 도출한 세월호 사건의 인과지도를 보면 모든 사건의 원인은 청해진 해운의 경영성과 증대를 위한 것이었다. 기업경영에 필요한 제반 행동을 모두 불법적으로 집행하고, 이 불법적인 집행의 과정에서 내부이해관계자의 불만은 지속적으로 증가하였고, 내부고발도 무시되었고, 필요한 어떠한 기초적인 교육도 없었다. 외부이해관계자들도 청해진 해운과의 직·간접적 커넥션으로 비정상적인 업무관계가 지속되었다.

이상의 간접적인 원인들이 다년간에 걸쳐 누적되며, 이 관계는 세월호가 과적 상태로, 항해 중 위험한 기후임에도 출항허가가 승인 모든 조건을 만족시켜 준다. 그리고 불안한 운항이 지속되다 세월호는 침몰한다. 개조, 과적, 운항 상 이유 등 직접적인 이유가 작동한 결과였다. 세월호가 침몰하기 시작하자 다년간 다양한 이유에서 쌓여온 불만족이 도덕적 추론을 급격히 부정적으로 변화시켜 본 사건의 최대 이슈인 ⑪'잘못된 도덕적 추론 1'을 유발했다.

세월호가 침몰하기 시작하자 또 하나의 메커니즘인 ㉖VTS 센터, ㉗구조대의 대응, 그리고 ㉔현장 작전 진행 상 도덕적 해이가 다시 부각된다. 만연되어 있던 ㉔'도덕적 해이'는 본 사건의 또 하나의 최대 이슈인 ㉕'잘못된 도덕적 추론 2'의 원인이 된다.

많은 조사와 보고서에서 왜 세월호 선원들은 퇴선조치를 하지 않았는가라는 질문에 답을 찾지 못했다. 선원들은 한결같이 청해진 해운이 대기명령을 내렸기 때문이라고 답했다. 그렇다면, 선원들은 왜 대기명령을 어기고 탈출을 했는가. 이 부분은 명백한 모순이 발생한다. 세월호 사건의 최대비극은 바로 이 점이다.

---

131) VTS와 해경을 기업으로 볼 수는 없으므로 윤리경영이라고 말하는 것에 어패가 있을 수 있지만, 본 모델이 공기업이나 공공의 부패에 적용될 수도 있음을 의미하는 부분이 있다. 그리고 결론적으로 청해진해운의 경영성과에 영향을 미치기 때문에 윤리경영으로 해석하여 두 번째 윤리경영 루프로 이해하는 것이 맞다.

그러나, 이 부분에 대하여 아직 명확한 설명이 부족한 것도 현실이다. 이 모순은 선원들이 현장 상황을 알지도 못하는 청해진 해운의 명령을 승객에게는 적용하고 자신들은 임의 판단한 점으로 이해를 하던, 혹은 반대로 현장상황을 제일 잘 아는 선장은 탈출을 결심할 만큼 위험한 상황이므로 자신은 탈출하고, 승객들에게는 청해진 해운의 대기명령을 적용한 점으로 이해하던 모순이다.

이런 모순된 판단을 하는 것은 도덕률에 위배되므로, 회사의 명령은 무조건적으로 수용하여 승객에게 대기 명령을 적용하고, 본인의 안위에 대한 판단은 가장 생존확률이 높은 쪽으로 판단하는 도덕 추론이 별도로 작동하여 스스로 탈출을 결정, 감행한 것으로 이해할 때, 이 모순은 설명될 수 있다. 이때 주목할 점은 회사의 명령을 도덕적인 판단 없이 무비판적으로 승객에게 적용한 것도 비도덕적이고, 본인의 책임과 직무는 무시한 채 탈출을 결정한 도덕적 판단도 비도덕적이라는 점이다. 즉 선원들은 두 개의 도덕적 판단을 모두 비도덕적으로 한 것이다. 이 점이 본 사건의 핵심이다.

그들이 이렇게 비도덕적인 판단만 하게 된 근본적인 원인은 모두 청해진 해운이 평소에 수행한 ⑦선상관리, ⑨안전/윤리교육, ⑩경영상 비정상적 명령 등 간접적인 원인들이 영향을 미친 것이다. 윤리경영 인과지도에서는 이를 '잘못된 도덕적 추론이 윤리 지출의 부정적 측면에 영향을 주는 것'으로 해석한다.

㉕'잘못된 도덕적 추론 2'의 원인이 되는 ㉖VTS 센터와 ㉗구조대의 대응과 ㉔현장 작전 진행 상 도덕적 해이 역시 같은 맥락이다. 평소의 안일함과 ㉔도덕적 해이가 '도덕적 추론'에 영향을 미쳐 ㉕잘못된 도덕적 추론2을 이끌어냈고, 이 결과 ㉖VTS 센터의 대응 미숙과 ㉗구조대의 안일한 구조가 발생한 것이다.

구조현장에서는 아무도 지휘관을 대신 할 사람이 없다. 따라서 지휘관은 매뉴얼 대로 혹은 임의적절하게 구조를 신속·정확하게 진행해야 한다. 하지만, 구조대는 단 한명도 세월호 선체로 진입하지 않은 채, 밖에서 대기만 하고 있었다. 구조대가 선원들의 탈출을 돕고 승객의 탈출을 이끌어내지 않은 것은 결국 모두 ㉕잘못된 도덕적 추론2를 한 결과로 비도덕적 판단만 한 것이다.

본 연구에서 윤리경영 인과지도를 통해 도출할 수 있는 대안은 기업이 본연의 업무 전반에 충실한 경영을 수행할 때 비로소 위험요소가 최소화 된다는 점이다. 경영자의 판단 중 잘못된 판단은 비용절감을 위해 해야할 일을 하지 않는 것이다. 심지어 해야할 일은 여전히 고용자의 개인적 노력으로 극복되기를 바란다. 노동계약의 기본적인 조건은 열심히 일을 하는만큼 보상받는 것이 아니라, 급여받는 만큼 충실히 하는 것이다. 노동자가 고용계약에서 약자라는 이유로 계약상에 존재하지 않는 업무를 부과하거나, 기업의 비용으로 해결해야 할 이슈를 노동자의 노력과 시간으로 대신 해결하게 한다면, 이런 점들은 결국 윤리경영 사건사고로 이어진다.

청해진 해운이 ⑨안전교육을 충실히 시키고, 직원들의 ⑨내부고발에 귀기울여 이슈를 제거하고, 안전한 운항이 될 수 있도록 ⑭개조와 ⑮고박에 최선을 다하고, ⑮과적을 하지 않았다면, 그리고 직원들을 ⑤적정한 수준의 급여만 제공했어도 이런 ⑪이상한 도덕적 추론을 하지 않았을 것이다. 이 모든 것이 ②경영자 개인의 이익을 위한 잘못된 경영마인드에서 시작된 것이다. 그 비용은 한국사회 전체가 ⑰2조원이 넘는 금액으로 돌려갚은 것이다.

이제 재발 방지를 위해서는 ⑱사회윤리학적 방법의 제언대로 ⑲a법과 제도를 강화하고 해양선박 안전이 더 이상 같은 원인으로 재발되지 않도록 감시와 감독을 철저히 하는 것이 중요한 과제이다. 본 사고를 계기로 도출된 원인들을 명확히 부각하여, 이에 대한 감시, 감독과 규제가 필요한 대안과 엄격한 수행만이 재발을 방지할 길이라 생각된다.

결국 연구자가 제시한대로 좋은 기업이란 본연의 업에 충실한 Aristoteles적 윤리관에 부합하는 기업이 사회적 비용을 최소화 할 때 이루어지는 것이라고 할 수 있다. 단, '불공정 지향성'을 '사회윤리'적 방법인 법과 제도의 강화를 통해 견제하고 제거해야 좋은 기업이 유지되고 행복한 사회가 유지 될 것이다.

VII 새로운 윤리경영 이론의 실천적 활용

앞서 다양한 학제간 연구를 통해 도출한 Hybrid적 응용윤리학 구조에 기반한 이론연구를 가시적이고 인지가능하게 하기 위해 시스템 사고와 시스템다이내믹스 인과지도 모델링을 통해 최종산출물로 ArcheType 윤리경영 인과지도를 도출했다. 그리고 이를 사례연구의 Frame으로 삼아 두 가지 사례연구를 수행하였다. 이를 통해 ArcheType 윤리경영 인과지도의 유의미함을 살펴보았다.

제Ⅲ장의 제2절에서 시스템다이내믹스에 대한 이론적 고찰을 통해 원래 시스템다이내믹스는 유량/저량 모델을 통한 시뮬레이션이 그 목적이었으나, 인과지도 역시 하나의 분석툴로서 유의미함이 입증되어 사용된다고 언급하였다.

이하에서는 향후 발전적인 방향에서 실제로 기업의 경영현장에서 유용한 윤리경영 인과지도의 활용에 대한 제언을 하고자 한다. 본 장은 세 절로 구성된다.

제1절은 인과지도 역시 하나의 분석툴이므로 기업에서 윤리경영 인과지도의 활용을 통해 윤리경영 이론을 기업 경영에 적용하여 기업의 윤리경영 위험을 줄이고 보다 좋은 기업이 되는 방법에 대해 검토한다.

제2절은 ArcheType 윤리경영 인과지도를 활용한 더 많은 데이터의 수집하여 시스템다이내믹스 방법론 Tool이 보유한 시뮬레이션 기능을 활용하는 방법을 설명한다.

제3절에서는 시뮬레이션 이후의 가능성에 대해 MIS적인 측면에서 세 가지 내용으로 정리한다. 첫째, 이상의 내용과 아울러 기업 내부의 In-house 데이터, 그리고 기업 외부의 BigData 및 공공 데이터 등과 결합하면 데이터의 질적인

측면을 보강된다는 점, 둘째 시뮬레이션과 Forecasting을 통한 윤리경영 관점의 경영 행태 최적화와 이슈 발생 시 Warning의 적시성이 강화된다는 점, 셋째 현재까지는 윤리경영의 측면에서는 이러한 예측과 최적화 등 분석력을 기반으로 한 Data Driven Decision Making이 부족하지만, 이를 계기로 기업의 위기관리 능력을 강화하는 것을 기도할 수 있다.

제1절 윤리경영 인과지도의 직관적 분석을 통한 경영 개선

지금까지 ArcheType 윤리경영 인과지도의 구성과 사례연구에의 적용을 통해 선행연구의 반영 및 전통적인 윤리경영 선행연구의 이슈에 대한 극복, 엄밀한 윤리학적 기준의 반영 등 ArcheType 윤리경영 인과지도의 장점을 살펴보았다.

기존의 윤리경영 연구들이 단선적인 형태의 인과관계에 주목했다면, 본 연구의 결과는 다차원적인 구조를 가지고 있어 윤리경영의 요인들이 단순하지만은 않다는 점에 주목하고 있다. 특히 다원적이며 피드백구조의 시스템다이내믹스 사상에 기반하였기 때문에 어떤 요인이 주원인이고 보조원인이라고 구별할 수도 없는 형태이다. 따라서 이 다원적이며 동시다발적이고 피드백 형태인 구조를 다원·다차원적이라고 표현한다.

피드백 구조라는 시스템다이내믹스의 특징이 영향을 주기도 하지만, 현실적으로 이 다원·다차원 구조는 창발을 구조적으로 보여줄 수 있는 장점이 있다. 여러 원인들이 복잡하게 얽히면서 예상치 못했던 곳에서 예상치 못했던 돌발 행동이 회사전체를 위기에 빠뜨리는 상황을 가시화할 수 있다.

윤리경영의 본질은 기업 경영 상 사고가 발생했을 때, 그 사고 원인의 속성이 공학적이거나, 자연발생적이 아닌, 윤리적 혹은 도덕적인 문제와 연관된 경우를 말한다. 즉 원인중심적인 개념이다. 같은 사고가 피해의 측면에서 조명되면 재난사고가 된다.

재난사건은 '스위스 치즈 모델'과 '하인리히의 법칙' 등이 Frame으로 자주 사용된다. 이 모델들은 다른 연구나 칼럼 등에서 세월호 사건을 설명하기 위해서도 사용되기도 하였다. 그런데 이 재난 모델의 핵심은 타이밍이다. 언젠가는 발생할 일이었는데, 타이밍 상 그때 발생한 것이다. 주기를 추정할 수는 있지만, 그 주기를 조절하는 것은 쉽지 않고, 결과적으로 사고를 회피할 수도 없다.

이렇듯 윤리경영은 사건의 원인에 초점이 맞춰져 있다. 그리고 윤리적인 의사결정과 그 수행을 통한 행동들이 사건을 미연에 방지할 수 있을 것이라는 사고가 윤리경영의 근간을 이루고 있다. 따라서 윤리경영의 목적은 사고의 방지에 있다고 할 수 있다.

따라서 사고 방지에 도움이 되지 않고 사고 설명에 용이한 재난 모델들은 윤리경영 모델과 차이가 있는 것이다. 사고 방지를 위해서 가장 중요한 것은 위험에 대한 Warning이다. 결국 '스위스 치즈 모델'과 '하인리히의 법칙' 등은 사고에 대한 설명은 용이하지만, Forecasting과 Warning 기능을 실제로 구현하기는 어렵다.

Warning은 여러 가지 시뮬레이션과 Forecasting을 기반으로 한 수학적 모델을 통해 더 정확할 수 있다. 그러나, 시뮬레이션을 위해 필수적인 것은 데이터이다. 데이터가 확보되지 않는다면 무의미하다. 앞선 사례연구에서 보았듯이 인과지도는 정성적인 자료들을 중심으로 한 인과관계의 추론을 가시적으로 모델링한 것이므로, 수리적 통계분석을 수행할 만큼의 데이터를 제공해 주지 못한다. 그러나 인과지도의 분석을 통해 알 수 있는 내용도 있다.

카드3사 정보유출사건이나 세월호 침몰 사건의 윤리경영 인과지도를 참고하면, 언론 및 유관기관에 의해 사고의 원인으로 주목된 요인들이 직접적이고 강력한 영향을 미친 유일한 원인으로 보일 수 있다. 예를 들면, 카드3사 사건의 경우, K사 직원 P씨의 불법적 정보유출 시도, 그리고 세월호 사건의 경우, 과적과 운항상 이슈 등이 직접적이고 강력한 영향을 미친 원인으로 지적된 것이라 할 수 있다. 그런데, 이 요인의 어디서 유발된 것일까에 대한 물음이 중요하다.

K사 직원 P씨가 보안 해제를 요구했을 때, 사고가 발생한 카드3사 직원들은 규정을 어기며 보안해제를 해주었지만, 타사 직원들은 오히려 보안규정을 어기려는 P씨의 불순한 의도를 간파하고 P씨를 프로젝트에서 제외시켜서 결론적으로 사고를 방지했다.[132] 그렇다면 카드3사에서는 보안 정책이 무시된 의사결정과 행태가 이번이 처음이었을까.

세월호 사건의 경우 과적과 운항상의 위험과 이슈는 항상 있었던 것으로 과적과 운항상의 이슈에 대해서는 개선 시도도 무시한 채 오랫동안 강제로 집행된 사항이다.[133] 그렇다면 침몰할 가능성도 항존했다고 볼 수 있다.

항존하는 위험이 하필이면 그날 발생했다는 관점의 재난 분석 모델들과 윤리경영 모델이 모두 적용될 수 있으나, 보다 깊은 분석과 원인탐구 그리고 재발방지 및 향후 Warning에 대한 역할은 윤리경영 연구가 관여해야 한다. 왜냐하면, 앞서 밝힌 바와 같이 이 사고들의 원인은 비단 공학적, 물리적, 자연재해적으로 보일 수 있으나, 이점은 재난 모델로 명확히 설명할 수 없는 이유는 결국 윤리판단의 문제가 개입되어 있기 때문이다.

바꾸어 말하면, 그 주요인이라고 지적된 사항이 원래 없던 것이 단 한번 발생한 창발형 Trigger가 아니라는 점이 중요하다. 사건의 원인으로 주목된 요인은 항상 있어왔고 반복되던 업무 일상 프로세스 중의 일부였다. 그러므로 일상 요인이 왜 갑자기 Trigger로 돌변하여 사고라는 창발이 일어났는지가 중요하다. 이점을 밝히기 위해서는 기존의 윤리경영 연구들로는 한계가 있다 왜냐하면, 앞에서 본 연구가 제기한 이슈처럼 기존 윤리경영 연구의 방법론 즉, 통계모델의 선형 회귀분석 모형의 한계이다. 선형 모델은 보기에는 명료하지만, 원인의 원인을 규명하기에는 설명력이 낮기 때문이다. 하지만, 시스템다이내믹스 인과지도 분석은 이런 한계를 극복하고 있다.

예를 들어 두 사건의 경우 재난 모형으로는 도출할 수 없는 공통점을 윤리경영

---

132) p.122 본문 참조.
133) pp.105-106 본문 참조.

인과지도는 보여주고 있다 바로 '도덕적 추론'의 문제이다. '도덕적 추론'에 영향을 미치는 요인과 '도덕적 추론'이 영향을 미치는 요인들은 윤리경영 사건사고마다 매우 다르다. 이 점은 주목하여 고찰할 필요가 있다.

1.1 '도덕적 추론'에 영향을 미치는 요인들

시스템다이내믹스 방법론은 그 구조에 대한 이해와 행태에 대한 이해로 구성된다. 또한 시스템다이내믹스는 시스템과 다이내믹스로 나누어 생각해 볼 수 있는데, 시스템은 시스템의 구조로부터 어떠한 행태가 발생되는가를 이해하는 것으로 볼 수 있고, 다이내믹스는 시스템의 행태로 인해 시스템의 구조가 어떻게 변화되는지를 이해하는 것으로 볼 수 있다(김동환, 2000a).

p.102 〈그림 17〉 ArcheType 윤리경영 인과지도에서는 ⑰'도덕적 추론'이 ⑥'내부이해관계자의 만족'과 부(-)의 상관관계를 가진다. 그러나 실제로 사례연구 결과는 이 보다 더 복잡하게 나타난다.

p.127 〈그림 20〉 카드3사 정보유출사건 인과지도는 기업이 정상적으로 운영될 때는 ⑱'긍정적인 도덕적 추론'이 작동한다. 그러나 ⑲'위법행위'가 발생하면, 즉시 ⑳'부정적인 도덕적 추론'이 작동하여 ①'기업의 경영성과'에 긍정적인 영향을 미치던 R3의 강화루프인 R4를 순식간에 감쇄루프인 B4로 전환시킨다.

p.143 〈그림 21〉 세월호 사건 인과지도에서도 좌측에서는 ⑩'경영 상 비정상적 명령'에 의해 ⑪'잘못된 도덕적 추론1'이 발생하여 감쇄루프 B4(左)가 시작되고, 우측에서도 ㉔'관행적 도덕적 해이'가 ㉕'잘못된 도덕적 추론2'를 야기하여 감쇄루프 B4(右)가 시작된다. 결국 이렇게 유발된 도덕적 추론이 모든 윤리경영 인과지도들에서 윤리경영 사건사고의 촉발점이라 할 수 있다.

이렇게 피고용인의 '잘못된 도덕적 추론'을 야기시키는 것은 경영진의 잘못된 경영판단과 행태이다. 그러나 일반적으로 경영자나 간부들은 자신들의 조그마한 과오는 양해 될 수 있는 것이고, 타인이 크게 영향을 받지 않을 것이라고 생각한다.

크게는 대주주 경영자인 회장들의 잘못된 의사결정으로 수백억 원의 손실이 발생해도 회장은 최고경영자로써 감봉, 시말서, 권한제한 등 처벌을 받는 경우는 드물다. 엄밀히 말하면 정치적 견제세력이어야 할 주주총회에서 처벌하지 않는다. 하지만 피고용자 개인은 실수만 있어도 책임과 처벌이 뒤따르고 불법적 해고도 자행된다. 이런 비윤리적인 관행들이 과거에 비해 많이 개선되었다고는 하지만, 아직도 노조의 견제나 내부 Compliance의 감시가 이루어지는 대기업 사무실에서도 욕설, 폭력, 인격모독 및 인권 차별적 행위들이 자행된다. 성차별, 인종차별 등도 똑같은 구조와 이유에 근거한다. 지금도 근무 중이나 퇴근 후 술자리에서도 윗사람은 잘못도 용납이 되고, 아랫사람의 실수도 허용되지 않는 것이 현실이다. 심지어 최근 퇴근 후 카카오톡 금지법이 제정될 정도로 전국민적으로 퇴근 전후 구분이 없다할 수 있다.

이런 일이 발생했을 때 상사의 리더십은 훼손되고, 조직의 결속은 금이 가며, 조직몰입도와 업무만족도가 저해되는 것은 당연한 것이다. 그러므로 하위직급자, 팔로워, 피고용자 등의 도덕적 추론은 이미 항시적으로 나쁜 영향을 받는다고 볼 수 있다. 그러나, 조직의 리더나 경영진은 이러한 순간 망각에 빠지는 경우가 있다. 충분히 양해를 구했고, 미안하다고 술도 한잔 샀고 택시비도 한 2만원 집어줬으면 됐다고 생각한다. 이런 사소한 일들이 조직 구성원들의 도덕적 추론을 돌이킬 수 없는 상황으로 악화시킨다.

윗사람의 비리를 알게 되면 아랫사람은 더 큰 비리를 자신있게 저지를 수 있는 것이 사회윤리학에서 말하는 조직의 악함 즉, 개인은 윤리적이게 만들 수 있지만, 조직은 개인을 악하게 만든다는 것이다. 이는 '불공정 지향성' 때문에 이루어지는 나만이 손해보는 일을 할 수 없다는 이기심의 발로이다. 대표적인 예로 최근 밝혀지고 있는 대우해양조선의 내부 비리문제이다. 대표이사는 친구의 회사에 하청을 몰아주고 대가로 친구 회사의 지분을 받았음이 밝혀졌다. 비슷한 기간, 차장 한명은 6년간 180억원의 공금을 횡령하여 개인적인 용도로 사용하였다.

내부 관리기능이 없음을 알고, 윗사람도 하는데 자신이 하지 않으면 손해라는 생각이 발동했을 것이다.[lxxvi]

이런 식으로 어떤 이유로든지 '잘못된 도덕적 추론'이 발동하게 되면, '교육효과'와 '비용효과'가 감쇄루프로 전환되어 실제로 모든 윤리경영 인과지도 상에는 윤리경영 사건사고 발생가능성을 강화시키는 루프만이 남게 된다. 이 순간이 되면 윤리경영 사건사고 발생가능성은 급격히 증가하게 되고 결국 윤리경영 사건사고 발생으로 직결된다. 따라서 기업은 이 내부이해관계자의 '도덕적 추론'에 부정적 영향이 가해지는 것을 주의해야 한다.

심지어 60p 〈그림 6〉에서 보듯 일반적인 '도덕적 추론'은 도덕적 완성도가 가상의 100% 완성선을 초과하지만, 윤리경영에서의 '도덕적 추론'은 도덕적 완성도가 가상의 100% 완성선에 수렴할 뿐 일반적인 '도덕적 추론"과 같이 100% 혹은 그 이상에 다다를 수 없다. 왜냐하면, 사회윤리학에서 말하는 조직이 개인을 악하게 만드는 점과 개인의 '불공정 지향성'이 어울려 끊임없이 개인의 도덕적 추론에 부정적인 영향이 발생하기 때문이다.

1.2 '도덕적 추론'이 영향을 미치는 요인들

이렇게 부정적 영향을 지속적으로 받은 '도덕적 추론'은 Kohlberg가 기대한 '도덕발달이론'의 발전적인 모습을 보여주기 어렵다. '불공정 지향성' 때문이다. 다른 사람은 모두 규정을 지키지 않고 도덕적이지 않은데, 나만 손해를 감수하고 합법적이고 도덕적이기를 기대하면 생존의 위협을 느끼기 때문에 생물적 이기심이라는 본능에 충실하게 된다.

p.51 〈그림 5〉의 도덕적 추론 모형에서 보다시피, '도덕적 추론'은 외부의 영향에 민감하다. 따라서 기업과 같이 지시와 수행으로 운영되는 조직은 내부이해관계자의 '도덕적 추론'에 일반인의 그것보다 더 강력한 외부 영향을 미칠 수 있다.

따라서 조직의 운영 시 기업의 경영성과 극대화를 위해 내부이해관계자들의 '도덕적 추론'을 훼손시킬 수도 있는 수준의 스트레스는 여러 가지 경로로 내부이해관계자들로 하여금 비윤리적인 행위를 하도록 조장하는 계기가 될 수 있으므로 위험하다.

p.128 〈그림 20〉 카드3사 인과지도에서 보듯 ⑳'부정적인 도덕적 추론'이 작동하여 ①'기업의 경영성과'에 긍정적인 영향을 미치던 R3의 강화루프인 R4를 순식간에 감쇄루프인 B4로 전환시킨다.

p.144 〈그림 21〉 세월호 인과지도에서도 좌측에서는 ⑩'경영 상 비정상적 명령'에 의해 ⑪'잘못된 도덕적 추론1'이 발생하여 R3의 강화루프를 감쇄루프 B4(左)로 바꿔버렸고, 우측에서도 ㉔'관행적 도덕적 해이'가 ㉕'잘못된 도덕적 추론2'를 야기하여 감쇄루프 B4(右)가 시작된다.

이상의 두 사례를 통해서도 직관적으로 알 수 있듯이 '도덕적 추론'에서 부정적인 도덕 판단이 이루어지고 이에 근거한 비윤리적인 행동을 하게 되는 것은 매우 순간적인 일이고, 그동안 '윤리지출의 긍정적인 측면' 등을 통해 쌓아 올려 내재화한 조직의 방어기제들이 모두 순식간에 무너지게 된다.[134]

그리고 모든 윤리경영 인과지도들에서 '내부이해관계자의 만족'과 '윤리경영 사건사고 발생가능성' 간에 부(−)의 상관관계를 가지고 있다. 따라서 구조적으로는 '내부이해관계자의 만족'이 '윤리경영 사건사고 발생가능성'을 지속적으로 감쇄시키지만, 이는 강화루프인 B3의 윤리경영의 '교육효과'와 '비용효과'와 함께 전체의 다이내믹스에서는 중화된다. 즉 항상 윤리경영 사건사고 발생가능성이 항존하지만, 내부적으로 여러 가지 내재화된 방어기제에 의해 무마되고 있다는 것이다.

이 점은 Paine(2000)이 말한 윤리비용의 긍정적·부정적의 두 가지 측면이 있

134) 본 연구 121p의 〈표 5〉에서 보듯, 최근의 금융권 정보유출 사고는 해킹같은 외부의 기술에 의한 것이 아니라 모두 내부자의 소행 내지는 협조에 의한 것이었다. 이는 비단 한국의 문제만이 아니라 미국도 Target 등 정보유출사건이 모두 내부소행이라 내부자 보안관리에 매우 관심이 높아지고 있다.

다고 말한 것과는 별개의 문제이다. Paine이 지적한 긍정적·부정적 두 측면은 상보적이거나, 상충적인 면을 지적한 것이 아니다. '윤리지출'의 의도는 긍정적 측면만 기대했으나, 진행과정 상 부정적 측면이 발생되고 있다는 점을 지적한 것이다.

결국 앞에서 보듯이 어떤 이유에서건 '도덕적 추론'에 영향을 미치게 되면 감쇄루프가 발생하여 사실 상 기업의 비윤리적 기저의 중화작용을 해주건 '윤리경영 사건사고의 발생가능성'에 대한 유일한 감쇄루프인 '윤리지출의 긍정적 영향'(B3)이 모두 무시된다. 그 영향으로 인과지도에는 '윤리경영 사건사고의 발생가능성'에 대한 강화루프만 남게 되고 감쇄루프는 사라져 윤리경영 사건사고가 발생할 일만 남게 되는 것이다.

문제는 비단 도덕적 추론이 '윤리경영 사건사고 발생가능성'과 직접적으로 연결되는 루프뿐만 아니라, 내부이해관계자의 만족에도 양(+)의 관계로 강화 영향을 미치기 때문에 '윤리경영 사건사고 발생가능성'의 가속화가 이루어진다는 점이다.

이미 이렇게 윤리경영 문제는 회사 전반에 스며들고 있는 것이다. 이런 상황에 대해 기업의 경영현장에서 경영진과 윤리경영담당자들은 윤리경영적으로 자신들의 기업 내에 아무런 문제도 없다고 생각한다. 그러나 이것은 큰 오해이다. 이미 윤리경영적 문제는 회사 전반에 스며들고 있는 것이다. 시스템다이내믹스의 다차원구조 상 구성의 오류와 윤리적 지출의 변화무쌍한 관계의 구조 이외에도 구성의 오류와 같이 '윤리경영 사건사고 가능성'과 '기업의 경영성과'에 감쇄루프를 이루고 있는 상존하는 구조가 있다는 것을 기업의 경영진과 윤리경영 관계자들은 이해해야 한다.

따라서 조직관리자의 입장에서는 가시적인 사건사고가 없다고 하여 우리 조직은 도덕적으로 문제없고 기업윤리적으로도 이상이 없다고 생각하면 안된다. 지금까지의 연구결과처럼 모든 조직은 도덕적으로 불완전하고 기업윤리적으로 문제가 있는 상태이기 때문이다. 단지 '윤리경영 사건사고 발생가능성'을 중심으로 봤을 때, 감쇄루프와 강화루프가 어느 정도 중화되고 있는 상태로 교육효과 등 때문에 전체적으로 문제가 드러나지 않는 것일 뿐이지만, 결정적인 계기가 주어지면, 문제가 발생하는 것이다. 따라서 그 어딘가에서 문제가 발생할지에 대해 지속적인 추적과 대안 강구만이 윤리경영의 지속성을 늘리는 길이고 이것이 인과지도를 통한 기업경영 현장에서 도움을 받을 수 있는 통찰이다.

결국 경영현장에서 인과지도를 활용한 윤리경영 강화의 가장 현실적인 방법은 다양한 윤리경영 인과지도들에 대한 사례학습과 이를 통한 직관적인 통찰을 얻는 것이다. 이를 위해서는 다양한 산업의 다양한 상태의 다양한 원인의 윤리경영 이슈에 대한 인과지도가 개발되어야 할 것이다. 그리고 다수의 인과지도 개발은 이어서 설명할 시뮬레이션을 위한 자료수집의 기초가 되어 컴퓨터 시뮬레이션을 통한 예측모델 개발에 활용될 수 있다. 그 수준에 도달하기까지는 사례학습을 통한 통찰 획득이 현실적인 윤리경영 강화의 방법이다.

제2절 시스템다이내믹스 시뮬레이션을 통한 예측

기업의 경영과정에서 문제가 발생할 것을 알고도 결정한 사항을 강행한다는 것은 복잡한 문제이다. 현재 한국에서 발생하는 언론이나 SNS에서 도의적 비난을 하는 것과는 차원이 다른 문제이다. 첫째, 기업의 미래에 대한 계획인 Forecasting과 문제가 발생할 것을 알려주는 Warning간에 정합성 문제를 생각할 수 있다. 둘째로는 항상 기업의 보이지 않는 위험인 외부요인의 영향이 있다. 셋째, 도박에 가까울 만큼 위험을 감수하기 때문에 잘못된 결정에 따른 책임이 너무 크다는 것 또한 간과할 수 없다. 이러한 경영상의 위험을 조금이라도 줄여보고자 기업은 다양한 예방책을 도입한다

이런 기업이 사용하는 예방책으로는 MIS적 경영, 즉 ERP[135], CRM[136], EI

135) ERP(Enterprise Resource Process: 전사적 자원 관리)는 인사·재무·생산 등 기업의 전 부문에 걸쳐 독립적으로 운영된 각종 관리시스템의 경영자원을 하나의 '시스템 통합으로

S[137], Business Intelligence[138] 등의 정보 시스템 등 정보의존도를 높이는 방

재구축함으로써 생산성을 극대화하려는 경영혁신기법을 기반으로 하고 있다(위키피디아, "ERP").

136) CRM(Customer Relationship Management: 고객 관계 관리)는 소비자들을 자신의 고객으로 만들고, 이를 장기간 유지하고자 하는 경영방식이며 기업들이 고객과의 관계를 관리, 고객 확보, 그리고 고객, 판매인, 협력자와 내부 정보를 분석하고 저장하는데 사용하는 광대한 분야를 아우르는 방법이다(위키피디아, "CRM").

137) EIS(Executive Information System: 경영진 정보 시스템): 조직 내의 업무에 관련된 매출 등 성과를 임원 등 경영진의 전략 구상 시 지원 할 수 있도록 구성된 리포트 시스템.

138) Business Intelligences(비즈니스 인텔리전스, 이하 BI)는 기업에서 데이터를 수집, 정리, 분석하고 활용하여 효율적인 의사결정을 할 수 있게 만든 시스템과 방법론을 말한다. BI 영역에는 다양한 시스템과 기반기술이 요구되며, 때문에 BI를 이해하기 위해서는 이러한 시스템 및 기술에 대한 이해가 선행되어야 한다. 기반기술은 ETL(Extraction Transformation Loading: 다른 양식의 데이터를 하나의 양식으로 통일하기 위하여 ① Extract(데이터 추출), ②Transform(데이터 변환), ③Load(데이터 적재)의 과정을 거치는 기술과 Tool을 말함), DataWarehouse(DW: 데이터를 저장하고 관리하기 위한 대형 데이터 저장 시스템), Data Mart(특정 목적으로 소량의 데이터를 활용하기 위해 DW에서 데이터를 찢어서 사용하는 작은 목적용 DW, 주로 SAS 등에서 분석목적으로 대형 DW이 데이터 전체를 매번 모두 읽어드리고 모두 분석하면 비효율이 발생하므로 필요한 만큼의 소형 Data Mart를 만들어 활용함), 데이터 마이닝(통계 기법 중 하나로 다중회귀분석, 의사결정가지구조, 신경망분석 등을 포함한다. 확인적 방법론 보다 탐색적 방법론에 유용하게 사용된다), OLAP(Online Analytical Processing: '온라인 분석 처리'라고 한다. DW에 직접 붙어서 대형 데이터를 처리하는 방식으로 사용자가 동일한 데이터를 여러 기준을 이용하는 다양한 방식으로 바라보면서 다차원 데이터 분석을 할 수 있도록 도와준다), 전사포털 등 MIS에 등장하는 거의 모든 기술이 동원된다. 2000년 대 들어서는 SAS 등 통계에 강점을 가지고 있는 소프트웨어가 BI 시장에 진입하며 통계분석을 추가하여, 최근에는 에이전트 기술이나 인공 신경망, 유전자 알고리즘과 같은 인공지능 기법과의 연계를 고려한 비즈니스 인텔리전스 영역들이 기술적으로 확장되고 있다(위키피디아, "CRM"; 김승범 등, 2015). 예를 들어 ERP는 SAP社의 SAP 솔루션을 사용하고, CRM은 ORACLE社의 Siebel 솔루션을 사용하는 기업이 있다고 가정하자. 이 기업에서 원자재 구매 최적화' 분석을 하기 위해서는 SAP의 구매 데이터와 CRM의 판매 데이터를 결합해서 통계적 분석을 수행해야 하는데, SAP의 데이터와 Siebel은 데이터의 종류가 달라서 결합을 할 수가 없다. 이를 위해서는 SAP 데이터와 ORACLE 데이터를 SAS 데이터로 ETL해야 한다. 우선 SAP Data set을 SAS Data set으로 변환하기 위해서는 SAP와 SAS 양사간에 합의와 기술협력에 의해 개발된 SAS의 SAP Access를 사용하여 SAP DW의 SAP Data set 중 자재 구매일자 데이터를 ①Extract(추출)하여, SAS SAP Access와 SAS ETL를 거치면 SAS Data set으로 ② Transform(변환)되어 SAS의 DW인 SAS SPDS에 ③Load(저장)한다. ORACLE DW 역시 SAS Data set으로 변환하기 위해서는 ORALCE과 SAS 양사간에 합의와 기술협력에 의해 개발된 SAS의 ORACLE Access를 사용하여 ORACLE DW의 POS Data set 중 매출 데이터를 ①Extract(추출)하여, SAS SAP Access와 SAS ETL를 거치면 SAS Data set으로 ② Transform(변환)되어 SAS의 DW인 SAS SPDS에 ③Load(저장)한다. 이때, 전략적 의사결

법이 있다. 특히 2000년 대에 들어서면서 통계분석의 기법을 활용한 정보분석이 일선의 경영현장에서도 활용되면서 데이터와 분석을 통한 정보의 위력은 더욱 강력해졌다. 이런 정보 시스템의 원천에는 데이터가 있고, 데이터는 세상에는 무수하게 많은 종류가 있겠지만, 그 많은 데이터를 수집하고 사용가능하게 정제하여 분석을 할 수 있게 된 것은 최근 IoT[139)]와 BigData[140)] 발전의 공헌이 있음을 무시할 수 없다.

수학적 기법이 없이 예측이란 것은 불가능하다. 기업경영에서도 통계적 경영기법 및 통계기반 BI 솔루션의 도입 후 경영에서는 예측이 용이하게 되었다.[141)] 경영 현장에서는 자원의 한계[142)] 때문에 자원의 한계 상황에서 비용 최적화가 가능하다면 이익의 최대화가 가능할 것이라는 전제하에 가급적 정확한 예측을

정이 이루어져서, 전체 상품은 1달에 한 번 특정 제품 A의 원자재는 매일 모니터링이 필요하기 위해서는 A 제품 1개를 관찰하기 위해 100개 제품의 데이터를 모두 매번 ETL하고 분석하는 것은 비효율이므로 관련된 정보만 복사해 Mart를 구성하여 분석함으로 효율을 제고한다.

139) IoT(Internet of Things: 사물인터넷)은 사물(事物)이 유·무선 인터넷 망에 연결됨으로써, 사물의 power on/off부터 사물의 사용에서 발생하는 각종 데이터를 어딘가에 수집, 가공, 보관, 활용할 수 있게 된 상황을 말한다. 전문기관인 가트너에 의하면 2009년까지 IoT에 해당하는 사물의 개수는 9억 개였으나, 2020년까지 이 수가 260억 개에 이를 것으로 예상된다(위키피디아, "IoT").

140) BigData는 무선 네트워크 기술의 발전과 컴퓨팅의 발달에 따른 휴대용 컴퓨팅 기기(스마트폰, 타블릿 PC)의 보급이 급격한 속도로 진행됨에 따라 각 컴퓨팅 기기에서 발생하는 데이터의 양이 기하급수적으로 증가하여 이제는 기존의 데이터 수집, 가공, 보관, 활용하는 방식으로는 어렵게 된 상황을 말한다. 2010년대에 들어서서 인류가 축적한 모든 데이터 보다 1일간 전세계에서 발생한 데이터의 양이 더 많아지는 시대가 됨에 따라 이를 처리하기 위한 기술적 발전이 요청되었다. 이 BigData는 IoT의 발전에 따라 더욱 빨리 그리고 크게 진행된다.

141) 경영학에서 통계를 사용하여 이론적 지원을 한 시점은 BI의 역사보다 선행하지만, 기업의 데이터를 전수조사하여 자유로운 활용이 이루어 진 것은 SAS 등 통계기반의 솔루션 기업이 BI 시장에 진출한 이후에 가능한 것이다. 왜냐하면 그 이후에 다양한 분석을 위해서는 인사, 마케팅, 생산 등 다양한 정보의 결합과 생성, 그리고 활용 등의 데이터 관리가 가능했기 때문이다.

142) 자원의 레버리지를 생각해도 그 레버리지 역시 한계가 있는 것이 정상이며, 간혹 기업과 금융권과 한도를 초과한 불법 대출이 바로 이 레버리지의 한계를 넘어선 비윤리적 경영활동이다. 따라서 정상적이고 윤리적인 범위에서 자원의 한계란 원천적인 자산의 한계와 레버리지의 한계를 합친 수준이다.

추구하게 되었다. 이후 통계기반 BI 시장이 열리면서 기업은 예측을 위한 시뮬레이션과 Forecasting을 중요시 하게 되었다(김승범 외, 2015). BigData에 대한 화두가 떠오르기 직전, 즉 기업의 내부 In-house 데이터와 통계청 및 기상청 제공의 공공 데이터만으로 BI의 데이터 분석이 진행되던 시절인 2010년, 높은 수준의 예측시스템을 구현하기도 했다.[143)lxxvii)]

그럼에도 불구하고, Warning에 대하여 온전히 장부상의 손익만을 가지고 의사결정을 한 결과 크게 낭패를 본 경우들이 있다. Ford의 Pinto 사례[144)]는 사고발생 시 배상금 등으로 지불할 금액과 공정개선 상 발생하는 총비용의 비교한 것도 기업이 사고가 발생할 것을 예측하고 그 이후 처리과정을 잘못 계산한 경우이다.

반대로 장부외의 정보에 대한 인식의 여부를 바탕으로 시장을 기만하여 '불공정 지향성'에 근거, 불법 경영활동을 한 경우도 있다. 2013년 LIG 그룹의 1,300억 원대 CP 불완전 판매 사건과 2014년 동양그룹의 1조 7,000억 원대 CP 불완전 판매 사건은 공통적으로 기업이 법정관리에 들어갈 만큼 위험한 상황인데도, 이를 숨기고 개인투자자들에게 거짓 정보를 흘리며 판매를 하여 개인의 이득을 챙긴 경우이다. 최근 한진해운의 대주주와 같이 경영상의 문제로 주가하락을 알면서 사전에 주식을 팔아 손해를 회피했다는 점도 유사한 경우이다.

이런 Pinto, LIG, 동양, 한진해운 사례 등은 기업만의 이익을 위한 경영진의 의사결정이 '사회적 비용'을 발생시킨 경우이다. 이들의 공통점은 정보력, 특히 예측이다. 이 예측이 무조건 나쁜 것은 아니다. 이는 자신은 손해를 보지 않으려는 '불공정 지향성'에 의한 의사결정에 대해 시장논리가 인정하지 않은 경우이다.

이러한 상황을 경제학적인 설명으로는 정보를 가진 측이 정보를 가지지 않은 측을 기만하여 일반 투자자로 하여금 '역선택(Adverse selection)'을 강요한 '도

143) 세계 최초의 온라인 게임 BI를 구축한 국내 게임기업 CJ Internet (현 Netmarble)의 경우, 프로젝트 총괄 PM이었던 김승범(2015)에 의하면, 많은 분석모델을 만들었지만, 특히 매출 예측 시스템의 경우 1년 365일 중 7일의 매출만 오차범위에서 벗어날 정도로 뛰어난 모델링을 구현했다(SAS Korea, 2010; 김승범 외, 2015)

144) p.66 각주 67) 참조.

덕적 해이'이라 한다(김기찬 외, 2014).

오히려 반대로 사고가 발생할 것 알고 활용하였지만 사회적 비용은 증가하지 않고 총효익만 증가한 경우도 있다. 바로 FOXCONN을 소유한 대만 홍하이(鴻海) 그룹의 홍하이정밀공업이 일본기업 SHARP를 인수할 때의 상황이다. SHARP 측이 우발채무를 미리 공개하지 않았다가 오히려 악재로 작용한 경우이다.[145)lxxviii)lxxix)]

결국 이상의 사례들은 기업 경영 상 사건 사고의 예측이 중요하다는 점을 보여준다. 더 나아가 어떤 요인이 어떻게 영향을 미칠 것인가를 사전에 인지하고 이를 악용하거나 활용하는 것이 경영에 있어서 중요한 점이다. 특정 시점의 상태를 예측하는 것은 시계열, 회귀분석 등 통계적 방법을 통해서도 다양하게 이루어지고 있으나, 과정에서 요인간의 관계를 예측하는 것은 매우 어려운 분석이다.[146)]

그럼에도 불구하고 예측은 기업 경영의 성패를 좌우하기에 기업은 시뮬레이션과 Forecasting을 수행한다. 그러나, 윤리경영에 대해서는 시뮬레이션과 Forecasting이 적용되지 않는다. 근본적으로 적용가능한 모델도 데이터도 없기 때문이다. 따라서 시스템다이내믹스를 활용한 윤리경영 인과지도는 장기적으로는 이러한 시뮬레이션과 Forecasting의 초석이라고 볼 수 있다.

시스템다이내믹스는 시뮬레이션을 염두에 두고 만들어진 방법론이다. 따라서

145) 홍하이정밀공업은 2016년 2월 26일, SHARP를 7,000억 엔(약 7.72조 원)에 지분 66%를 인수한다고 발표했다. 그러나 바로 이를 번복하며 회계장부상 이상을 발견했다고 선언했다. 이미 SHARP에 대한 경쟁사의 M&A의지는 사그라들은 상태였고, 회계장부 상의 이슈는 최대 약 3,500억 엔(약 3.8조 원)의 잠재적 우발채무를 찾아낸 것이었다. 홍하이정밀공업 측은 이를 실질심사 기간에 이미 알고 있었으나, 경쟁자들도 인수의지를 접고 난 후인 사실상 인수합병이 결정난 시점에 발표함으로써 SHARP로 하여금 협상의 의지를 떨어뜨려 더 유리한 협상을 전개할 수 있었다. 결국 1개월 뒤인 4월 2일, 원래 인수가격인 7,000억 엔에서 잠재적 우발채무 3,500억 엔을 감안한 적정가인 4,900억 엔에서 무려 약 1,000억 엔을 더 깎은 3,888억 엔(약 3조 9,845억 원)으로 66%의 지분을 인수했다. 처음 7,000억 엔을 기준으로 무려 44.46% 인하한 것이다.

146) 기술적으로 모든 상황에서 상태들은 무조건인 경우 브라운 운동에 따른다는 전제를 가지고 있기 때문에 각 상태들은 예측할 수가 없다는 것이 원칙이나, 특별한 조건을 알게 되면, 열역학 제 1 법칙, 제 2 법칙 등을 통해 추정을 시작하게 된다.

시스템다이내믹스 방법론을 통한 시뮬레이션이 가능한 Tool인 Vensim, PowerSim등을 통해 시뮬레이션을 수행할 수 있다.

앞서 설명한 바와 같이 시뮬레이션을 수행하기 위해서는 인과지도 모델을 저량/유량 모델로 변환시켜야 한다. 이 과정에서 필요한 것은 모든 요인에 대한 데이터이다. 예를 들어 오랫동안 비용과 효과의 관리방법을 발전시켜하여 관리회계 측면이 잘 발달된 마케팅 영역같은 경우 각종 가치평가[147]나 ROI(Return on Investment: 투자 대비 효과) 지표들[148]이 잘 개발되고 축적되어있어서 인과지도 모델의 각종 요소들을 데이터로 전환하여 저량/유량 모델로 바꾸기가 용이하다.

윤리경영의 경우 절대적인 축적된 데이터 량도 적고, 가치평가나 ROI 지표도 부족하여 저량/유량 모델로 변환시키기가 용이하지 않다. 더욱 심각한 것은 앞서 제Ⅳ장의 카드3사 정보유출사건과 제Ⅴ장의 세월호 침몰 사건에서 볼 수 있듯이 사건마다 현상적으로 발생하는 요소가 다르므로 공통적인 요소가 적다는 것이다.

유사성을 찾을 수 있는 요인으로는 R1의 정상적인 기업의 인과지도와 R3의 CSR과 윤리경영 요소들 정도나 유사하다. 예를 들어 B7의 사회윤리적 방법론에서도 p.127 〈그림 20〉 카드3사 정보유출사건의 경우 ㉖카드 사용 편리성이나, ㉗TM 영업 중단과 같은 잘못된 사회윤리적 방법 적용에 의한 추가적 ㉑사회적 비용의 추가적 창발 등의 경우가 있으나, 이 요소가 p.143 〈그림 21〉 세월호 사건 인과지도의 경우 발생하지 않았다.

이렇게 다양한 경로를 통해 인과지도가 구성되는 것은 사례를 조사할 때 표준

147) 가치평가가 잘 되어 있으면, 효과 검증이 용이하다. 예를 들어 광고매체의 가치가 평가되어 있으면, 기대 ROI 산출이 용이하다. 그리고 실제 광고집행 후 Reach, Frequency, CPM, CPA 등 광고결과 지표를 통해 실제 ROI를 산출하기도 용이하므로 기대 ROI와 실제 ROI를 비교하기도 쉽다.

148) 광고 효과에 대한 ROI 뿐만 아니라 BI가 잘 갖추어진 기업의 경우, 기업의 기간계(Legacy), 운영계(Operating System)에서 산출되는 1차적 Raw Data 뿐만 아니라, 정보계에 속하는 ERP나 CRM로부터 발생하는 2차적 가공 데이터까지 결합하여, 마케팅이 기업의 매출과 이익에 미친 단위 영향을 산출할 수 있다. 이를 통해 마케팅 최적화가 가능하다(김승범 외, 2015).

화된 요인을 통해 인과지도를 구성한 것이 아니라, 신문기사나 조사보고서 등의 사실자료를 사용했기 때문에 발생하는 문제이다. 이 문제는 사례를 조사하는 한 지속적으로 발생할 문제이다. 물론 이 문제를 해결하기 위해서 p.127 〈그림 20〉 카드3사 정보유출사건 인과지도나 p.143 〈그림 21〉 세월호 사건 인과지도를 p.102 〈그림 17〉 ArcheType 윤리경영 인과지도에 맞게 표준화시키는 방법도 있다.[149]

인과지도를 시뮬레이션 모델로 전환하기 위해서는 김동환(2000b)에 의하면 다음과 같은 과정으로 진행한다.

첫째, 인과지도를 저량/유량 모델로 변환해야 한다.[150] 시스템다이내믹스에서는 저량을 수준 변수(level variable)라고 부르며, 유량을 변화율 변수(rete variable)라고 부른다. 그리고 변화율 변수가 지나치게 복잡해지는 것을 방지하기 위하여 보조 변수(auxiliary variable)를 첨가한다.

둘째, 인과지도의 저량/유량 모델로 전환을 위해서는 구체적인 변수들과 관계성을 첨가해야 한다. 일반적으로 인과지도는 추상적인 변수들로 구성되었지만, 컴퓨터로 시뮬레이션할 수 있는 모델은 구체적이어야 한다. 따라서 구체적인 변수들을 추가해주어야 한다.

셋째, 각 변수들의 관계를 수치적으로 정의해 주는 수식(equations)을 첨가해야 한다. 컴퓨터 시뮬레이션을 위해 변수들의 인과관계를 수식으로 표현하는 것이다(김동환, 2000b).

---

149) 그러나 이 방법은 한가지 문제가 있다. ArcheType에 해당되지 않는 아주 독특한 요인이 등장한 경우이다. 현재까지 연구로는 세월호 인과지도에서 ㉔'관행적 도덕적 해이'가 ㉕'잘못된 도덕적 추론2'를 유발하는 경로가 p.104 〈그림 17〉 ArcheType 윤리경영 인과지도와 부합되지 않는 특수 상황이라 할 수 있다. 물론 이 문제를 해결할 수 있는 방법도 있다. 바로 p.144 〈그림 21〉 세월호 사건 인과지도의 좌측에서 ⑩'경영 상 비정상적 명령'에 의해 ⑪'잘못된 도덕적 추론1'이 발생하는 감쇄루프 B4(左)와, 우측에서 ㉔'관행적 도덕적 해이'가 ㉕'잘못된 도덕적 추론2'를 야기하는 감쇄루프 B4(右)를 가르는 것이다. 좌측 B4에서 세월호 침몰까지를 하나의 사건으로 보고 우측 B4는 초기대응 미비를 야기한 것으로 구분하여 완전히 두 개의 사건으로 보고 각각의 인과지도로 구성하는 것이다.

150) p.94 각주 96) 참조.

이상의 과정을 거쳐 저량/유량 모델을 시뮬레이션한 리포트의 샘플은 p.165 〈그림 22〉와 같다. 〈그림 22〉는 김동환(2000a)의 논문에서 제시된 인과지도를 김동환(2000b)에 의해 저량/유량 모델로 NUMBER 방법론에 의해 전환되어 실제로 시스템다이내믹스 Tool인 Vensim으로 시뮬레이션 된 결과이다.

김동환(2000a)에서 〈그림 22〉의 인과지도 분석을 통해 통찰적으로 얻은 정보는 총 6가지로서 국내 경기, 국가 경쟁력, 국가 신임도, 실업율, 외자 투자, 외환 보유고 등이다. 이에 대해 김동환(2000b)에서 실제 시뮬레이션 결과 인과지도 분석과 다른 결과를 보여준 것은 6개의 정보 중 외환 보유고[151] 뿐이다. 김동환(2000a)이 인과지도 분석의 실제 데이터 상의 외환 보유고는 1997년 급격한 감소 후 1999년 급격한 증가를 보여주고 무역수지 개선으로 인해 지속적으로 증가했다. 그러나 김동환(2000b)의 시뮬레이션에서는 외환 보유고가 1999년 이후 급격히 하락한 후 지속적으로 완만히 하락하는 모습을 보여주고 있다.

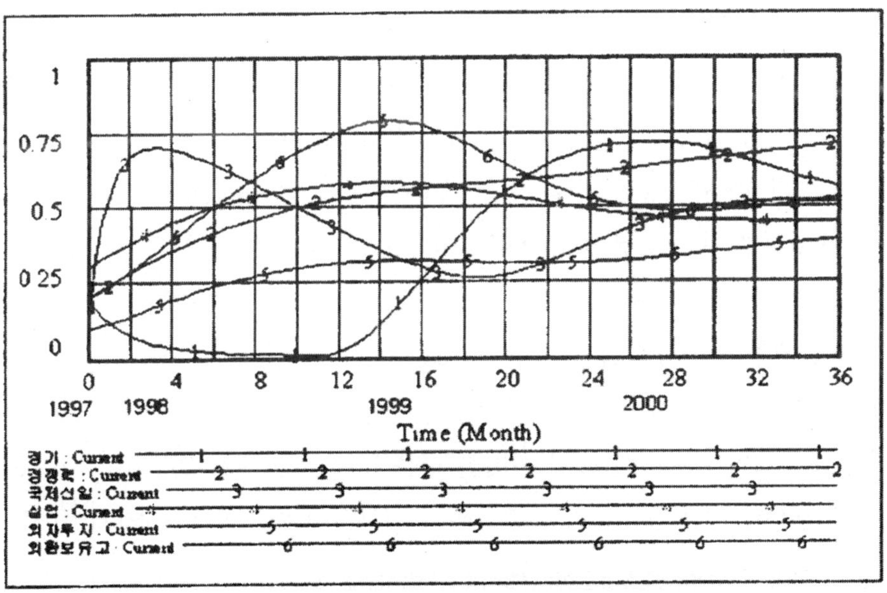

▌그림 22▐ 김대중대통령의 인지지도에 대한 시뮬레이션(김동환, 2000b)

---

151) p.165 〈그림 22〉의 범례 최하단 6번 그래프.

이렇게 인과지도를 저량/유량 모델로 바꾸기 위해서는 상기 과정을 거쳐야 한다. 그럼에도 불구하고 인과지도는 시뮬레이션이 어렵다는 한계를 가지고 있다. 이는 인터뷰, 신문기사, 조사보고서 등의 자료들에서 발견되는 인과관계는 대부분 체계화 되어 있지 않고 추상적인 변수들로 구성되어 있다. 따라서 인과지도는 시스템의 구조에 대한 의사결정자의 인식만을 표현할 뿐, 그러한 구조로부터 의사결정자가 시스템의 행태를 어떻게 이해하는지를 말하기 어려웠다. 이렇게 인과지도는 시스템에 대한 직관을 제공해 주는 대신 시스템의 동태적 행태에 대해서는 그다지 말해줄 수 없다는 근본적인 한계를 지니고 있다.

이렇게 추상적인 변수들이 많이 포함되어 저량/유량 모델로 변경하기 어려운 인과지도를 저량/유량 모델로 변경할 수 있는 방법이 있다. '기초관계 균등단위 모델링'이라는 방식을 통한 'NUMBER'라는 방법으로 이를 사용하면 인과지도를 시뮬레이션 모델로 전환할 수 있다(김동환, 2000b).

김동환(2000b)에 의하면, 'NUMBER'는 다음과 같은 방식으로 진행된다.

첫째, '균등단위로의 전환'이다. 모든 변수의 단위를 0에서 1까지의 값으로 균등화 시킨다. 이를 통해 추상적인 변수를 계산가능한 변수로 전환시킬 수 있다. 또 변수와 변수간의 관계성을 쉽게 설정할 수 있다.

둘째, '기초관계의 설정'이다. 이는 수준 변수와 변화율 변수 간의 모든 관계(구조)들을 기술적으로 동일하게 설정해 준다는 것이다. 저량과 유량은 다양한 관계를 형성할 수 있지만(Richard, Pugh, 1980), 그러나 저량과 유량간에는 일반적인 관계구조를 균등단위로 유지하도록 특화시킨다.

셋째, '기초관계의 행태'이다. 이상과 같은 구조를 통해 나온 산출물이 어떠한 행태를 보일 것인가는 증감율이 어떠한 값을 갖는가에 의해 결정된다. 이 증감율은 값이 설정되는 방식에 따라 수준변수가 변화하기 때문이다. 따라서 이 증감율을 유의하여 조절하여야 한다(김동환, 2000b).

이러한 '기초관계 균등단위 모델링'이라는 방식을 통한 'NUMBER'외 에도 사례연구의 윤리경영 인과지도들이 ArcheType 윤리경영 인과지도에 표준화되면,

각 사례연구에서 조사한 자료에 의해 ArcheType 윤리경영 인과지도 상 요인들에 데이터를 발생시킬 수 있다. 예를 들어 카드3사 정보유출사건 중 L사의 경우 지난 3년 간 경영실적이 증가함에 따라 ⑲위법행위 증가를 비율로 표현할 수 있다.[152] 또 세월호 사건의 경우 2013년 ③"페리 나미노우에"를 인수한 이후 1년 동안은 문제가 표면화되지 않았으나, 1년 후 문제가 표면화 된 것으로 데이터를 발생시킬 수 있다.[153] 각 요인별로 데이터 클린징[154]을 통해 전체 변화를 경영상의 ERP 자료나 재무제표 없이 경영상태의 흐름을 데이터화 할 수 있다.

이와 같이 인과지도의 한계를 극복하기 위해서 다양한 방식을 통해 데이터화하면, 시뮬레이션이 가능하다. 앞으로 더 많은 사례연구들이 ArcheType 윤리경영 인과지도에 표준화되면 더 많은 데이터를 얻을 수 있을 것이다. 그리고 충분한 양의 데이터가 축적되면 ArcheType 윤리경영 인과지도의 요인들 데이터의 정규분포를 제시할 수 있을 것이다. 이 정도의 양이 쌓이면 훨씬 신뢰할 수 있는 패턴을 도출할 수 있게 되고, 이를 통한 시뮬레이션은 높은 설명력을 가질 것이다.

이런 방식을 통해 인과지도로 구성된 ArcheType 윤리경영 인과지도를 활용하고 NUMBER 방법론을 사용하면 사례연구로부터 데이터를 생성시키는 것도 가능하다. 이런 방식으로 리포트를 구성하고 Warning 기능을 추가하면, 윤리경영 사건사고의 발생가능성에 대하여 관리 가능한 지표를 제공하게 되고, 이를 통해 원인분석과 모니터링도 가능하다. 이 수준에 이르면 "설명할 수 없는 것은 측정할 수 없고, 측정할 수 없는 것은 관리할 수 없다"는 R. Kaplan과 D. Norton(2004)의 지적대로 윤리경영도 시스템적으로 관리가능한 상태가 되어 기

152) p.123 주석 119) 참조.

153) p.135 본문 참조: "전임선장과 인천항만 등은 세월호의 항해과정에서 진동이 너무 심하고 소리가 나는 등 ⑮이상 징후에 대하여 개조과정의 문제점을 지적하였으나, 청해진해운 등은 이를 번번히 묵살하고 심지어 협박하기도 했다"

154) 김승범 등(2015)에 의하면, 데이터 클린징은 데이터의 누락, 이상, 오류 등 이상현상을 정상화하여 분석가능한 상태를 유지하기 위한 작업(김승범 외, 2015)으로 다른 종류의 데이터를 하나의 기준으로 정합하는 과정도 넓게 보면 클린징의 일부로 볼 수도 있다. Data Join 및 데이터 정합 등으로 표현하기도 한다. 의미상 혼란을 야기할 수 있으나. 정합과정 후 데이터 클린징 과정을 필수적으로 거쳐야 하므로 데이터 클린징으로 표현한다.

업의 해결되지 않은 위기관리 문제 중 한 가지를 해결할 수 있다고 생각한다.

제3절 기업의 윤리경영 관리역량 강화와 사회의 발전

앞서 이기심을 본성이라고 규정하였기 때문에 이 '불공정 지향성'은 제거될 수 없는 속성이다. 그러므로 기업의 비윤리적 사건사고는 항구적으로 발생할 수 밖에 없다. 이에 대해 '조세와 고용의 의무'나 '공정한 배분'을 이야기 하는 것은 매우 원초적인 형태의 책임으로 보인다. 왜냐하면, 이 두 가지 방법은 사회윤리학적으로 '개인윤리'의 형태에 해당하기 때문이다. 즉 자원의 한계 하에서 열심히 경영되는 기업은 '개인윤리'적인 다양한 방법으로 윤리적인 상태를 유지하는 것이다. 그러나, 사회의 경쟁이라는 제도하에서 더 큰 이익을 지향하면 결국 '불공정 지향성'이 발동하게 된다. "개인은 선하게 될 수 있지만, 조직은 선한 개인도 악하게 한다"라는 사회윤리학의 전제 그대로이다. 따라서 '조세와 고용의 의무'나 '공정한 배분'이 기업에 의해 정의롭게 이루어지기가 만무하다는 것이다. 따라서 이런 방법은 너무나도 순진한 논의가 될 수 밖에 없다.

본 연구는 이러한 단점을 극복하기 위하여 기업의 '불공정 지향성'을 직접 관리하는 방법에 대한 탐구는 아니지만, 사회윤리학적 방법론에 따라 비윤리적인 기업에게 징벌적 처벌을 가하고, 규정을 강화해야한다고 주장한다. 이를 통해 기업 경영환경을 악화시키면, 이 사회윤리적 조치들은 기존의 후행적 법적 조치의 한계를 넘어, 같은 생태계에 얽힌 기업에게 영향을 미치게 된다. 실제로 기업들은 이 상황을 원하지 않기 때문에 사회윤리적 방법이 실행되기 전에 결국 자발적인 정화 즉 개인윤리적인 방법으로 비윤리적 행태와 시도를 억제하여 사회의 윤리성은 일정한 균형상태를 유지할 수 있을 것이라는 것이 새로운 윤리경영 이론이다.

이를 현실적으로 수행하기 위해 본 장에서는 구체적인 방법을 제시하였다. 본 장의 제1절에서는 인과지도를 통한 기업의 실제적 윤리경영 강화 방안에 대하여 제안하였다. 인과지도가 가지는 장점은 앞에서 수차례 반복하였지만, 다차원적이고 복잡한 구조의 학제적 선행연구들을 한눈에 시각화 할 수 있다는 것이 최대 장점이다. 제 Ⅲ 장에서 도출한 새로운 학제적 윤리경영 이론은 너무 복잡해서 직관적으로는 어떤 결과를 도출해 낼지 그 구조를 따라갈 수 없다. 그러므로 시스템다이내믹스를 통한 모델구성으로 이론을 시각화 했고, 이를 다시 사례에 적용하여 연구한 결과도 시각화된 인과지도모델로 도출할 수 있었다.

이런 장점에도 불구하고 인과지도모델은 직관적인 통찰 이외에는 우리에게 구체적인 예측기능을 제공하기 어렵다는 한계를 지니고 있다. 이는 인과지도의 한계이다. 많고 다양한 사례연구를 통해 윤리경영 인과지도가 축적이 되면, 이를 통한 학습도 기업의 경영에 통찰을 제공해 윤리경영 관리능력의 강화에 기여할 수 있음은 당연하다. 이는 새로운 윤리경영 이론이 기존 이론의 한계를 극복했고, 학제적 연구를 통한 다양한 관점하의 이슈도출에 뛰어난 능력과 현상학적 설명력을 갖췄기 때문이다.

그러나, 통찰력은 인간의 능력이므로 개인편차가 심하다는 한계를 가지고 있다. 윤리경영은 사회적 비용과 밀접한 관련이 있는 바 한 기업의 흥망성쇠를 떠나 잘못된 의사결정은 사회전반이 불행과 피해와 직결된다. 따라서 보다 강력하고 안정적인 윤리경영 역량강화방안이 요청된다.

제2절에서는 이를 위해 활용가능한 기술적 방법으로 예측을 위한 시스템다이내믹스 방법론에 근거한 시뮬레이션을 제시했다. 인과지도 모델을 시스템다이내믹스 방법론으로 시뮬레이션하기 위해서는 인과지도모델로는 한계가 크고 저량/유량 모델로 전환하여 시뮬레이션을 수행해야 한다. 그러나 인과지도 모델을 구성하고 있는 요인들은 추상적일 경우가 많다. 특히 본 연구에서 도출된 p.127 〈그림 20〉 카드3사 정보유출사건 인과지도와 p.143 〈그림 21〉 세월호 침몰사건 인과지도의 경우 신문기사, 인터뷰, 조사보고서 등의 자료를 중심으로 구성되었기 때문에 의사결정자의 시스템을 바라보는 태도에 대해 설명하기에 한계를 가지고 있다.

3절에서는 이상의 한계를 극복하기 위해 김동환(2000b)의 NUMBER 방법론을 제시했다. NUMBER 방법론은 추상적인 요인들을 '균등단위로의 전환', '기초관계의 설정', 그리고 '기초관계의 행태' 등을 통해 저량/유량 모델로 변환시키는 길을 제시했다.

그리고 ArcheType 윤리경영 인과지도를 표준모델로 삼아 사례연구 인과지도들을 모두 표준화시키는 방법을 제시했다. 이를 통해 ArcheType 윤리경영 인과지도 윤리경영 인과지도를 기준으로 데이터가 축적되면 요인 별 정규분포를 도출할 수 있게 된다. 김승범 등(2015)에 의하면 정규분포를 도출할 수 있는 데이터는 기업 내부에 축적된 BI 데이터, ERP 데이터, CRM 데이터 등 기업 내 In-house 정형 데이터와 결합하여 더욱 정교한 데이터를 산출할 수 있다. 이외에도 기업의 업종, 산업 등에 따라 Compliance, C/S, Web, App, Mobile 등 다양한 데이터를 결합할 수도 있고, 평판이나 외부의 BigData도 활용이 가능하다(김승범 외, 2015).

이렇게 질적인 개선과 양적인 충족이 이루어지면, 인과지도 데이터를 시뮬레이션 할 수 있게 되고, 이를 통한 비정형 시뮬레이션과 Forecasting 분석까지 구현하게 되면 Warning도 가능할 수 있게 되어 Risk Management 측면에서 윤리경영에 대해 아직 기업이 가보지 못한 수준에 이를 수 있을 것으로 생각한다.

VIII 결 론

제1절 연구 의의 및 시사점

1.1 연구의 과정 및 의의

본 연구는 윤리경영에 대한 근본적인 질문에서 시작되었다. 몇 가지 현상이나 문제에 대한 원인을 찾고자 가설을 검증하려는 시도가 아닌, 윤리경영에 대한 본질적인 문제의식을 가지고 시작하였다. 윤리경영의 연구는 세계적으로 윤리학 중심의 연구와 경영학 중심의 연구로 나누어져 있다. 이 두 영역의 학제적 연구의 필요성에는 다수의 학자들이 공감하지만, 현실적으로 이를 수행하기는 쉽지 않다. 본 연구는 이를 위해 윤리에 대한 학제적 연구를 수행하였다.

그러나 선행연구에 대한 탐색적 연구 결과가 축적될수록 오히려 다른 문제를 야기하였다. 바로 학제적 연구의 맹점 중 하나인 기준과 원칙을 정하는 것이다. 기준과 원칙이 필요한 학제적 연구는 예를 들어 Black-Scholes Formula 연구 과정 중 편미분방정식에서 막혀있던 문제를 물리학의 열방정식으로 해결했던 것과 다른 유형의 학제적 연구이다. 이는 경영학, 경제학, 윤리학, 윤리교육학, 도덕심리학, 법학 등 방대한 분야에서 취급하고 있는 윤리에 대한 일관적이며 체계적인 정리라고 할 수 있다. 기존의 윤리경영에 대한 맹점은 몇 가지가 있다.

첫째, 윤리경영 이론이 왜 기업으로 하여금 윤리경영을 해야 하는지 명확히 설명하지 못한다는 점이다. 이를 해결하기 위하여 "윤리경영을 수행하면 경영성과가 증가하고, 지속가능성이 증가한다."는 가설을 증명하기 위해 많은 연구가 진행됐지만, 결국 이 주제는 본 연구에서 지적한 바와 같이 귀납적 연구로 해결할 수 없다는 근본적인 문제를 가지고 있다. 이 문제를 해결하기 위해 윤리학 연구를 위해 필요한 '규범적'과 경영학연구를 위해 필요한 '기술적'에 대한 기본적인 이해가 필요하다. 그러나, 기존의 윤리경영에 대한 경영학계의 선행연구에는 이러한 측면에 대한 조명이 부족했다.

둘째, 윤리경영을 안하면 어떻게 할 것인가에 대한 실천적 대안이 없다는 점이다. 언론 및 유관기관의 일부 부도덕한 인사들과 협력하여 정보를 차단하고 불법을 합법화하면서까지 비윤리적 경영활동을 지속하면, 그 이슈를 찾아내기란 불가능에 가깝다. 저개발국가에 비윤리적 경영활동이 비일비재한 이유는 저개발국가가 사회부패수준이 높기 때문에 비윤리적 경영이 훨씬 경쟁력이 있고 문제시 될 가능성이 적기 때문이다. 상대적으로 선진국이 보여주는 현실적 대안은 제도와 법에 의한 징벌적 처벌과 소비자 스스로의 시장에서의 평가이다.

셋째, 윤리경영에 대한 정의가 다양하다. 윤리경영에 대한 개념마저 다르다면 학문적으로나 현실적으로 발전적 논의가 불가능함은 자명하다.

넷째, 많은 윤리경영 연구들이 제시하는 새로운 결론 중 Nagative 방식의 대안이 있다. 즉 "~를 하면 안된다", "~를 금해야 한다" 등, 기업의 입장에서는 프로세스가 복잡해지거나 비용이 증가해야만 해결할 수 있는 내용을 언급한다. 더욱이 그 결과 얼마나 기업의 경영성과에 도움이 되는지는 산출되기 어렵다. 따라서 기업은 이 부분에 대해 적극적으로 수용하기 어려운 것이 현실이다.

다섯째, 윤리경영 연구들이 지적하는 문제는 기업 내에서는 문제로 인식되지 않을 수 있다. 왜냐하면 기업의 내·외부에는 '채용과 구매'라는 계약관계만이 존재한다. 따라서 기업이 문제를 야기해서 사회적 비용이 증가해도, 채용과 구매라는 관계 하의 내·외부이해관계자는 자신들의 생계와 미래를 위해 문제에 대해 크게 신경쓰지 않는다. 반대로 채용과 구매로부터 자유로운 소비자 등 외부이해관계자는 사회적 비용이 증가해도 기업에 관여할 방법이 없기 때문에 역시 기업으로 하여금 이를 문제로 인식시키기 어렵다. 이는 A/S 센터나 소비자센터가 채용과 구매로부터 자유로운 소비자 등 외부이해관계자의 문제를 해결해주기 위해 자발적이나 적극적이지 않은 것을 연상해 보면 이해가 쉽다.

여섯째, 윤리경영 연구들이 윤리 관련 유관학문의 학설에 대한 선행연구 기반 없이 현상학적 연구를 진행하는 이면에는 일상용어에 가까운 양심, 영성, 도덕, 신뢰 등 윤리의 주변에 있는 일상의 개념들에 근거한 측면이 있다. 양심, 영성, 도덕, 신뢰 등을 학자들도 사용한다. 윤리의 유관학문은 이러한 윤리 유사개념들과 윤리의 명확성을 규명하는데 노력하는 반면, 윤리경영은 이 유사성을 빙자하여 남용한다. 이 점 또한 윤리경영의 개념과 논리를 모호하게 하며, 실제로 윤리경영을 수행해야하는 행위자에게 혼란을 야기한다.

윤리경영 연구들이 이런 문제들을 포함한 많은 문제를 해결하기 위해서는 윤리경영에 대한 기본적인 문제부터 재점검할 필요가 있다고 여겨졌다. 기본적으로 국내의 기존 윤리경영 연구는 당위에 대한 인식이 부족하다 할 수 있다. 심지어 윤리경영은 당위에 대한 연구가 아니라는 논문도 있다. 문제는 현재도 유럽과 미국의 윤리경영 논문들은 '규범적'과 '기술적'에 대한 구분을 엄밀히 하고 있음에도, 국내의 연구는 당위에 대한 기존의 수천 년의 연구성과에 대한 심도있는 연구 끝에 윤리경영과 당위를 논하는 것이 아니라는 점이다.

본 연구에서는 이러한 국내 연구 성향에 대한 새로운 시도를 위하여 연구의 근간을 새로이 구성하였다. 우선 과거 윤리학에 대한 연구를 재연구하였으며, EBS 교육방송을 통해 윤리교육학의 정수가 담긴 중등교육을 다년간 연구하였다. Journal of Business Ethics와 Journal of Business Ethics Quarterly 등 해외 주요 윤리경영 관련 저널의 논문들의 성향을 분석하고, 국내에서 기존에 연구된 윤리경영 및 CSR 등에 대한 400여 편의 윤리경영 관련 선행연구를 검토하였다.

이후 윤리학과 윤리교육학, 그리고 해외의 최신 연구 동향을 따라 연구대상을 윤리경영 유관학문의 내용으로 확장하여, 추가 연구를 진행하였다. 다양한 유관학문의 검토를 통해 본문에서 검토한 '윤리 비용', '사회윤리학'을 비롯한 다양한 선행연구를 접하였다. 특히 10여년 전부터 미국 등에서는 '진화주의'를 근간으로 한 '사회생물학' 등의 영향으로 윤리학에 이어 윤리경영에도 '진화론적 윤리경영'이 등장함을 발견하였다. 이에 대한 국내 윤리학계의 대응도 확인한 후 전격적으로 '메타윤리학'에 대한 재연구도 수행하였다.

이런 다양한 학문에 대한 연구 중 기존의 윤리경영 연구들의 문제들에 대해 검토된 내용도 있고, 이를 극복할 수 있는 길을 제시한 연구들을 정리할 수 있었다. 이 과정에서 가장 큰 길을 제시한 것은 현대 윤리학에서 응용윤리학과 사회윤리학을 기본 구조로 하는 Hybrid 구조를 정립시킬 수 있었다. 응용윤리학과 사회윤리학 모두 앞서 거론한 것처럼 현대사회가 가지고 있는 '윤리적 공백'을 해결하기 위한 실천적 대안이다. 특히 응용윤리학은 전통적인 윤리학이 보여주는 약간 사회계급적이고 권위적인 성향에서 벗어나 과학의 성과를 적극 수용하고 실천적 해법을 제시하고자 하는 의지가 강하다. 과거의 성과를 최대한 수용하면서 현실적인 문제해결을 위한 다양한 학제적 결합은 21세기의 사회적 문제와 윤리적 문제를 결합해서 해결할 수 있는 길을 열어 주었다.

본 연구도 이 점을 적극 수용하여 우선 규범윤리학과 경영학의 결합을 기준으로 사회윤리학으로 구조적 모델을 만들었다. 이를 기반으로 앞서 도출한 '구성의 오류', '윤리 지출', '도덕적 추론,' 그리고 '사회적 비용' 등을 결합하여 이론화하였다.

이를 분석가능한 가시적 모델로 표현하기 위해서는 탐색적 연구인 이론연구만으로 부족하였다. 이에 연구의 복잡성과 다원성, 그리고 다차원성을 감안하여 이를 수용할 수 있는 복잡계 모델을 강구, 시스템다이내믹스 방법론을 활용하여 모델링에 착수하였다. 다년간에 걸친 시행착오와 여러 번의 공개발표, 콜로키움, 학회발표 등을 통해 비판과 조언이 더해져 가시적인 모델인 '윤리경영 인과지도'를 도출했다.

1.2 연구의 성과와 그 의의

본 논문은 윤리경영 인과지도의 도출 과정과 내용을 기반으로 구성되었다. 비록 응용윤리학의 취지가 학제적 연구를 통한 현실 문제의 해결이지만, 실제로 경영자나 경영학자들은 윤리적인 주제에 관심을 가지기에 너무나 동기부여가 적다. 생명윤리나 사이버윤리 같은 응용윤리에서 윤리적 판단은 윤리경영에서의 윤리적 판단보다 훨씬 직접적이고 자주 현실에 발생한다. 그러나 윤리경영에서는 비윤리적인 의사결정을 따르는 것이 더 효율적인 경우가 비일비재하기 때문에 동기부여가 되기 어려운 것이다.

기존의 윤리경영들도 인사·조직이론의 연구처럼, 기본적으로 기업의 행동이 옳다는 전제하에 연구가 이루어진 윤리경영에 대한 근본적인 윤리학적 질문, 즉 '좋은 기업이란 무엇인가'에서 출발하였다. 윤리학적 질문이지만, 경영학의 범주의 연구이므로 형이상학적인 접근은 최대한 피하고, 실제 기업에서 발생하는 현상들을 연구의 대상으로 삼았다. 최종적인 윤리경영 인과지도의 도출까지 이르기 위해 길고 복잡한 과정을 거쳤고, 각 연구단계에서 다음과 같은 성과를 이루었다.

첫째, 그동안 연구자마다 다양하게 제시되어 온 윤리경영의 개념에 대해 구조적인 접근을 이루었다. 교육부의 정의와 중등교육에서 진행되는 교육에 근거하여 윤리라는 규범적 개념이 가지는 현대사회에서의 한계와 윤리적 공백을 극복하기 위해 제시된 Hybrid 구조의 응용윤리학으로서 윤리경영에 대한 개념을 규명하였다.

둘째, 규범윤리학의 규범성이 가지는 당위성에 대한 고찰을 수행했다. 기존의 윤리경영의 선행연구 중에는 윤리경영이 당위가 아니라고 할 만큼 당위성에 대한 연구가 많지 않았다. 이런 연유로 이 부분에 대해서는 메타윤리학에 대한 연구를 통해 윤리학의 '당위'에 대한 선행연구를 고찰하고 왜 이렇게 '당위'에 대해 엄밀한 검증을 하는지 살펴보았다. 결국 당위성을 가지지 못하는 기술들은 윤리적인 기술일 수 없다는 메타윤리학적 결론에 접근하기 위해 Kohlberg의 성공적인 윤리모델의 고찰을 통해 당위성을 가지는 윤리모델의 가능성을 모색했다.

셋째, Hybrid 구조의 응용윤리학으로서의 윤리경영 구조와 메타윤리학적 기준에 적합한 윤리경영 이론을 구성하였다. 윤리학, 윤리·도덕교육학(이하 윤리교육학), 도덕심리학, 경제학, 경영학, 법학 등의 선행연구를 참고한 학제적 연구를 통해 윤리경영의 정의와 내용, 그리고 형태 등을 이론적으로 구성하였다.

넷째, 이렇게 구성된 윤리경영 이론의 가시화와 검증을 위해 모델링을 하였다. 이 이론은 다원적이며 동시에 다차원적인 이론이므로 구상을 통해 검증하기 어렵다는 단점을 가지고 있다. 따라서 가시화 과정이 필요했으며, 이를 통해 모델의 유효성 검증도 동시에 추구할 수 있게 되었다. 이론의 특성을 고려하여 복잡계 사상을 수용하여 시스템다이내믹스 방법을 사용하여 윤리경영 인과지도라는 모델을 도출했다.

다섯째, 이렇게 구성된 윤리경영 인과지도의 실제적 유효성을 검증하기 위하여 이를 Frame Work으로 사용한 사례연구를 진행했다. 사례연구는 2014년 1월 한국최대의 금융사건인 "카드3사 정보유출사건"과 2014년 4월 발생한 최대의 참사라 불리는 "세월호 침몰 사건"을 대상으로 진행했다.

여섯째, 이상의 연구 성과를 바탕으로 경영 현장에서 연구성과를 반영할 수 있도록 방법을 제언했다. 시스템다이내믹스 방법론의 인과지도를 통해 직관적인 통찰을 얻는 방법과 시뮬레이션 기능을 활용하는 방법, 그리고 MIS적으로도 시스템화하는 두가지 방법을 제언했다.

이상과 같이 과정별로 유의미한 산출물들이 도출되었고, 마치 프로젝트를 진행하듯이 각 단계별로 결과에 대해 가치가 가중되며 결과적으로 이론화와 이론의 모델링을 이루었다. 그리고 나아가 사례연구를 통해 현실적 가치를 검증하였으며, 사업모델로서 가능성도 제시하였다. 본 연구의 최종 산출물인 윤리경영 인과지도와 관련 연구는 다음과 같은 특장점을 가지고 있다. 우선 학문적 장점으로 세 가지를 거론할 수 있다.

첫째, 가장 중요한 장점으로 윤리경영 관련 선행연구에 대한 반성적 연구결과가 수용되고 있다는 점이다. 두 가지 측면이 있는데, 첫째 일반적으로 개선의 과정에서 혁신적인 방법이 아니고서는 기존의 단점 및 문제점을 답습할 수밖에 없다는 문제가 있다. 이에 본 연구는 선행연구의 연구방법론이나 연구주제, 주제의식 등을 모두 바꾸어 새로운 방법, 새로운 이론, 새로운 구조로 연구를 진행했다. 둘째, 극복과정에서 도출된 각종 유관학문의 비판 소지에 대한 강력한 방어기제를 고려하였다는 점이다. 방어기제로는 첫째, 당위를 기술하고, 좋은 기업을 기술하기 위한 윤리학적 장벽인 '자연주의적 오류'에 대한 방어기제로써 Kohlberg의 '도덕발달이론'이 가지는 특성을 수용했다. 둘째, 윤리경영은 부정적인 형태, 즉 금지 규제를 추가하여 기업의 경영성과 개선에 저해요소라는 기업의 본연의 목적 즉 이익 측면의 비판에 대한 방어기제로써 CSV 경영전략과의 Collaboration이 가능함을 고찰하였다.

둘째, 학제적 연구의 장점에서 유발된 확장성이 있다. 이 역시 두 가지 측면이 있는데, 첫째, 다양한 학문의 성과를 흡수함으로써, 이후 각 학문의 다양한 연구성과 혹은 더 다양한 학문의 성과를 추가로 윤리경영 인과지도를 개선하고, 강화하기에 용이하다는 장점이 있다. 둘째, 각 사례연구에서 볼 수 있듯, 현실에서 발생하는 다양한 문제들과 인과관계를 한 가지 틀에서 보는 것이 아니라 경제학적, 심리학적, 사회학적, 법학적, 윤리학적, 경영학적 현상 등 다양한 각도로 이해하기에 용이하다. 따라서 윤리경영 상 발생하는 각종 크고 작은 이슈를 놓치지 않고 모두 모델에 반영할 수 있다는 점 역시 매우 큰 장점이다.

셋째, 시스템다이내믹스 방법론의 인과지도 모델이 가지는 장점인 가시성을 극대화한 모델디자인 또한 하나의 장점이다. 심지어 단순히 인과지도의 가시적 복잡성만 봐도 어느 쪽에 다양한 원인이 있는지를 알 수 있다. p.128 〈그림 20〉의 '카드3사 정보유출사건 인과지도'에서 볼 때 좌측 반구에 요인이 더 많고 복잡한 관계를 가지고 있던 것에 비해, p.144 〈그림 21〉의 '세월호 사건 인과지도'는 반대로 우측 반구에 요인이 더 많고 더 복잡한 관계를 가지고 있다. 이는 처음

p.104 〈그림 17〉 ArcheType을 설명한 것처럼, 좌측 반구는 내부이해관계자와 관련된 내용으로 구성되고, 우측 반구는 외부이해관계자와 관련된 내용으로 구성되어 있다. 따라서 '카드3사 정보유출사건 인과지도'는 윤리경영 사건사고가 유발될 때까지 내부의 문제가 주를 이루고 있다는 것을 시각적으로 확인 할 수 있다. 이런 가시적인 검증이 윤리경영 인과지도를 통해 다수의 윤리경영 사건사고를 검증하거나 기업의 윤리경영 현황을 비교할 때 효과적인 검증이 이루어질 수 있도록 기여하고 있다는 장점이 있다. 또한 선행연구를 기반하여 현황을 다차원적으로 재배치하여 모델을 구성하기 때문에 문제의 원인을 파악하고 대책을 수립함에 있어서, 역시 가시적이고 직관적인 해법을 도출할 수 있다는 장점이 있다.

본 연구의 의의를 전달하기 위해 예상 가능한 비판을 생각해 보았다. 이 연구가 기대한 바는 기존의 선행연구들이 가진 한계를 극복을 위한 이론 연구와 그 실천적 활용을 위한 방안을 도출하는 것이었다. 결국 사회윤리적 방법으로 징벌적 처벌과 법과 제도의 강화가 이루어지면 재무적 손실이 명확하므로 기업들이 재발하지 않을 것이라는 기대가 본 연구에서 제안하는 윤리경영의 새로운 지향점이다. 그러나, 이보다는 징벌적 처벌과 그 이후가 두려워 그런 일이 일어나지 않도록 그 수준까지 가지 않는 것이 재무적으로 보다 합리적인 판단이다. 따라서 이런 윤리경영 체제가 구축되면 기업들이 징벌적 처벌을 받지 않도록 선행적, 사전적 대응을 통해 윤리경영 사건사고를 줄일 것이라 기대하는 것이 더 중요한 새로운 윤리경영 이론의 목표이다.

이에 대해 만약 Kant의 선의지나, 종교적 신념, 최근에 주목받는 영성과 같은 의무론적 윤리학을 지지하는 자가 새로운 윤리경영 이론이 기대하는 기업의 자발적 자정작업이 의무론적 윤리학의 관점이 아니라는 점에서 비판할 수 있다. 이에 대해서는 애시당초 이 모든 작업이 의무론과 같은 동기주의로 원천적 제어가 안 되어서 엄청난 사회적 비용과 재발이 비일비재했기 때문에 시작된 일임을 부각하고자 한다.

또 반결과주의자가 "윤리적 판단은 합리적이어야 한다"는 점을 부각하여, Aristotle이나 공리주의와 같은 결과주의가 과연 합리적이라 할 수 있는지 또한 이에 근거한 연구성과가 합리적이라 할 수 있는지를 비판할 수 있다. 이에 대해서는 다음과 같은 대답이 가능하다. 우선 윤리와 유·무관을 떠나 재무적 판단이 가지는 효율의 원칙에 입각한 합리성은 인정하는지를 묻고 싶다. 이러한 재무적 판단의 합리성과 일반적인 윤리가 말하는 합리성이 같을 수도 있고 다를 수도 있다. 그러나 그 문제는 윤리학 등에서 해결 할 문제이고 본 연구는 두 합리성의 일치 여부를 개의치 않는다. 왜냐하면, 이미 응용윤리학의 전제가 규범윤리학과 연관 학문간의 Hybrid적 결합임을 윤리학이 천명했기 때문이다. 따라서 이 응용윤리학의 생성규칙에 따라 생성된 이상 새로운 윤리경영 이론의 도덕적 합리성 문제는 전혀 문제되지 않는다.

또한 현재 기업의 윤리경영적 문제들을 사회윤리학에서 말하는 개인윤리적 방법론으로 해결되지 않아 이렇게 복잡한 방법을 강구하게 되었는데, 즉 결국 목표가 기업이 스스로 주의할 것을 기대하는, 결과적으로 '개인윤리'적인 방법을 도출하는 것이라면 과연 윤리경영 문제가 해결되겠는가라고 비판할 수 있다. 이에 대해서는 도로에 위치한 속도위반 카메라의 예를 들어 설명하고자 한다. 국내 도로에 설치된 과속단속 카메라가 모두 작동하는 것은 아니다. 하지만, 일단 카메라를 보면 사람들은 본능적으로 속도를 줄인다. 몇 번 반복하다보면 특정 위치의 카메라는 동작하지 않는다는 것을 알게된다. 그래서 마음놓고 과속을 하다가 어느날 갑자기 그 카메라가 과속을 찍기 시작해서 벌금을 물게되면 그때서야 반성을 한다. 이는 인간의 본성이다. 카메라가 작동하지 않을 것이라고 생각하고 과속하는 것은 '불공정 지향성'이다. 즉 심판없는 경기장에서 남들은 과속하는데 내가 안하는 것은 내가 시간, 연료 등의 자원을 비효율적으로 사용하고 있다는 생각을 하는 것이다. 순수한 개인윤리적 방법, 즉 사회윤리학을 고려하지 않은 개인윤리적 방법은 과속단속 카메라 없는 도로와 같다. 반면에, 촬영 중인 과속단속 카메라는 사회윤리학의 사회윤리적 방법이다. 사회윤리적 장치가 갖춰졌으나 촬영을 하지 않는, 그러나 어느 순간 촬영하는 과속단속 카메라는 사회윤리적 방법이 잘 갖춰진 것 이것이 바로 개인윤리적 방법이다. 카메라가 꺼져있을 거라고 생각하는 것은 하나의 Risk이다. 이 Risk가 재무적으로 이익일 것이라고 생각해서 과속을 하는 것은 정말 어리석은 생각인 것이다. 그런 의미에서 사회윤리학적 방법을 거친 개인윤리적 방법과 단순히 개인윤리적 방법만 사용하는 것은 천양지차라고 할 수 있다.

대표적인 예로 최근 Volkswagen의 디젤 자동차 배출가스 조작 사건 사건과 그 해결 과정을 들 수 있다. 징벌적 처벌이 내려질 것이 확실한 미국에서 Volkswagen은 적극적인 보상안을 제시했다. 그러나 징벌적 처벌이 없는 한국에서는 어떠한 보상의 의지도 보이지 않고 있다. 같은 Volkswagen의 재무적 경영 의사결정에서 시장의 환경은 너무나도 큰 차이를 보여주고 있다. 윤리경영 사건의 해결과정이 미국은 사회윤리학 체제의 개인윤리적 방법이고, 한국은 순수한 개인윤리적 방법이기 때문이다. 옥시의 가습기 세척제 사건의 경우도 옥시의 애매한 태도는 바로 이런 문제 때문이다. 이런 예로 보아 사회윤리적 방법을 통한 개인윤리적 방법과 순수한 개인윤리적 방법의 차이가 큼을 알 수 있다.

제2절 연구의 한계

본 연구는 윤리경영에 대한 학제적 연구이다. 한두 가지 연관학문의 연계가 아닌 윤리에 관련된 학문들을 넓게 이해하기 위한 노력을 통해, 한두 학문의 학제적 연구 보다 넓은 스펙트럼을 가진 최종 모델을 산출할 수 있었다. 넓은 스펙트럼의 장점은 각종 현상을 설명할 때 비교적 합리적인 설명을 쉽게 할 수 있다는 것이다. 그만큼 설명방법이 다양하다는 것이고, 다양한 논리를 갖추고 있다는 것이다.

반대로 다양성을 체계화하기 어렵다는 문제가 있지만, 윤리학의 최신연구들이

Hybrid 형태라는 장점을 활용하여 연구의 규모에 비해 안정적인 이론간의 결합을 시도할 수 있었다. 그리고 시스템다이내믹스에 근거하여 다양한 이론이 가지고 있는 다원·다차원적 특성을 표출할 수 있는 모델링을 구현하였다.

그러나 여전히 넓은 스펙트럼은 문제를 가지고 있다. 분야별 전문가들이 오랜 시간에 걸쳐 이루어 낸 내용을 짧은 시간 내에 숙지한다는 것은 매우 어려운 일이었다.

그러나 이 행운은 논문 작성에 있어서의 행운일 뿐, 연구자로서 여전히 스스로 언급한 제반 학문에 대해 기초적인 내용마저 부족한 부분도 있다. 각각의 학문은 각각의 특성이 존재함에도, 고유의 특성을 살리지 못하고 획일된 경영학적 색상의 최종 모델을 도출한 것도 연구의 한계일 수 있다. 결국 이 논문은 컴퓨팅과 네트워킹, 그리고 검색 알고리즘의 힘으로 빠른 시간 내에 완성된 논문이다. 실제로 연구자의 이해도는 연구의 성과보다 깊지 않을 수 있다.

그리고, 새로운 이론을 만들고 모델을 통해 사례연구를 진행하는 것으로 이론의 초기 검토를 마무리하였다. 앞서 밝힌 바와 같이 '규범적' 논의인 당위에 대한 논의는 연역추론을 따르는 것이 일반적이다. 그러나 이 과정을 거쳐 명제가 도출되고 적정 수치의 관측치가 쌓여 데이터를 구성할 수 있게 되면 시뮬레이션 등의 방식으로 예측도 가능하다. 이를 위해서는 향후 지속적으로 데이터를 축적하는 것이 필요하다.

시뮬레이션 기능을 통해 예측기능도 구현할 수 있다. 이 단계에 이르게 되면 기업의 상황에 대한 데이터 수집을 통해 주요 요인에 대한 지표화가 가능하고, 윤리경영 사건사고 발생 상황을 예측 및 관리 할 수 있을 것이다. 이 수준에 이르면, 지금 말할 수 있는 윤리경영은 관리가능하리라고 여겨진다.

■ 카드3사 정보유출사건 인과지도 경로표

주요경로	각 경로 상 주요 요인
R1	①기업의 경영성과→(+)②주주의 이익→(+)③투자→(+)④경영활동→(+)①기업의 경영성과
R2 ⑤⑪→ ⑥내부이해관계자의 만족→①	①기업의 경영성과→(-)⑤급여 및 처우→(+)⑥내부이해관계자의 만족 ①기업의 경영성과→(-)⑨5·5·7비용→(+)⑩인력 및 장비→(-)⑪업무부담→ (-)⑥내부이해관계자의 만족 ~~~~~~~~~~~~~~~~~~~~ (+)⑥내부이해관계자의 만족→(-)①기업의 경영성과
R3 →⑦윤리경영 사건사고 발생가능성 →⑧(㉑	①기업의 경영성과→(+)②주주의 이익→(+)③투자→(+)④경영활동 →(+)⑫CSR→(+)⑬비용효과→(-)⑦윤리경영 사건사고 발생가능성 ①기업의 경영성과→(+)②주주의 이익→(+)③투자→(+)④경영활동 →(+)⑭결제 프로세스→(+)⑬비용효과→(-)⑦윤리경영 사건사고 발생가능성 ①기업의 경영성과→(+)②주주의 이익→(+)③투자→(+)④경영활동 →(+)⑮보안수준→(+)⑬비용효과→(-)⑦윤리경영 사건사고 발생가능성 ①기업의 경영성과→(+)②주주의 이익→(+)③투자→(+)④경영활동 →(+)⑯보안/윤리교육→(+)⑰교육효과→(-)⑦윤리경영 사건사고 발생가능성 ~~~~~~~~~~~~~~~~~~~~ (-)⑦윤리경영 사건사고 발생가능성→(+)⑧윤리경영 사건사고→(-)①기업의 경영성과
R4 ④→⑱Positive Moral Reasoning→⑥ ⑭⑮⑯→⑦	①기업의 경영성과→(+)②주주의 이익→(+)③투자→(+)④경영활동→(+)⑱Positive Moral Reasoning ~~~~~~~~~~~~~~~~~~~~ (+)⑱Positive Moral Reasoning→(+)⑥내부이해관계자의 만족→(-)⑦윤리경영 사건사고 발생가능성 (+)⑱Positive Moral Reasoning→(+)⑭결제 프로세스→(+)⑬비용효과→(-)⑦윤리경영 사건사고 발생가능성 (+)⑱Positive Moral Reasoning→(+)⑮보안수준→(+)⑬비용효과→(-)⑦윤리경영 사건사고 발생가능성 (+)⑱Positive Moral Reasoning→(+)⑯보안/윤리교육→(+)⑰교육효과→(-)⑦윤리경영 사건사고 발생가능성 ~~~~~~~~~~~~~~~~~~~~ (-)⑦윤리경영 사건사고 발생가능성→(+)⑧윤리경영 사건사고→(-)①기업의 경영성과

주요경로	각 경로 상 주요 요인
B4 ⑤⑨⑲→ ⑱Negatitive Moral Reasoning→⑥ ⑭⑮⑯	①기업의 경영성과→(-)⑤급여 및 처우→(-)⑱Negatitive Moral Reasoning ①기업의 경영성과→(-)⑨5·5·7비용→(+)⑩인력 및 장비→(-)⑱Negatitive Moral Reasoning ①기업의 경영성과→(+)②주주의 이익→(+)③투자→(+)④경영활동→(+)⑲위법행위→(+)⑱Negatitive Moral Reasoning ~~~~~~~~~~~~~~~~~~~~ (+)⑱Negatitive Moral Reasoning→(-)⑥내부이해관계자의 만족→(-)⑦윤리경영 사건사고 발생가능성 (+)⑱Negatitive Moral Reasoning→(-)⑭결제 프로세스→(+)⑬비용효과→(-)⑦윤리경영 사건사고 발생가능성 (+)⑱Negatitive Moral Reasoning→(-)⑮보안수준→(+)⑬비용효과→(-)⑦윤리경영 사건사고 발생가능성 (+)⑱Negatitive Moral Reasoning→(-)⑯보안/윤리교육→(+)⑰교육효과→(-)⑦윤리경영 사건사고 발생가능성 ~~~~~~~~~~~~~~~~~~~~ (-)⑦윤리경영 사건사고 발생가능성→(+)⑧윤리경영 사건사고→(-)①기업의 경영성과
B5 ⑧→ ㉓사회윤리적 방법 요청 ~~~~~ →㉔a →㉔b ~~~~~ →④	R2⑥, R3⑬⑰, R4⑥⑬⑰, B4⑥⑬⑰→(-)⑦윤리경영 사건사고 발생가능성→(+)⑧윤리경영 사건사고→(+)㉑사회적 비용→(-)㉒외부이해관계자의 만족→(-)㉓사회윤리적 방법 요청 ~~~~~~~~~~~~~~~~~~~~ **→㉔a기존 법규와 제도의 의한 처벌→** ㉓사회윤리적 방법 요청→(+)㉔a기존 법규와 제도의 의한 처벌→(+)㉕임직원 및 기업 제재→(-)④경영활동→(+)①기업의 경영성과 ㉓사회윤리적 방법 요청→(+)㉔a기존 법규와 제도의 의한 처벌→(+)㉗TM영업 중단→(-)④경영활동→(+)①기업의 경영성과 ㉓사회윤리적 방법 요청→(+)㉔a기존 법규와 제도의 의한 처벌→(+)㉙민/형사상 보상 및 기업가치 절하→(-)④경영활동→(+)①기업의 경영성과 ~~~~~~~~~~~~~~~~~~~~ **→㉔b법과 제도 강화→** ㉓사회윤리적 방법 요청→(+)㉔b법과 제도 강화→(+)㉚징벌적 처벌 도입→(-)④경영활동→(+)①기업의 경영성과

■ 세월호 침몰 사건 인과지도 경로표

주요경로	각 경로 상 주요 요인
R1 ①→②→③→④→①	①청해진해운의 경영성과→(+)②주주의 이익→(+)③투자→(+)④경영활동→(+)①청해진해운의 경영성과
R2(좌) ①→⑤→ ⑥→①	①청해진해운의 경영성과→(−)⑤급여 및 처우→(+)⑥내부이해관계자의 만족→(−)①청해진해운의 경영성과
R2(우) ①→②→③→④→⑩ →⑬→⑭→①	①청해진해운의 경영성과→(+)②주주의 이익→(+)③투자→(+)④경영활동→(+)⑩경영 상 비정상적 명령→(+)⑬외부 부적절 행위→(+)⑭적재량→(+)①청해진해운의 경영성과
R3 ①→②→③→④→⑦ →⑧ ①→②→③→④→⑨ →⑧ ~~~~~ ⑧→⑯→①	①청해진해운의 경영성과→(+)②주주의 이익→(+)③투자→(+)④경영활동 →(+)⑦선상관리→(−)⑧윤리경영 사건사고 발생가능성 ①청해진해운의 경영성과→(+)②주주의 이익→(+)③투자→(+)④경영활동 →(+)⑨안전/윤리교육→(−)⑧윤리경영 사건사고 발생가능성 ~~~~~~~~~~~~~~~~~~~ ⑧윤리경영 사건사고 발생가능성→(+)⑯세월호 침몰→(−)①청해진해운의 경영성과
B4(좌) ①→②→③→④→⑩ →⑪ ~~~~~ ⑪→⑦→⑧ ⑪→⑨→⑧ ⑪→⑫→⑥→⑧→⑯ →①	①청해진해운의 경영성과→(+)②주주의 이익→(+)③투자→(+)④경영활동→(+)⑩경영 상 비정상적 명령→(+)⑪Negative Moral Reasoning Ⅰ ~~~~~~~~~~~~~~~~~~~ ⑪Negative Moral Reasoning Ⅰ→(−)⑦선상관리→(−)⑧윤리경영 사건사고 발생가능성→(+)⑯세월호 침몰→(−)①청해진해운의 경영성과 ⑪Negative Moral Reasoning Ⅰ→(−)⑨안전/윤리교육→(−)⑧윤리경영 사건사고 발생가능성→(+)⑯세월호 침몰→(−)①청해진해운의 경영성과 ⑪Negative Moral Reasoning Ⅰ→(+)⑫내부 부적절 행위→(−)⑥내부이해관계자의 만족→(−)⑧윤리경영 사건사고 발생가능성→(+)⑯세월호 침몰→(−)①청해진해운의 경영성과
B4(우) ①→②→③→④→⑬	①청해진해운의 경영성과→(+)②주주의 이익→(+)③투자→(+)④경영활동→(+)⑬외부 부적절 행위

주요경로	각 경로 상 주요 요인
~~ ⑬→⑭→⑧ ⑬→⑮→⑧ ~~~~~ ⑧→㉘→㉙→㉚→⑰ →⑱	~~~~~~~~~~~~~~~~~~~~ ⑬외부 부적절 행위→(+)⑭적재량→(+)⑧윤리경영 사건사고 발생가능성 ⑬외부 부적절 행위→(-)⑮출항조건 충족수준→(-)⑧윤리경영 사건사고 발생가능성 ~~~~~~~~~~~~~~~~~~~~ ⑧윤리경영 사건사고 발생가능성→(+)㉘초기대응 미비→(+)㉙사망자 수→(+)㉚경기침체 강도와 시간→(+)⑰사회적 비용→B5
B5 ⑥⑦⑨⑥⑦⑨⑭⑮㉖ ㉗ ⑧→⑯→⑰→⑱→⑲ ab ~~~~~ ⑱→⑲a→⑳→① ⑱→⑲a→㉑→① ⑱→⑲a→㉒→① ~~~~~ ⑱→⑲b→①	R2⑥, R3⑦⑨, B4(좌)⑥⑦⑨, B4(우)⑭⑮㉖㉗→(-/+)⑧윤리경영 사건사고 발생가능성→(+)⑯세월호 침몰→(+)⑰사회적 비용→(+)⑱사회윤리적 방법 요청 ~~~~~~~~~~~~~~~~~~~~ **→㉔a기존 법규와 제도의 의한 처벌→** ⑱사회윤리적 방법 요청→⑲a.기존 법규와 제도에 의한 처벌→(+)⑳임직원 및 기업 제재→(-)④경영활동→(+)①청해진해운의 경영성과 ⑱사회윤리적 방법 요청→(+)⑲a.기존 법규와 제도에 의한 처벌→(+)㉑민/형사 상 보상→(-)④경영활동→(+)①청해진해운의 경영성과 ⑱사회윤리적 방법 요청→(+)⑲a.기존 법규와 제도에 의한 처벌→(-)㉒기업가치→(+)④경영활동→(+)①청해진해운의 경영성과 ~~~~~~~~~~~~~~~~~~~~ **→㉔b법과 제도 강화→** ⑱사회윤리적 방법 요청→(+)⑲b.법과 제도 강화→(-)㉓징벌적 처벌 도입→(-)④경영활동→(+)①청해진해운의 경영성과

▣ 인터넷 자료 출처 및 URL

i) 『KBS』. (2015). 김지숙 기자, "내부 고발 했더니 해고…고발자 보호는 커녕". 4월 11일자. (http://news.kbs.co.kr/news/NewsView.do?SEARCH_NEWS_CODE=3054966).

ii) 『매일경제용어사전』. 네이버 지식백과: "구성의오류", (http://terms.naver.com/entry.nhn?docId=12962&cid=43659&categoryId=43659).

iii) 『EBSi』. (2015). "제3강 경제체제의 변천과정". 12월 12일, 34'46", (http://www.ebsi.co.kr/ ebs/lms/lmsx/retrieveSbjtDtl.ebs?sbjtId=S20150000792).

iv) 『이빛스투데이』. (2013). 정일권 기자, "[기자수첩] 보험사 믿고 허락한 개인정보 누가 지키나". 12월 18일자. (http://www.enewstoday.co.kr/news/articleView.html?idxno=310316).

v) 『동아일보』. (2013). 강정훈 기자, "씨티-SC은행 13만여건 포함… 고객정보 300만건 새나갔다". 12월 12일자. (http://news.donga.com/3/all/20131212/59494756/1).

vi) 『연합뉴스』. (2013). 심재훈, 김태종 기자, "금감원 '고객정보 엉망' 보험·카드사 무더기 제재". 12월 19일자. (http://news.naver.com/main/read.nhn?mode=LSD&mid=shm&sid1=101&oid=001&aid=0006657961).

vii) 『KBS』. (2014). 진정은 기자, "신용카드 3사 고객 정보 1억 건 유출…사상 최대". 1월 8일자. (http://news.kbs.co.kr/news/NewsView.do?SEARCH_NEWS_CODE=2786139&ref=A).

viii) 『연합뉴스』. (2014). 최이락, 홍국기 기자, "국민·롯데·농협카드 사장단 "정보유출 사과"". 1월 8일자. (http://news.naver.com/main/read.nhn?mode=LSD&mid=shm&sid1=101&oid=001&aid=0006690018).

ix) 『매일경제』. (2014). 매경닷컴 속보부 기자, "카드사 고객정보 1억400만건 유출(종합)". 1월 8일자. (http://news.mk.co.kr/newsRead.php?year=2014&no=39955).

x) 『뉴스1』. (2014). 박정호 기자, "고개 숙인 김상득 KCB 사장". 1월 8일자. (http://news1.kr/photos/details/?721522).

xi) 『중앙일보』. (2014). 박유미, 이지상 기자, "고객정보 유출 더 있나 … 금감원, 은행권에 점검지시". 1월 24일자. (http://news.joins.com/article/13652399).

xii) 『중앙일보』. (2014). 이데일리 나원식 기자, "'은행·他카드사' 정보도 유출..사실상 '全국민' 정보 샜다(종합)". 1월 19일자. (http://news.joins.com/article/13679863).

xiii) 『매일경제』. (2014). 김규식, 이유섭 기자, ""00정보가 유출됐습니다" 문자는 스미싱". 1월 20일자. (http://news.mk.co.kr/newsRead.php?year=2014&no=103395).

xiv) 『조선일보』. (2014). 조선닷컴, "정홍원 국무총리, 개인신용정보 유출사건 관련 '책임자 처벌 대폭 강화' 지시". 1월 20일자. (http://news.chosun.com/site/data/html_dir/2014/01/20/2014012000972.html).

xv) 『중앙일보』. (2014). CBS노컷뉴스 유원정 기자, ""영혼만 빼고 다 털렸다"…정보유출 2차 피해 '공포' 확산". 1월 20일자. (http://news.joins.com/article/13685639).

xvi) 『중앙일보』. (2014). 뉴시스 정일환 기자, "[종합]신제윤 금융위원장 "금융사 정보유출, 징벌적 과징금제 도입"". 1월 20일자. (http://news.joins.com/article/13686360).

xvii) 『SBS』. (2014). 한승환 기자, "은행·카드사 대혼란…해지·재발급 115만 명". 1월 21일자. (http://news.sbs.co.kr/section_news/news_read.jsp?news_id=N1002195006).

xviii) 『CEOScoredaily』. (2014). 김문수 기자, "개인정보 유출 카드 3사 해지·재발급 건수 400만 육박". 1월 24일자. (http://www.ceoscoredaily.com/news/article.html?no=4855).

xix) 『SBSCNBC』. (2014). SBSCNBC 온라인 뉴스팀, "카드정보유출 조회, 재발급·탈회·해지 "500만 넘었다"". 1월 27일.(http://sbscnbc.sbs.co.kr/read.jsp?pmArticleId=10000628220).

xx) 『머니위크』. (2015). 한영훈 기자, "[포커스] 1년 지났건만… 롯데카드의 '정보유출 트라우마'". 1월 22일. (http://www.moneyweek.co.kr/news/mwView.php?no=2015011512348018689).

xxi) 『이데일리』. (2013). 김현아 기자, "2년 간 해킹 개인정보 유출 6천만 건.. 신고의무화법 발의". 8월 30일자. (http://www.edaily.co.kr/news/NewsRead.edy?SCD=JE41&newsid=01833526602912568&DCD=A00504).

xxii) 『연합뉴스』. (2014). 고유선 기자, "KB·롯데카드, 책정된 정보보호 예산의 절반만 집행". 2월 12일자. (http://www.yonhapnews.co.kr/bulletin/2014/02/11/0200000000AKR20140211212600002.HTML?from=search).

xxiii) 『조선일보』. (2014). 조선닷컴, "사상 최대 개인정보유출 집단소송 시작되나…"카드사 고객들 뿔났다"". 1월 20일자. (http://news.chosun.com/site/data/html_dir/2014/01/20/2014012002384.html).

xxiv) 『CEOScoreDaily』. (2013). 윤주애 기자, "'숫자의 달인' 박상훈 롯데카드 사장,네 마리 토끼 사냥에 진땀". 10월 15일자. (http://www.ceoscoredaily.com/news/article.html?no=2904).

xxv) 『여성소비자신문』. (2014). 고승주 기자, "박상훈 롯데카드 사장 사망자에 카드발급, 관리 '텅텅'". 2월 7일. (http://www.wsobi.com/news/articleView.html?idxno=16392); 『머니위크』. (2015). 한영훈 기자, "[포커스] 1년 지났건만… 롯데카드의 '정보유출 트라우마'". 1월 22일자. (http://www.moneyweek.co.kr/news/mwView.php?no=2015011512348018689); 『시사포커스』. (2015). 박효길 기자, "롯데카드 제재도 소용없다? 불법모집 5년 연속 1위". 3월 11일자. (http://www.sisafocus.co.kr/news/articleView.html?idxno=117964).

xxvi) 『시사포커스』. (2015). 박효길 기자, "롯데카드 제재도 소용없다? 불법모집 5년 연속 1위". 3월 11일자. (http://www.sisafocus.co.kr/news/articleView.html?idxno=117964).

xxvii) 『아주경제』. (2014). 장윤정 기자, "사상 최대 1억건 고객 정보 유출금융보안 사고, '사슬을 끊어라'". 1월 9일자. (http://www.ajunews.com/view/20140109112114659).

xxviii) 『EBN』. (2014). 임민희 기자, "KCB 직원에 놀아난 국민・농협・롯데카드, IT보안 '구멍 숭숭'". 2월 18일. (http://www.ebn.co.kr/news/view/663242).

xxix) 『프레시안』. (2014). 곽재훈 기자, "금감원-롯데카드, 개인정보 유출 '꼴불견' 진실 공방". 1월 23일자. (http://www.pressian.com/news/article.html?no=113092).

xxx) 『한국경제』. (2015). 진성훈 기자, "관리소홀로 대규모 개인정보 유출 농협 등 3개사 기소". 4월 28일자. (http://www.hankyung.com/news/app/newsview.php?aid=2015042821498).

xxxi) 『아주경제』. (2014). 장윤정 기자, "사상 최대 1억건 고객 정보 유출금융보안 사고, '사슬을 끊어라'". 1월 9일자. (http://www.ajunews.com/view/20140109112114659).

xxxii) 『조선일보』. (2014). 조선닷컴, "정홍원 국무총리, 개인신용정보 유출사건 관련 '책임자 처벌 대폭 강화' 지시". 1월 20일자. (http://news.chosun.com/site/data/html_dir/2014/01/20/2014012000972.html).

xxxiii) 『조선일보』. (2014). 전재호 기자, "국민·롯데·농협카드 "부끄럽고 죄송…고객 피해 전액보상"(종합)". 1월 20일자. (http://biz.chosun.com/site/data/html_dir/2014/01/20/2014012001738.html).

xxxiv) 『중앙일보』. (2014). 뉴시스 정일환 기자, "[종합]신제윤 금융위원장 "금융사 정보유출, 징벌적 과징금제 도입"". 1월 20일자. (http://news.joins.com/article/13686360).

xxxv) 『매일경제』. (2014). 송성훈 기자, "KB금융·은행·카드 경영진 일괄 사의". 1월 20일자. (http://news.mk.co.kr/newsRead.php?year=2014&no=103422).

xxxvi) 『매일경제』. (2014). 이유섭, 이덕주 기자, "카드사 홈피·1588 먹통…재발급 신청에만 36만명 몰렸다". 1월 20일자. (http://news.mk.co.kr/newsRead.php?year=2014&no=103350).

xxxvii) 『뉴시즈』. (2015). 정일환 기자, "고객정보유출 카드사들 재판 앞두고 "증거대봐" 표변". 6월 22일자. (http://www.newsis.com/ar_detail/view.html?ar_id=NISX20150619_0013739748&cID=10401&pID=10400).

xxxviii) 『서울경제』. (2014). 윤홍우 기자, ""더 이상 오락가락 없다" 금감원, 카드 정보유출 중징계 총력". 9월 15일자. (http://economy.hankooki.com/lpage/finance/201409/e20140915182557120130.htm).

xxxix) 『조선일보』. (2014). 김형원, 이기문, 최희명 기자, "진료기록 1000건에 5만원… 검색→흥정→구입에 1시간". 1월 24일자. (http://premium.chosun.com/site/data/html_dir/2014/01/24/2014012400279.html).

xl) 『KBS』. (2014). 황진우 기자, "보험사 전화영업 10일부터 재개…카드사는 3월". 2월 4일자. (http://news.kbs.co.kr/news/view.do?ref=A&ncd=2801648).

xli) 『조선일보』. (2014). 김영진 기자, "[신용사회의 敵들] [8] Q: 기존 고객들 불이익 없나 A: 카드결제·현금서비스는 그대로… 신규대출·카드한도증액은 不可", 2월 3일자. (http://biz.chosun.com/site/data/html_dir/2014/02/03/2014020300199.html).

xlii) 『연합뉴스』. (2014). 최해민 기자, ""잘못은 카드사가 하고"…불편은 고객 몫?". 4월 13일자. (http://www.yonhapnews.co.kr/bulletin/2014/04/11/0200000000AKR20140411121500061.HTML?input=1195p).

xliii) 『뉴스1』. (2014). 이훈철 기자, "금융당국 "카드사태 책임 당시 CEO에게 묻겠다"". 2월 6일자. (http://news1.kr/articles/?1526903).

xliv) 『연합뉴스』. (2014). 홍국기 기자, "'개인정보 유출' 롯데카드 박상훈 前 대표 해임권고(종합)". 10월 2일자. (http://www.yonhapnews.co.kr/section/2014/10/02/7311010000AKR20141002180751002.HTML).

xlv) 『연합인포맥스』. (2015). 이현정 기자, "KB국민카드 제재 1년만에 마무리…최기의 '중징계'". 2월 10일자. (http://news.einfomax.co.kr/news/articleView.html?idxno=138952).

xlvi) 『보안뉴스』. (2015). 김경애 기자, "[카드사 사태 1주년] KB국민카드 보안개선사항 집중점검", 1월 8일자. (http://www.boannews.com/media/view.asp?idx=45005&kind=1).

xlvii) 『한국경제』, (2014). 뉴스팀, "세월호 선장 급여, 타 선사의 60~70%", 4월 21일자. (http://www.hankyung.com/news/app/newsview.php?aid=2014042178997).

xlviii) 『매일경제』. (2014). 박용범, 배미정 기자, "분식회계·리베이트·부실 여신심사…청해진해운 금융비리 백화점". 5월 15일자. (http://news.mk.co.kr/newsRead.php?year=2014&no=753476).

xlix) 『한겨레신문』. (2014).

l) 『조선일보』. (2014). 차재문 기자, ""유사시 대피 훈련, 말로만 받았다" 국회 국감 증인으로 출석한 세월호 선원들". 10월 17일자. (http://premium.chosun.com/site/data/html_dir/2014/10/17/2014101701038.html?csmain).

li) 『연합뉴스』. (2014)

lii) 『국민일보』. (2014). 조성민, 전수민 기자, "[세월호 침몰 참사–단독] "배 떨림 너무 심하다" 문제 제기… 회사측 해고 협박". 4월 23일자. (http://news.kmib.co.kr/article/view.asp?arcid=0008259238&code=11131100).

liii) 『조선일보』. (2014). 조선닷컴, "檢, 세월호 수사 결과 발표 "세월호는 과적에 조타 미숙으로 침몰"". 10월 8일자. (http://news.chosun.com/site/data/html_dir/2014/10/06/2014100601195.html).

liv) 『KBS』, (2014) : 연합뉴스, "화물 3배 과적·평형수 태부족…복원성 '치명타'". 4월 22일자. (http://news.kbs.co.kr/news/view.do?ncd=2850711)

lv) 『매일경제』. (2014). 전정홍 기자, "세월호 복원력 상실로 침몰…암초 충돌, 조타기 고장 등 없었다". 12월 29일자. (http://news.mk.co.kr/newsRead.php?year=2014&no=1576100).

lvi) 『조선일보』. (2014). 김성현 기자, "세월호 선장·선원 재판 20회… 眞實은 거의 밝혀졌다". 10월 2일자. (http://news.chosun.com/site/data/html_dir/2014/10/02/2014100200259.html).

lvii) 『헤럴드경제』. (2015). 배문숙 기자, "세월호의 안전검사 맡은 한국선급, 총체적 부실 사실로". 1월 2일자. (http://biz.heraldcorp.com/view.php?ud=20150102000086).

lviii) 『한겨레21』. (2015). 정은주 기자, "부실 선박검사원 무죄 이끈 '뻔뻔한' 변호". 10월 21일자. (http://h21.hani.co.kr/arti/special/special_general/40515.html).

lix) 『한겨레신문』. (2014). 안관옥·김영희 기자, "한국선급 '무리한 증축' 눈감고, 해운조합 '과적' 눈감고". 5월 11일자. (http://www.hani.co.kr/arti/society/area/636518.html)

lx) 『조선일보』. (2016). 송원형 기자, "정부 "세월호 수습 비용, 청해진해운과 선원들 책임"…이준석 선장 등 "기각해 달라"". 3월 7일자. (http://news.chosun.com/site/data/html_dir/2016/03/07/2016030702408.html?Dep0=twitter&d=2016030702408).

lxi) 『조선일보』. (2014). 김성현 기자, "세월호 선장·선원 재판 20회… 眞實은 거의 밝혀졌다". 10월 2일자. (http://news.chosun.com/site/data/html_dir/2014/10/02/2014100200259.html).

lxii) 『해상교통관제센터 홈페이지』(http://www.vtskorea.info/Service.do?id=intro01).

lxiii) 『해상교통관제센터 홈페이지』. (http://www.vtskorea.info/Service.do?id=intro01).

lxiv) 『한겨레신문』, (2014b). 김경무 기자, "세월호-진도관제센터 31분간 교신 녹취록 전문". 4월 20일자. (http://www.hani.co.kr/arti/society/society_general/633649.html).

lxv) 『연합뉴스』. (2014a). 특별취재팀, "〈여객선침몰〉 27명 구조한 낚싯배선장 "만사 제쳐놓고 달려가"". 4월 17일자. (http://media.daum.net/special/5/newsview?newsId=20140417134209778&specialId=5).

lxvi) 『다음커뮤니케이션즈』. "세월호 72시간의 기록". (http://past.media.daum.net/sewolferry/timeline/).

lxvii) 『연합뉴스』. (2015). 김계연 기자, "대법 "세월호 참사때 진도 관제센터 직무유기 아니다"". 11월 27일자. (http://www.yonhapnews.co.kr/bulletin/2015/11/27/0200000000AKR20151127071100004.HTML).

lxviii) 『경향신문』. (2015). 디지털뉴스팀. "세월호 부실구조 목포해경 123정장 징역 4년에 법정구속". (http://news.khan.co.kr/kh_news/khan_art_view.html?artid=201502111405191&code=940100).

lxix) 『연합뉴스』. (2014). 특별취재팀, "〈세월호참사〉 '구조 늦은' 해경 수사 초읽기(종합)". 5월 12일자. (http://www.yonhapnews.co.kr/bulletin/2014/05/12/0200000000AKR20140512056451054.HTML).

lxx) 『매일경제』. (2014). 디지털뉴스국, "'세월호 비용' 총 5548억원…선체인양 1205억원". 4월 8일자. (http://news.mk.co.kr/newsRead.php?year=2015&no=334254).

lxxi) 『노컷뉴스』. (2015). 김민수 기자, "세월호는 한국경제에 어떤 영향을 미쳤나". 4월 17일자. (http://www.nocutnews.co.kr/news/4400067).

lxxii) 『매일경제』, (2014) 디지털뉴스국, "'세월호 비용' 총 5548억원…선체인양 1205억원". 4월 8일자. (http://news.mk.co.kr/newsRead.php?year=2015&no=334254).

lxxiii)『경향신문』. (2015). 김경학 기자, “[대법, 세월호 확정 판결]대형 인명사고에 ‘살인죄’ 첫 인정…안전 책임자에 ‘경각심’”. 11월 22일자. (http://news.khan.co.kr/kh_news/khan_art_view.html?artid=201511122247485); 『오마이뉴스』. (2015). 연합뉴스, “대법 '세월호 부실 구조' 해경 정장 징역 3년 확정”. 11월 27일자. (http://www.ohmynews.com/NWS_Web/view/at_pg.aspx?CNTN_CD=A0002164006); 『연합뉴스』. (2015). 김계연 기자, “대법 “세월호 참사때 진도 관제센터 직무유기 아니다””. 11월 27일자. (http://www.yonhapnews.co.kr/bulletin/2015/11/27/0200000000AKR20151127071100004.HTML?02449400).

lxxiv)『포커스뉴스』. (2015). 주재한 기자, “청해진해운 등, 세월호 참사 배상 책임 ‘부인’”. 4월 15일자. (http://www.focus.kr/view.php?key=2016030700163454521).

lxxv)『한국경제』. (2014). 김재후 기자, “적자 연안항로 정부가 직접 운영…여객선 선령 제한 5년 축소”. 9월 3일자. (http://www.hankyung.com/news/app/newsview.php?aid=2014090200171).

lxxvi)『매일경제』. (2016). 최승균, 이현정 기자, “사장은 일감 넘겨주고 주식 챙기고 직원은 180억 빼돌려 부동산 투기”. 6월 15일자. (http://news.mk.co.kr/newsRead.php?year=2016&no=430547).

lxxvii)『전자신문』. (2010). 유효정 기자, “CJ인터넷 “직원 30% BI 전문가로 육성””. 5월 11일자. (http://www.ciobiz.co.kr/20100511120003).

lxxviii)『디지털데일리』. (2016). 이수환 기자, “발목 잡힌 폭스콘의 샤프 인수…우발 채무가 변수”. 2월 26일자. (http://www.ddaily.co.kr/news/article.html?no=140746).

lxxix)『연합뉴스』. (2016). 이세원 특파원, “대만 폭스콘, 샤프 인수…日 전자대기업 외국에 넘긴 첫 사례(종합)”. 4월 2일자. (http://www.yonhapnews.co.kr/bulletin/2016/04/02/0200000000AKR20160402048651073.HTML).

▣ 참고문헌

강현수(2009), 카플란과 노튼의 BSC의 모순과 한계, 그리고 새로운 대안, 서울: 디시전 사이언스.

고길곤(2000), "시스템적 사고에 기반한 사회 시스템의 이해와 응용," 한국 시스템다이내믹스 연구, 1(1), 133-157.

고범서(1993), 사회윤리학, 서울: 나남.

고범서(1994), 행복의 윤리학, 서울: 소화.

고범서(1998), 포스트모던시대의 사회윤리, 서울: 소화.

김기찬, 송창석, 박은규(2014), 한국의 윤리경영, 서울: 에프케이아이미디어.

김도훈, 문태훈, 김동환(1999), 시스템 다이내믹스, 서울: 대영문화사.

김동환(2000a), "김대중 대통령의 인과지도: 1997년 금융위기의 원인과 극복에 관한 김대중 대통령의 시스템 사고," 한국 시스템다이내믹스 연구, 1(1), 5-28.

김동환(2000b), "인과지도의 시뮬레이션 방법론: NUMBER," 한국 시스템다이내믹스 연구, 1(2), 91-111.

김상돈(2009), Aristotele의 행복의 두 가지 개념, 윤리연구, 73, 165-196.

김소연(2014), "오디션 프로그램 인식에 따른 진로결정자기효능감 및 진로준비행동: 실용음악전공 고등학생을 대상으로," 숙명여자대학교 교육대학원 석사학위논문.

김승묵(2007), "윤리경영 선도기업의 추진사례와 성공요인 분석-신세계, 포스코, 금호아시아나를 중심으로-," 윤리경영연구, 9(1), 97-119.

김승범, 김균표, 박혜진, 최연임(2015), 분석전문가가 말하는 빅데이터, 서울: 다음생각.

김승범, 신호상(2015), "사회윤리학적 접근을 통한 기업의 윤리문제 해결과 지속가능 성장에 관한 탐색적 연구," 한국 시스템다이내믹스 연구, 16(3), 49-75.

김승범, 신호상(2016a), "윤리경영 인과지도를 바탕으로 분석한 한국의 카드사 고객정보 유출사건," 한국 시스템다이내믹스 연구, 17(1), 77-105.

김승범, 신호상(2016b), "중등교육과 고등교육 간 기업윤리 교육의 차이에 대한 소고: 사회윤리학을 중심으로", 경영교육연구, 31(2), 1-22.

김승범, 신호상(2016c), "학제적 윤리경영 연구를 위한 논의: 메타윤리학 관점에서," 윤리경영연구 16(1), 49-80.

김재은, 신철호(2011), “경영자의 관점에서 바라본 사회책임경영이 조직만족도에 미치는 영향,” 전문경영인연구, 14(3), 137-162.

김정동(2006), “사회윤리의 경제학적 분석에 관한 소론(小論),” 기업윤리연구, 12, 21-48.

김종대, 안형태, 명재규, 배성미(2016), “성공적 CSR 전략으로서 CSV에 대한 평가,” KBR, 20(1), 291-319.

김진방, 박만섭, 이규상, 최정규, 홍훈(2014), 경제의 교양을 읽는다: 현대편, 서울: 더난출판사.

김창호(2006), “ISO26000 시행에 대한 기업의 사회적 책임경영 구축방안,” 인적자원관리연구, 13(2), 33-67.

김홍범, 오세인, 문혜영(2011), “호텔기업의 윤리경영이 호텔이미지 및 고객 이용의도에 미치는 영향,” 관광연구저널, 25(3), 179-195.

노한균(2011), ISO 26000을 통해 사회책임 살펴보기, 서울: 박영사.

맨큐 (저), 김경환, 김종석 (역) (2012), 맨큐의 경제학, 서울: 교보문고.

문용린, 김민강, 이지혜, 원현주(2008), “한국인의 도덕판단력 발달에 관한 비교연구,” 교육심리연구, 22(1), 281-299.

문용린, 문미희(1993), “한국 청소년의 도덕판단력 발달 연구개관,” 청소년학연구, 1(1), 43-57.

박경규(2010), “윤리경영의 본질에 관한 철학적, 역사적 접근,” 윤리경영연구, 12(2), 1-15.

박병기, 김민재(2012), “사회적 직관주의가 지니는 도덕교육적 함의,” 윤리연구, 84, 127-158.

박소윤, 구동모, 강보현(2012), “기업의 사회적 책임활동에 대한 소비자의 귀인, 지각, 그리고 반응,” 경영학연구, 41(2), 173-200.

박장호(1999), 윤리의 응용과 교육, 경성대학교출판부.

박정순(2006), “윤리학에서 본 기업윤리관,” 기업윤리연구, 12, 1-20.

박종홍(1990), 일반논리학, 박영사.

박종철, 류강석(2012), “기업 능력 및 사회적 책임 연상이 고객 태도에 미치는 영향: 신용 및 호의성 신뢰의 매개역할,” 마케팅연구, 27(1), 1~25.

박헌준, 김상준(2004), “대리인의 기회주의적 행동: 의도하지 않은 통제의 패러독스,” 한국 시스템다이내믹스 연구, 5(1), 5-33.

백기복(2013), “한국기업 윤리경영이 나아가야 할 방향,” 기업윤리 프리브스, 7.

변선영, 김진욱(2011), “한·일 기업의 전략적 CSR 활동과 기업성과,” 국제경영연구, 22(1), 83-110.

부성희(1992), “콜버그 도덕발달론의 심리학적-철학적 접근방식에 관한 고찰,” 이화여자대학교 대학원 교육학과 석사학위논문.

산업정책연구원(2012), “공유가치창출(가칭) 중점추진방안 연구,” 2012년도 지식경제부 정책연구용역 결과보고서, 서울: 산업정책연구원

석승훈(2014), 경제학, 무엇을 말해야 하는가, 위스덤하우스.

소병철(2007). “사회생물학적 도덕 이론의 메타윤리학적 타당성 검토 -도덕성의 합리적 정당화 문제와 관련하여,” 고려대학교 철학연구소철학연구, 34, 129-163.

소홍렬 외(1998), 논설문 강의와 연습, 이대출판부.

손경원(2011), “도덕적 정체성 이론은 탈 콜버그주의인가?,” 한국철학논집, 32, 395-432.

송명선, 최승호(2014). “기업 총수와 오너일가의 불법행위 이후 기업의 대응적 CSR 연구: 삼성그룹과 현대자동차그룹을 중심으로,” 2014 한국전략경영학회 추계학술대회 논문 초록집.

신민식, 김수은, 김병수(2011), “기업의 사회적 책임 지출이 기어가치에 미치는 영향,” 금융공학연구, 10(1), 99-125.

신유근(2005), 인간존중경영, 다산출판사.

엄정식(2009). “자연주의적 오류와 진화론적 윤리학,” 과학과 기술, 10월호, 100-101.

오종석, 정동섭(1999), “경쟁우위의 원천으로서의 기업윤리,” 경영·경제연구, 18(2), 151-169.

위평량, 김운호(2006), “윤리경영과 기업가치간의 관계에 관한 실증분석,” 기업윤리연구, 11, 121-147.

유지한(1999), “R. M. Hare의 도덕 추리론 연구,” 윤리연구, 42, 415-449.

윤대혁(2005), 글로벌 시대의 윤리경영, 무역경영사.

윤대혁(2011), “지속가능경영의 인식이 구성원의 직무태도에 미치는 영향,” 인적자원관리연구, 18(3), 179-201.

윤덕현, 성종수(2011), “조직구성원의 윤리의식과 혁신성향이 조직성과에 미치는 영향 -ISO 26000 성과제고를 위한 윤리경영 지각의 조절효과를 중심으로-,” 품질경영학회지, 39(2), 199-216.

윤석철(1991), 프린시피아 매네지멘타, 서울: 경문사.

윤석철(2001), 경영학의 진리체계, 서울: 경문사.

윤석철(2011), 삶의 정도, 서울: 위스덤하우스.

윤영진(2012), “도덕 판단에서의 존재와 당위 문제에 대한 비판적 고찰,” 초등도덕교육, 40, 179-216.

윤태익, 박기찬(2007), “윤리풍토에 대한 개인지각이 조직성과에 미치는 영향-윤리실천 메커니즘의 매개효과를 중심으로,” 지속경영연구, 1, 43-73.

이거랑(2015), “도덕 판단에 대한 체험주의 철학의 도덕교육적 의의에 관한 연구”, 경상대학교 대학원 윤리교육학과 박사학위논문.

이수정, 윤정구(2011), “기업의 사회적 책임 활동의 야누스 효과,” 경영학연구, 40(4), 919-954.

이원재(2005), 전략적 윤리경영의 발견, 삼성경제연구소

이종건(2011), “기업의 윤리적 가치관이 조직몰입 및 이직의도에 미치는 영향,” 윤리교육연구, 25, 49-66.

이현주(2010), “윤리경영과 기업윤리 용어 개념에 대한 이론적 고찰,” 윤리경영연구, 12, 1-16

장운재, 금종수(2004), “해양사고 발생의 확률모델 분석,” 해양환경안전학회지, 10(2), 29-34.

정상모(2012a). “진화론적 윤리학과 자연주의적 오류,” 과학철학, 15(1), 1-24.

정상모(2012b). “사회생물학과 윤리학의 통섭에 대한 비판적 고찰”, 윤리연구, 85, 77-102.

정소흔(2007), “콜버그의「도덕발달의 철학」에서 정의의 문제,” 동서사상, 3, 121-162.

정창우(2008), "도덕과 교육의 배경 학문으로서 윤리학과 도덕심리학의 역할과 관계 탐색," 윤리연구, 69, 113-138.

정해창(1992), "자연주의적 오류," 정신문화연구, 15(3), 117-138.

조수영, 김성정(2011), "기업 이미지, 제품특성과 CSR 유형의 일치/불일치에 따른 수용자 설득효과-설득지식모델의 적용," 한국광고홍보학보, 13(3), 509-538.

천경희, 홍연금, 윤명애, 송인숙(2010), 착한 소비 윤리적 소비, 시그마프레스.

최경수 외(2013a), EBS 수능특강 사회탐구영역 생활과 윤리, 서울: 한국교육방송공사.

최경수 외(2013b), EBS 수능완성 사회탐구영역 생활과 윤리, 서울: 한국교육방송공사.

최경수 외(2014), EBS 수능특강 사회탐구영역 생활과 윤리, 서울: 한국교육방송공사.

최경수 외(2015a), EBS 수능특강 사회탐구영역 생활과 윤리, 서울: 한국교육방송공사.

최경수 외(2015b), EBS 수능완성 사회탐구영역 생활과 윤리, 서울: 한국교육방송공사.

최경수 외(2015c), EBS 수능개념 사회탐구영역 생활과 윤리, 서울: 한국교육방송공사.

최문기(2015), "'윤리적 의사결정'에 의한 세월호 참사 분석," 한국윤리학회, 102, 61-87.

최자영, 최윤식(2011), "공익연계 마케팅(CRM) 메시지 제시 여부가 제품평가에 미치는 영향에 관한 연구: 광고소구유형과 제품유형의 조절효과를 중심으로," 소비자학연구, 22(3), 115-138.

최창명, 김성수(2005), "윤리경영의 윤영과 리더에 대한 신뢰가 조직몰입에 미치는 영향," 기업경영연구, 12(2), 89-119.

하정혜(2008), "도덕적 삶의 실천을 위한 경험, 과학적 접근의 가치 탐색,"윤리연구, 70, 57-85.

하원규, 김도훈, 문태훈, 최남희, 홍민기(2000), "전자공간과 전자상거래 성장의 동태성 분석을 통한 Policy Leverage 탐색," 한국 시스템 다이내믹스 연구, 창간호, 29-56.

한규석(1995), 사회심리학의 이해, 학지사.

한충민, 박잔디(2011), "외국 기업의 사회적 책임에 대한 소비자 기대에 관한 실증 연구 -유럽 자동차 업체를 중심으로-," 국제경영연구, 22(1), 29-50.

허미옥, 정기한(2011), "CSR활동이 브랜드 태도와 구매 의도에 미치는 영향: 기업 이미

지와 기업 명성의 매개역할," 생산성논집, 25(2), 24-48.
홍훈(2006), "아리스토텔레스의 도덕적인 가계경제와 마르크스의 자본주의 생산경제," 서양고전학연구, 26, 153-191.
황경식(1995), 개방사회의 사회윤리, 서울: 철학과 현실사.
Arblaster, A. (저), 조기제 (역) (2007). 서구 자유주의의 융성과 쇠퇴, 서울: 나남.
Aristotele (저), 최명관 (역) (1984). 니코마코스 윤리학, 서울: 서광사.
Bacon, F. (1620). *Novum Organum*,.
Bandura, A. (1999). Moral dsengagement in the perpetration of inhumanities. *Personality and Social Psychology Review*, 3(3), 193-209.
Bandura, A. (2002). Selective moral disengagement in the exercise of moral agency. *Journal of Moral Education*, 31(2), 101-119.
Bandura, A., Bandura, G. V. C., L. Zslnai. (2000). Corporate transgressions through moral disengagement. *Journal of Human Value*, 6, 57-63.
Batson, C. D., Collins, E., Powell, A. A. (2006). Doing business after the fall: the virtue of moral hyperocrisy. *Journal of Business Ethics*, 66, 321-335.
Baumhart, R. (1961) How ethics are businessmen?. *Harvard Business Review*, 39(4).
Bergmann, G. (1960). Ineffability, method and ontology. in Klemke (ed), *Essays on Wittgenstein*, Chicago
Berlin, I. (1984). Two Concepts of Liberty. in M. Sandel (ed), *Liberalism and Its Critics*, Oxford: Basil Blackwell Publishers, 15-36.
Blasi, A. (1984). Moral identity: It's role in moral functioning. in W. M. Kurtiness & J. L. Gewritz (ed), *Morality, Moral Behavior and Moral Developmet*, New York: Wiley.
Carroll, A. B. (1979). A three-dimensional conceptual model of corporate performance. *Academy of Management Review*, 4(4), 497-505.
Carroll, A. B. (1991). The pyramid of corporate social responsibility: Toward the moral management of organizational stakeholders. *Business Horizons*, 34(4), 39-48.
Carroll, A. B. (1999). Corporate social responsibility evolution of a definitional

construct. *Business & Society*, 38(3), 268-295.

Chen, Z. X., Francesco, A. M. (2000). Employee demography, organizational commitment, and turnover intentions in China: do cultural differences matter?. *Human relations*, 53(6), 869-887.

Cheung, Kwok Tung(2007). On a recent naturalism debate in business ethics - from a philosophy point of view. *Journal of Business Ethics*, 82(4). 889-898.

Cohen, S. G., Ledford, G. E. (1994). The effectiveness of self-managing teams: A quasi-experiment. *Human Relations*, 47(1), 13-43.

Coyle, R. G. (1998). The practice of system dynamics: milestones, lessons and ideas from 30 years experience. *System Dynamics Review*, 14(4), 343-365.

Coyle, R. G. (1999). Qualitative modelling in system dynamics or what are the wise limits of quantification?. Proceeding of 1999 Conference of System Dynamics Society, New Zealand.

De George, R. T. (1986). *Business ethics*. Pearson Education India.

Deshpande, S. P. (1996). The impact of ethical climate types on facets of job satisfaction: An empirical investigation. *Journal of Business Ethics*, 15(6), 655-660.

Dhaliwal, D. S., Li, O. Z., Tsang, A., Yang, Y. G. (2011), Voluntary nonfinancial disclosure and the cost of equity capital: the initiation of corporate social responsibility reporting. *The Accounting Review*, 86(1), 59-100.

DiMaggio, P. J., Powell, W. W. (1983). The iron cage revisited: Institutional isomorphism and collective rationality in organizational fields. *American Sociological Review*, 48(2), 147-160.

Eden, C. (1994). Cognitive mapping and problem structuring for system dynamics model building. *System Dynamics Review*, 10(2-3), 257-276.

Feldman, S. J., Soyka, P. A., Ameer, P.G. (1997). Does improving a firm's environmental management system and environmental performance result in a higher stock price?. *Journal of Investing*, 6, 87-97.

Forrester, J. W. (1961). *Industrial Dynamics*. Cambridge: The MIT Press.

Forrester, J. W. (1995). The beginning of system dynamics. *McKinsey Quarterly*, 4-17.

Frankena, W. K. (1939). The naturalistic fallacy. *Mind*, 464-477.

Frankena, W. K. (1973). *Ethics*, 2nd ed., New Jersey: Prentice-Hall.

Fukuyama, F. 저, 이상훈 (역) (1992). 역사의 종말, 서울: 한마음사.

Gibbs, J. C. (2008). Taking development seriously: Critique of the 2008 JME Special Issue on moral functioning. *The Journal of Moral Education*, 38(3), 279-280.

Goodpaster, K. E. (1985). Business Ethics, Ideology, and the Naturalistic Fallacy. *Journal of Business Ethics*, 4, 227-232.

Hadit, J. (저), 강인구 (역) (2003). 도덕적 판단에 관한 사회적 직관주의 모델, 고양: 서현사.

Hare, R. M. (1952). *The Language of Morals*, New York: Oxford University Press.

Hare, R. M. (1963). *Freedom and Reason*, Oxford: Clarendon Press.

Hare, R. M. (1981). *Moral Thinking, Oxford*: Oxford University Press.

Hare, R. M. (1989). The Structure of ethics and Morals. in *Essay in Ethical Theory*, Oxford: Oxford University Press.

Hare, R. M. (1991). Universal Prescriptivism. P. Singer ed. *A Companion to Ethics*, Oxford: Basil blackwell.

Hare, R. M. (1997). *Sorting Out Ethics*, Oxford: Oxford University Prress.

Hamel, G., Prahalad, C.K. (1996). *Competing for the Future*. Harvard University Press.

Hausman, D. M., McPherson, M. (저), 주동률 (역) (2011). 경제분석, 도덕철학, 공공정책, 서울: 나남.

Hume, D. (1739). *A treatise of human nature*, Courier Corporation, 2012.

Jeurissen, R. (2000). The social function of business ethics. *Business Ethics Quarterly*, 10(4), 821-843.

Jonas, H. (1985). *The Imperative of Responsibility*, Chicago: University of Chicago Press.

Kaplan, R., Norton, D. P. (2004). *Strategy Maps*, Boston: Havard Business School Press.

Kim, D. H. (1992). *System Archetypes: Diagnosing System Issues and Designing High-Leverage Interventions*, Cambridge: Pegasus Communications.

Kohlberg, L. (1971). From is to ought. in T. Mischel (ed.), *Cognitive Development and Epistemology*, New York: Academic Press.

Kohlberg, L. (1981). *The Philosophy of Moral Development: Moral Stages and the Idea of Justice*, New Jersey: Harper & Row.

Lapsley, D. K. (1996). *Moral Psychology*, Westview Press.

Mayr, E. (저), 최재천 외 (역) (2016). 이것이 생물학이다, 서울: 바다출판사.

Meadow, D. H. (1982). Whole earth models and systems. *Coevolution Quarterly*, Summer, 98-108.

Mehl, R. (1966). The basis of christian social ethics. in J. C. Bennett (ed), *Christian Social Ethics in a Changing world: an Ecumenical Theological Inquiry*, Association Press.

Moore, G. E. (1903). *Principia Ethica*, London: Campridge University Press.

Morecroft, J. D. W. (1985). Rationality in the analytics of behavioral simulation models. *Management Science*, 31(7), 900-916.

Nuccetelli, S, Seay, G. (편저), 박병기, 김동창 이슬비 (역) (2016). 윤리적 자연주의, 서울: 씨아이알.

Niebuhr, R. (1932). *Moral Man and Immoral Society*. New York: Charles Scribner's Sons.

Paine, L. S. (2000). Does etics pay?, *Journal of Business ethics*, 10(1), 319-330.

Pigou, A. C. (2009). *The Economics of Welfare*, New Jersey: Transaction Publishers, 3rd. Printing.

Porter, M. E., Kramer, M. R. (2002). The competitive advantage of corporate philanthropy. *Harverd Business Review*, Dec.

Porter, M. E., Kramer, M. R. (2011), Creating Shared Value. *Harverd Business Review*, Jan-Feb.

Reed, D. C., Stoermer, R. M. (2008), Towards an integrated model of moral functioning: an overview of the spicial issue, *The Journal of Moral Education*, 37(3), 417-428.

Sahakian, W. S. (저), 송휘칠, 황경식 (역) (1988). 윤리학의 이론과 역사, 서울: 박영사.

Sandel, M. J. (저), 이창신 (역) (2010). 정의란 무엇인가, 경기도 파주: 김영사.

SAS Korea. (2010). CJ Internet Business Intelligence 성공 사례. 2010 SAS Forum Korea 발표 자료집.

Schwartz, G. T. (1990). Myth of the ford pinto case. *Rutgers Law Review*, 43, 1013-1068.

Schwartz, M. S., Carroll, A. B. (2003). Corporate social responsibility: A three-domain approach. *Business Ethics Quarterly*, 13(4), 503-530.

Senge, P. M. (1990). *The Fifth Discipline: The Art and Practice of the Learning Organization*, New York: Doubleday/Currency.

Sterman, J. D. (1991). A skeptic's guide to computer models. Managing a nation: *The Microcomputer Software Catalog*, 2, 209-229.

Tanner, J. (2006). The naturalistic fallacy. London, Richmond-upon-Thames College, Department of Philosophy.

Toulmin, S., Rieke, R., and Janik A. (1979). *An Introduction to Reasoning*, New York: Macmillan Inc.

Turiel, E. (2008), Foreword. *The Journal of Moral Education*, 37(3), 28.

Velasquez, M. G. (2012). *Business Ethics*, 7E, New Jersey: Prentice Hall.

Victor, B., Stephens, C. U. (1994), Business Ethics: A Synthesis of Normative Philosophy and Empirical Science. *Business Ethics Quarterly*, 4(2), 145-155.

Weaver, G. R., Trevino, L. K. (1994). Normative and empirical business ethics. *Business Ethics Quarterly*, 4(2), 129-143.

Winter, G. (1968). *Social Ethics*, Evanston.

Wolstenholme, E. F., Coyle, R. G. (1993). The development of system dynamics as a methodology for sysstem description and qualitative analysis. *The Journal of the Operational Research Society*, 34(7), 569-581.

▣ ABSTRACT

Developing practical model through interdisciplinary research & case studies for Business Ethics
- with System Dynamics Causal Loop Diagram -

Kim, SeungBum
Seoul School of Integrated Sciences & Technologies
Advisor: Shin, Ho Sang, Ph.D.

Business Administration is a study for the company which is the power to activate the real economy and the subject of production. The traditional goal of Business Administration is what company pursue to increase the efficiency since Taylerism was. It is the Problem that all enterprises wish to take advantages in competition. The exacutive has only a responsibility to make the most profit as possible as they can, Moreover, if exacutives is evaluated by short-term business results, then they should choose short-term strategy. This situatuion make competetitors darely do illigal and unethical actions. Because he and his company fall into dangerous position if he do illigal and inethical actions later.

This research was choosen through, until now, have suggested excuatives to choose ethical options in that situations. But, instinctive goal of enterprise is not doing virtue like the moralists or monks, but only making profit. Shareholders and exacutives also look forward to earning money. In the point of view of Ethics, especially teleology ethics, it is not have focused on the resuls, not process. So, it can be found a realistic samething that is between shareholder and exacutives like something and view of teleology ethics, that can be called good company that make bigger profit. If It is true above, then It is the issue whatever company can do to make profit is true.

The choosen ways in precedent studyes of Business Ethics was that choosing easily supported moral propositions as a hypothesis, researcher tested it with CFA. And the supported hypothesis was suggested as a solution to company.

This study shoose the realistic contradiction with reason and value of the existence of companies, which have been ruled by precedent studyes. First, by applying a teleological ethics of Aristotle which interprete that the good companies is faithful for the purpose of profits. And it was admitted that the executives can do illegal acts and unethical decision-making. Also, in order to improve the efficiency on this process, it is also recognized that various information including the existing management theory intervene in the management as catalyst. Further, such catalysts also accelerate the illegal, unethical conduct in business.

However, this study do not be ended above, but focus on illegal and unethical behaviors which affect on the moral judgment of shareholders and stakeholders. This process was structured with precedent studyes of Psychology, Ethics, and Educations, to theoretically configuration how affected on the entire organization decision-making and behavior decision-making of the company. The configured theory is pluralistic and multi-dimensional, which is necessary to be designed as a model visible to understand. Therefore, ArcheType was configured by applying the ethical management causal map of methodology of system dynamics, for interdisciplinary theory.

Proof of this theory and ArcheType was proceeded through a case study. This case study which use ArcheType as Frame Work, take card companies' leak case and Seyol sunken case. There are opinions to mention the ethical management problems in the evaluations of normals and experts for the two incidents. But there are nothing such as how it is unethical, why unethical is wrong, and what we should do. In this study, there is trials to make Business Ethics theory to explain, find issues, warn, and suggest alternatives and solutions for Business Ethical problems. This attempt becomes a trigger to expect that the future of ethical management research is carried out in closed research and practical business management.

Key words: 윤리경영, 윤리적 공백, 규범윤리학, 사회윤리학, 시스템다이내믹스, 사회적 비용, 윤리지출, 도덕적 추론, 구성의 오류, 자연주의적 오류

Student Number: 1202001007

윤리경영의 구조적 이해

2017년 6월 2일 | 초판 인쇄
2017년 6월 5일 | 초판 발행

지 은 이 | 김승범
발 행 인 | 김은중
발 행 처 | 서울경제경영출판사
북디자인 | (주)우일미디어디지텍

주　　소 | 03767 서울특별시 서대문구 신촌로 205, 506호
전　　화 | 02)313-2682
팩　　스 | 02)313-8860

등　　록 | 1998년 1월 22일 제5-63호

ISBN 978-89-97937-58-5 93320 정가 12,000원